# 汽车发动机检修

主　编　冯益增
副主编　王　璠　陈桂海　张春梅
参　编　魏广远　王新立
主　审　王福忠

"互联网+"教材

全书富媒体资源

北京理工大学出版社
BEIJING INSTITUTE OF TECHNOLOGY PRESS

## 内容简介

《汽车发动机检修》主要介绍发动机各系统的检修工艺,并对主要零部件及总成的常见故障进行检修。共包括 7 个学习任务:曲柄连杆机构检修、配气机构检修、汽油机燃料供给系统检修、进排气系统及排气净化装置检修、冷却系统检修、润滑系统检修、汽油机电控点火系统检修。每个学习任务包括三部分:知识准备、任务实施、故障案例、拓展学习。

本书通过理论与实践一体化教学,以小组合作或独立工作的形式,使用通用工具、检测专用工具、设备和发动机维修技术资料等,按照标准规范对各系统进行正确的检修。

本书可作为汽车维修技术各专业的教材使用,也可作为汽车行业岗位培训自学用书,同时还可供汽车维修人员阅读参考。

**版权专有　侵权必究**

### 图书在版编目(CIP)数据

汽车发动机检修 / 冯益增主编 . —北京:北京理工大学出版社,2019.2
(2024.7重印)
ISBN 978-7-5682-6576-8

Ⅰ. ①汽… Ⅱ. ①冯… Ⅲ. ①汽车-发动机-检修 Ⅳ. ①U472.43

中国版本图书馆 CIP 数据核字(2018)第 300612 号

| | |
|---|---|
| 出版发行 / 北京理工大学出版社有限责任公司 | |
| 社　　址 / 北京市海淀区中关村南大街 5 号 | |
| 邮　　编 / 100081 | |
| 电　　话 / (010)68914775(办公室) | |
| 　　　　　(010)82562903(教材售后服务热线) | |
| 　　　　　(010)68944723(其他图书服务热线) | |
| 网　　址 / http://www.bitpress.com.cn | |
| 经　　销 / 全国各地新华书店 | |
| 印　　刷 / 三河市天利华印刷装订有限公司 | |
| 开　　本 / 787 毫米×1092 毫米　1/16 | |
| 印　　张 / 17 | 责任编辑 / 多海鹏 |
| 字　　数 / 399 千字 | 文案编辑 / 多海鹏 |
| 版　　次 / 2019 年 2 月第 1 版　2024 年 7 月第 6 次印刷 | 责任校对 / 周瑞红 |
| 总 定 价 / 49.00 元 | 责任印制 / 李志强 |

图书出现印装质量问题,请拨打售后服务热线,本社负责调换

## 编审委员会

**主　任**　王建良
**副主任**　王福忠　丁在明　张宏坤
**委　员**　刘文国　李　勇　冯益增
　　　　　许子阳　张世军　崔　玲
　　　　　孙静霞

# 前言

为了贯彻国务院《关于大力推进职业教育改革与发展的决定》（国发〔2005〕35号）和《关于印发国家职业教育改革实施方案的通知》（国发〔2019〕4号）等文件精神，按照全国高校思想政治工作会议精神，挖掘梳理德育元素，把课程思政融入教材；为贯彻落实党的二十大精神，体现立德树人的根本目的，积极推进课程改革和教材建设，紧密结合目前汽车维修行业实际需求，编写了本教材。

本教材从高等职业教育的要求出发，"基于当前经济社会对技能人才的需要，根据人才强国战略"。坚持以企业需求为依据，以培养学生能力为本位，以促进学生就业为导向，注重专业知识的前沿性和实用性，突出汽车专业领域的新知识、新工艺和新方法。本教材较系统地介绍了现代汽车发动机各系统主要部件及总成的检修方法、维护及常见故障的诊断与排除方法，内容上力求深入浅出，语言通俗易懂，理论联系实际，部分视频、动画、拓展内容等转化为二维码，图文并茂，有利于学生的学习与理解。

本教材由山东交通职业学院冯益增担任主编，王璠、陈桂海、张春梅任副主编。其中，冯益增编写了学习任务三和学习任务七，王璠编写了学习任务二和学习任务四，陈桂海编写了学习任务一和学习任务六，张春梅编写了学习任务五。山东潍坊百大汽车销售服务有限公司王新立参与了编写，王福忠对全书进行了审阅。

由于编者水平有限，加之时间仓促，书中难免存在不少缺点和错误，恳请广大读者给予批评指正。

编 者

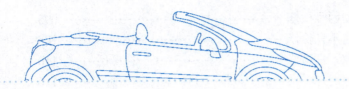

# 目录
## CONTENTS

**学习任务一　曲柄连杆机构检修** ········································ 001

一、知识准备 ·································································· 001
　（一）气缸体与气缸盖检修 ············································· 001
　（二）活塞连杆组检修 ···················································· 009
　（三）曲轴飞轮组检修 ···················································· 018
二、任务实施 ·································································· 025
　项目1　活塞敲缸响检修 ················································· 025
　项目2　连杆轴承响检修 ················································· 031
三、故障案例 ·································································· 033
四、拓展学习 ·································································· 035

**学习任务二　配气机构检修** ············································· 036

一、知识准备 ·································································· 036
　（一）配气机构技术状况的变化及其影响因素 ···················· 036
　（二）气门组检修 ·························································· 037
　（三）气门传动组检修 ···················································· 043
二、任务实施 ·································································· 046
　项目1　配气机构维护 ···················································· 046
　项目2　气门异响检修 ···················································· 049
　项目3　正时皮带的检查与更换 ······································· 053
三、故障案例 ·································································· 060
四、拓展学习 ·································································· 062

**学习任务三　汽油机燃料供给系统检修** ···························· 063

一、知识准备 ·································································· 063
　（一）汽油机燃料供给系统检修概述 ································ 063
　（二）空气供给系统主要部件检修 ··································· 069
　（三）燃油供给系统主要部件检修 ··································· 075
　（四）电子控制系统主要部件检修 ··································· 080
二、任务实施 ·································································· 088
　项目1　汽油机燃料供给系统维护 ··································· 088

  项目2　发动机起动困难检修 ············································· 095
  项目3　发动机怠速不良检修 ············································· 105
  项目4　发动机加速不良检修 ············································· 110
 三、故障案例 ······························································· 116
 四、拓展学习 ······························································· 121

## 学习任务四　进、排气系统及排气净化装置检修 ························· 122

 一、知识准备 ······························································· 122
  （一）进气系统检修 ····················································· 122
  （二）排气系统及排气净化装置检修 ····································· 128
 二、任务实施 ······························································· 137
  项目1　进气系统维护 ····················································· 137
  项目2　排气系统维护 ····················································· 141
 三、故障案例 ······························································· 145
 四、拓展学习 ······························································· 149
  （一）电控柴油机进、排气系统日常维护注意事项 ····················· 149
  （二）发动机的气波增压系统 ··········································· 149
  （三）柴油机废气微粒过滤器 ··········································· 150
  （四）降低柴油机排气污染控制技术之采用代用燃料 ················· 150
  （五）排气净化与排放控制的措施 ····································· 150

## 学习任务五　冷却系统检修 ·················································· 151

 一、知识准备 ······························································· 151
  （一）发动机冷却系统主要部件检修 ································· 151
  （二）分析发动机冷却系统典型故障原因 ····························· 154
 二、任务实施 ······························································· 158
  项目1　冷却系统维护 ····················································· 158
  项目2　发动机过热检修 ················································ 162
 三、故障案例 ······························································· 167
 四、拓展学习 ······························································· 169

## 学习任务六　润滑系统检修 ·················································· 170

 一、知识准备 ······························································· 170
  （一）润滑系统主要部件检修 ··········································· 170
  （二）分析润滑系统典型故障原因 ····································· 175
 二、任务实施 ······························································· 182
  项目1　润滑系统维护 ····················································· 182
  项目2　润滑系统机油压力过低检修 ··································· 186
 三、故障案例 ······························································· 189
 四、拓展学习 ······························································· 192

**学习任务七　汽油机电控点火系统检修** 193

　一、知识准备 193
　　（一）汽油机电控点火系统检修概述 193
　　（二）汽油机电控点火系统主要部件检修 196
　二、任务实施 201
　　项目1　汽油机电控点火系统维护 201
　　项目2　点火系统高压无火检修 207
　三、故障案例 215
　四、拓展学习 218

**参考文献** 219

# 学习任务一
## 曲柄连杆机构检修

 工作情境描述

一位客户反映汽车燃油消耗增加，起动困难，并有明显的振动和噪声。车间主管已经初步排除油电路问题，所以判断问题可能是由气缸压力不足造成的，要求你详细计划检查工作过程和步骤，完成维修作业。

 学习目标

通过本任务学习，应能：
1. 掌握气缸体变形、气缸体裂纹检修方法。
2. 掌握气缸圆度、圆柱度的检测方法及气缸检修尺寸的确定。
3. 认识活塞、活塞环、活塞销失效形式。
4. 认识连杆的变形形式，掌握连杆检测与校正方法。
5. 认识曲轴失效形式，掌握曲轴磨损、变形和裂纹的检修工艺。

## 一、知识准备

### （一）气缸体与气缸盖检修

**1. 气缸体、气缸盖主要失效形式及原因分析**

气缸体是发动机的基础零件，发动机所有零部件都是以它为基础进行组装的，气缸体的技术状况好坏直接影响发动机的装配质量和发动机的使用寿命。气缸体易出现的损伤有变形、裂纹和螺纹损伤等。

（1）气缸体、气缸盖的翘曲变形及主要原因

气缸体变形主要是由热应力过大或气缸体在铸造、加工时留有的残余应力过大和曲柄连杆机构往复运动产生过大力的作用，使气缸体受拉压和弯扭作用造成的。在发动机使用过程中，如在高速、大负荷和润滑不良条件下工作产生的烧瓦抱轴等，也会引起气缸体变形和主轴承座孔的同轴度误差加大。在发动机检修中，各主轴承与主轴颈的径向间隙不均匀，主轴承与座孔贴紧度不足，使气缸体承受额外力的作用，也会引起气缸体的变形。在拧紧气缸盖螺栓时，不按规定顺序和规定扭力拧紧螺栓或各气缸盖螺栓扭力不均匀，以及在高温时拆卸气缸盖等，都会造成气缸体的变形。气缸体上平面螺纹孔周围产生凸起，其主要原因是在装

配发动机时，气缸盖螺栓扭紧力过大。装配时螺纹孔内污物清理不干净，使螺栓拧入深度不足或螺孔承受的工作拉力过大也会引起上述故障。

（2）气缸体产生裂纹的原因

气缸体产生裂纹的原因有：气缸体内的冷却液结冰冻裂，气缸体碰撞受力过大，铸造加工时的残余应力过大，发动机在工作中产生的惯性力、热应力以及气缸体受交变应力过大。

（3）气缸的磨损规律及原因

气缸的磨损程度是判断发动机技术状况是否良好、是否需要大修的重要依据。气缸磨损至一定程度时，发动机动力性能显著下降，油耗急剧增加，工作性能变差，甚至不能正常工作。因此，了解气缸磨损原因和规律，不仅能正确地对其进行检修，而且对于正确使用和管理汽车，减少气缸的磨损，延长发动机的使用寿命，都有重要的指导意义。

气缸是在润滑不良及高温、高压、交变载荷和腐蚀性物质作用下工作的。气缸磨损是不均匀的，但正常情况下有一定的规律性，如图1-1所示。

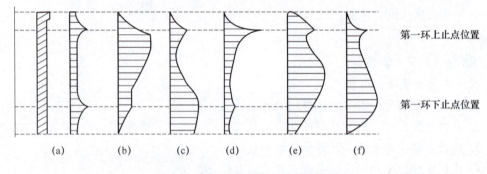

图1-1 气缸（气缸套）的基本磨损

(a) 正常磨损；(b) 磨料（尘埃、积炭）磨损；(c) 磨料（机油中磨粒）磨损；
(d) 熔着磨损；(e) 腐蚀磨损（低温起动频繁）；(f) 腐蚀磨损（冷却液温度太低）

正常磨损时，在气缸轴线方向上呈上大下小的不规则锥形磨损。在第一道活塞环上止点顶边稍下处磨损量最大，而活塞环上止点以上的缸壁几乎没有磨损，因此，在两者之间形成一个明显的台阶（缸肩）。在某些情况下，最大磨损可能发生在气缸中部，形成中间直径较大的"腰鼓形"。

在断面上的磨损呈不规则的椭圆形，一般是前后或左右方向磨损较大，特别是进气门对面附近缸壁磨损最大。

各缸的磨损程度也不一致，通常位于发动机两端的气缸，因其冷却强度大，故磨损量往往比中部的气缸略大。

（4）气缸磨损原因分析

气缸套的工作环境十分恶劣，造成磨损的原因也很多，但通常为构造原因。气缸允许有正常的磨损，但如果使用和维修不当，就会造成非正常的磨损。

① 构造方面原因引起的磨损。

a. 润滑条件不好，使气缸套上部磨损严重。气缸套上部邻近燃烧室处的温度很高，润滑条件很差。新鲜空气和未蒸发燃料的冲刷与稀释加剧了上部条件的恶化，使气缸上部处于干摩擦或半干摩擦状态，这是造成气缸上部磨损严重的主要原因。

b. 上部承受压力大，使气缸磨损呈上重下轻的趋势。活塞环在自身弹力和背压的作用下，紧压在缸壁上，正压力越大，润滑油膜形成和保持越困难，机械磨损越严重。在做功行程中，随着活塞下行，正压力逐渐降低，因而气缸磨损呈上重下轻的趋势。

c. 矿物酸和有机酸使气缸表面腐蚀剥落。气缸内可燃混合气燃烧后，产生水蒸气和酸性氧化物，它们均可溶于水中，生成矿物酸，加上燃烧中生成的有机酸，对气缸表面产生腐蚀作用，腐蚀物在摩擦中逐步被活塞环刮掉，导致气缸套变形。

d. 进入机械杂质，使气缸中部磨损加剧。空气中的灰尘、润滑油中的杂质等进入活塞和缸壁间，造成磨料磨损。灰尘或杂质随活塞在气缸中往复运动时，由于在气缸中部位置的运动速度最大，故加剧了气缸中部的磨损。

② 使用不当引起的磨损。

a. 润滑油滤清器滤清效果差。若润滑油滤清器工作不正常，润滑油得不到有效的过滤，含有大量硬质颗粒的润滑油必然会使气缸套内壁磨损加剧。

b. 空气滤清器滤清效率低。空气滤清器的作用是清除进入气缸的空气中所含的尘土和沙粒，以减少气缸、活塞和活塞环等零件的磨损。试验结果表明，发动机若不安装空气滤清器，气缸的磨损将增加 6~8 倍。空气滤清器长期得不到清洗保养，滤清效果差，将加速气缸套的磨损。

c. 长时间低温运转。长时间的低温运转，一是造成燃烧不良，积炭从气缸套上部开始蔓延，使气缸套上部产生严重的磨料磨损；二是引起电化学腐蚀。

d. 经常使用劣质润滑油。有的车主为图省事省钱，常在路边小店或向不法油贩购买劣质润滑油，结果造成气缸套上部强烈腐蚀，其磨损量比正常值大 1~2 倍。

③ 维修不当引起的磨损。

a. 气缸套安装位置不当。在安装气缸套时，若存在安装误差，气缸中心线和曲轴轴线不垂直，会造成气缸套非正常磨损。

b. 连杆铜套孔偏斜。在检修中，铰削连杆小头铜套时，铰刀倾斜而造成连杆铜套孔偏斜，活塞销中心线与连杆小头中心线不平行，迫使活塞向气缸套的某一边倾斜，也会造成气缸套非正常磨损。

c. 连杆弯曲变形。由于飞车事故或其他原因，受撞击的连杆会产生弯曲变形，若不及时校正而继续，也会加速气缸套的磨损。

④ 曲轴连杆轴颈和主轴颈不平行。发动机因烧瓦等原因，会使曲轴受到剧烈的冲击而变形，若不及时校正继续使用，同样会加速气缸套的磨损。

（5）减轻气缸套磨损的措施（资源 1-1）

资源 1-1 减轻气缸磨损措施

## 2. 气缸体、气缸盖裂纹的检修

（1）气缸体、气缸盖裂纹的检查

① 水压试验。将气缸盖和气缸垫装合在气缸体上，用一盖板装在水套的进水口位置，用水管将气缸体与水压机连通，其他水道口一律封闭，然后将水压入水套内，如图1-2所示。在条件许可时，应使用80 ℃～90 ℃的热水进行试验，也可把具有一定压力的自来水直接通入气缸体进行试验。水压试验的要求是：在0.3～0.4 MPa水压下，保持5 min，没有任何渗漏现象。

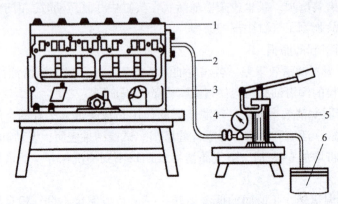

图1-2　气缸体、气缸盖水压试验

1—气缸盖；2—软管；3—气缸体；4—水压表；5—水压机；6—储水槽

② 气压试验。在没有水压机的情况下，往水套内加入自来水，用气泵或打气筒向水套内充气来检查渗漏部位。为了防止水倒流，在采用气压试验时，应在充气软管与气缸体水管接头之间安装一个单向阀。

（2）气缸体、气缸盖裂纹的修复

发现气缸体、气缸盖裂纹，在一般情况下采用换新件的方法修复。若条件许可，也可采取如下方法修复。

① 环氧树脂胶粘接。

a. 选用3～4 mm直径的钻头，用钻将裂纹两端钻孔，以防止裂纹延伸；然后沿裂纹长度凿出V形坡口，并打毛表面。

b. 刮削坡口附近表面氧化层和铁锈，并用丙酮清洗，洗净表面并使其干燥。

c. 胶料调配。将黏结剂A、B管物质大致按体积比调匀，就可立即使用。若要增加黏结剂固化后的硬度，可加入适量的铁粉。

d. 涂胶和黏结。胶调好后，将胶涂在槽内和槽周围的一些地方。

e. 胶料固化。经黏结剂涂胶粘接的物体，在25 ℃经过3 h就会完全固化，可投入使用。

f. 整形。零件黏结固化后，应根据零件形状进行整形，以使外表整齐美观。

② 焊修。气缸体和气缸盖的裂纹如发生在受力较大或用其他方法不易操作的部位时，则可采用焊补法修复。

灰铸铁件的焊修，一般是在不预热或预热低于400 ℃的情况下进行的；可采用气焊，也可采用电弧焊，在应用上以电弧焊为主。

铝合金气缸体焊修方法很多。由于铝合金材料的焊接性差，给焊修带来了一定的困难。

因此，要选用与焊件材料近似的焊条、掌握正确的焊接工艺，才能保证焊修质量。

对铸铁气缸体采用气焊进行修复前，可用汽油或清洗剂清除焊接表面油污，并用砂布或其他方法清除锈迹和杂质，直至露出金属本色。在焊接厚度为 6 mm 以上时，应开 V 形坡口。若焊接厚应在 15 mm 以上时，应开 X 形坡口。在进行焊接检修时，应选用 QHT1 铸铁焊条，并将气缸体加热至 600 ℃~700 ℃，保证气焊修复过程中气缸体的温度不低于 400 ℃。

对铸铁气缸体采用焊条电弧焊进行修复前，应先清洁焊接表面，并在裂纹发展走向前方距裂纹终点 3~5 mm 处钻止裂孔，以防止裂纹延伸。止裂孔直径一般为 3~5 mm。对裂损较深的气缸体，为保证焊条金属与基本金属很好地接合，常增加焊接强度，并在裂损处开坡口。

③ 堵漏剂堵漏。先用 2% 的碱水（碳酸钠水溶液）清洗循环水路，清洗时应去掉节温器。将水路和破缝表面清洗干净后，方可进行堵漏。其堵漏步骤如下。

a. 在冷却液中加入堵漏剂。

b. 起动发动机，在怠速下升温，使其在 10~15 min 内温度升到 80 ℃ 左右，并在 80 ℃~85 ℃ 下保持 15~20 min。

c. 发动机完全冷却后，再次起动发动机并怠速升温到 80 ℃~85 ℃，保持 10 min。这一步骤最好在第二天进行。

d. 堵漏剂在发动机内保留 2~3 天。

### 3. 气缸体、气缸盖平面翘曲变形检修

（1）气缸体、气缸盖平面变形的检测（资源 1-2）

可用长度大于气缸体长度的刀口尺或光轴测量气缸体上平面和气缸盖下平面的平面度：平放在气缸体或气缸盖平面上，仔细观察各部位是否漏光。对漏光处，用塞尺进行检测，如图 1-3 所示。如超出规定标准值，应予以修复。

资源 1-2　气缸体气缸盖平面变形的检测

检测时，应沿气缸体上平面（或气缸盖下平面）边缘和过中心交叉位置共 6 个方位进行，如图 1-4 所示。

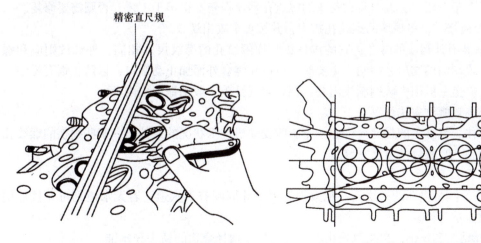

图 1-3　气缸体上平面度检测　　　　图 1-4　气缸体上平面的平面度检测方位

检测气缸体上、下平面的平行度，可将气缸体向上置于平板上，用高度尺检测气缸体两端高度的方法来确定。

**（2）气缸体、气缸盖平面变形的检修**

修整的一般方法是：螺栓孔附近的凸起可用油石或锉刀修平，其余可采取铣、磨的方法修复。

气缸体的上平面在采用铣、磨检修的加工过程中，要始终以主轴承孔和气缸孔中心线为加工定位基准。每个缸体顶面最多允许加工检修两次，每次修磨的尺寸限度应小于 0.25 mm，最大允许修复总量不超过 0.50 mm。在缸体后端右上角做上记号，第一次修复记号为"×"，第二次修复记号为"××"。

气缸体的上平面经铣、磨加工后，为保持原来气缸压的缩比，必须选用加厚的气缸垫。

气缸盖与进、排气歧管接合平面的变形采用上述方法进行。

气缸盖若出现翘曲变形，可用压力加工修复法修复。将气缸盖变形的凸面朝上放置在平板上，其下面两端垫以 0.5~0.7 mm 的垫片，然后用压力机向凸面处逐渐加压，同时用喷灯将变形部位加热到 300 ℃~400 ℃；当缸盖平面与平板贴合后，保持冷却，经时效处理后取下复测。

**4. 气缸盖厚度的检修**

将待测气缸盖平放在检测平台上，用高度游标卡尺测量气缸盖的厚度。若气缸盖厚度仍在规定范围内，可对气缸盖进行修磨；若过小应更换。

雪铁龙轿车 TU5JP4 发动机气缸盖标准尺寸为 135 mm±0.1 mm，检修后的气缸盖高度为 134 mm±0.1 mm。平面度最大允差为 0.05 mm，当气缸盖过度变形时，应换用新件。

**5. 气缸体、气缸盖螺纹孔损坏的检修**

（1）镶套检修螺纹孔

在发动机检修作业中，由于拆装不当或在工作中磨损造成螺纹损坏的，均可采用镶套法检修。螺纹孔周围及螺栓紧固部位附近龟裂现象严重时，应更换缸体。

具体检修步骤如下：

① 用目测或将螺栓、火花塞旋入螺纹孔的方法检验螺纹孔的损伤。要求气缸体上螺纹的损伤不得多于 2 牙，缸盖上装火花塞的螺纹孔螺纹损伤不得多于 1 牙，否则需要修复。

② 镶套检修时，将损坏的螺纹孔扩大，并按规定攻出螺纹。

③ 选取装有外螺纹的螺套，它的内螺纹与原螺纹孔的螺纹尺寸相同，外螺纹则应和螺纹孔扩大后攻制的螺纹尺寸相同。必要时，可以在螺套外面加止动螺钉，以防止螺套松动。

铸铁气缸盖一般用中碳钢制成内套，铝合金气缸盖一般用铜制成内套。

（2）钻孔攻螺纹方法修复

在气缸体、气缸盖的强度允许螺纹不影响发动机技术状况的条件下，某些损伤的螺纹孔可以直接用钻孔攻螺纹的方法来修复。

具体步骤如下：

① 观察并测量损坏的螺纹孔。观察损坏螺纹孔周围有无水道，若无水道则可直接使用钻孔攻螺纹方法等修复。

② 选择钻头和丝锥。根据测量出的螺纹孔尺寸选择合适的钻头和丝锥。

③ 钻孔。钻孔工艺正确，不能钻斜、钻偏。

④ 攻螺纹。攻螺纹工艺正确，螺纹质量符合要求。

⑤ 选择螺栓或螺钉。螺栓能顺利地拧入螺纹孔，且锁止可靠。

**6. 水道口腐蚀的检修**

铝合金气缸盖的水道口容易被腐蚀，严重时会出现漏水现象。检修时，可采用粘补、堆焊后重新开水道口等方法，也可采用补板镶补的方法。

补板镶补的方法如下。

① 将被腐蚀的水道口加工成台阶形的圆孔或椭圆孔，其深度一般为 3 mm。

② 用 4 mm 厚的铝板加工成与水道口形状相同的补板，并留适当的过盈量。

③ 用锤子和平冲将补板镶入孔内，然后进行修整，并钻出水道口。补板除过盈压合外，也可用胶接法黏合。

**7. 气缸磨损的测量**

测量气缸的磨损程度是鉴定发动机技术状态的重要手段。

测量气缸的磨损情况主要是为了测出气缸的磨损量，从而确定该发动机的技术状况。若磨损未达到大修标准而发动机的其他性能又较好，则测量气缸的磨损可确定汽车继续行驶的里程数；若需要进行发动机大修，则测量气缸的磨损可确定气缸的检修尺寸。

发动机气缸的磨损情况通常使用量缸表进行测量，如图 1-5 所示。测量时，根据气缸直径选择合适的接杆，将固定螺母拧入量缸表的下端。将量缸表的活动测杆插入气缸，注意量缸表的正确放法，如图 1-6 所示，旋出接杆，观察表针，使其转动表针一圈为宜，然后拧紧接杆上的固定螺母，根据气缸的磨损规律进行测量。

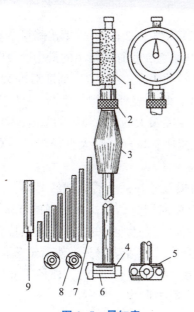

图 1-5 量缸表

1—百分表；2—锁紧螺母；3—表杆；4—接杆座；
5—活动测杆；6—支承架；7—接杆；8—固定螺母；9—加长杆

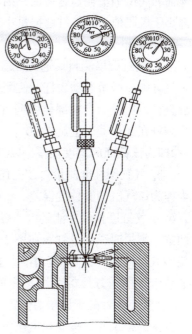

图 1-6 量缸表的正确放法

（1）测量气缸方法（资源 1-3）

① 确定测量部位。选用适当量程的量缸表，按图 1-7 所示的部位和要求进行测量。在气缸体上部距气缸主平面 10 mm 处、气缸中部及气缸下部距缸套下平面 10 mm 处，各取 3

点，按纵向（A向）和横向（B向）两个方向测量气缸的直径。

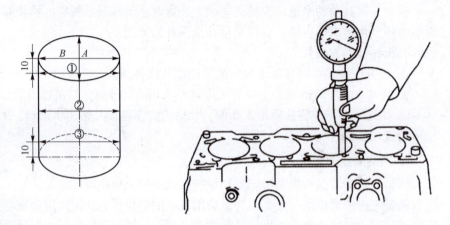

资源1-3　测量气缸方法　　　　　　　图1-7　气缸磨损的测量

② 确定衡量磨损程度的指标。一般车型的磨损程度用圆度、圆柱度误差两个指标来衡量。轿车采用标准尺寸与气缸最大尺寸的差值来衡量。通常，气缸的圆度误差达到 50~63 μm，圆柱度误差达到 0.175~0.250 mm，发动机最大功率或气缸压力低于标准值 25% 以上，燃油和润滑油消耗显著增加，则必须检修气缸或更换气缸套；气缸的圆度误差和圆柱度误差都小于极限值，且气缸磨损量小于 0.15 mm 时，可更换活塞及活塞环。

③ 测量方法。

a. 气缸圆度测量。选择合适的测杆，并使其压缩 1~2 mm，以留出测量余量。将测杆伸入气缸中，微微摆动表杆，使测杆与气缸中心线垂直，量缸表指示的最小读数即为正确的气缸直径。用量缸表在部位纵向（A向）测量，转动表盘，使"0"刻度对准大表针；然后，将测杆在此横截面上旋转 90°，即横向（B向），此时表针所指刻度与"0"位刻度之差的 1/2 即为该截面的圆度误差，以三个截面上圆度误差最大的作为该缸的圆度误差。

b. 气缸圆柱度测量。在上述测量的 6 个位置中，以气缸最大直径与最小直径差值的一半作为该气缸的圆柱度误差。

c. 气缸磨损尺寸测量。一般发动机最大磨损尺寸在前、后两缸的上部，应重点测量这两缸。测量时，用量缸表在图1-7中的①部位横向测量，并找出正确的气缸直径的位置。旋转表盘，使"0"刻度对准大表针，并注意观察小指针所处的位置。取出量缸表，将测杆放置于外径千分尺的两测头之间。旋转外径千分尺的活动测头，使量缸表的大指针指向"0"，且小指针处于原来的位置（在气缸中所指示的位置）。此时，外径千分尺的尺寸即为气缸的磨损尺寸。按此找出该发动机气缸的最大磨损尺寸。

（2）气缸检修级别（尺寸）的确定

气缸磨损超过允许限度，或缸壁上有严重刮伤、沟槽和麻点时，应将气缸按检修级别镗削检修，并选配与气缸检修尺寸相符合的活塞及活塞环。

气缸检修尺寸可按下式进行计算：

检修尺寸=气缸最大磨损直径+镗磨余量（镗磨余量一般取 0.10~0.20 mm）

计算出的检修尺寸应与检修级数相对照。若与某一检修级数相等，可按某级数检修；若与检修级数不相符，应按向上靠近的大检修级数进行气缸的检修。当气缸磨损超过最大一级检修尺寸时，应镶配缸套。只要有一缸需要镗、磨或更换缸套，其余各缸均应同时更换，以保持发动机各缸的一致性。

(3) 气缸修复后的检测

① 圆度及圆柱度的检查。气缸经镗、磨后，圆度及圆柱度误差应不大于 5 μm，各缸直径之差不得超过 5 μm。

② 配缸间隙检查。将活塞倒放入气缸中，在气缸壁与活塞之间垂直活塞销方向插入厚 0.03 mm、宽 12~15 mm 的塞尺；再用弹簧秤检查拉出塞尺时的拉力，其拉力值与塞尺测得的间隙应符合维修手册的要求。拉力过大或过小，表明气缸镗磨不足或过量。

**8. 气缸的镶套检修**

无检修尺寸的气缸，或气缸虽有检修尺寸，但其磨损后的尺寸已接近或超过最后一级检修尺寸时，可用镶套法检修。

对无气缸套的气缸进行镶套前，必须先加工承孔。承孔内径与缸套外径采用过盈配合。对于镶有干式气缸套的气缸体，应用压力机压出旧缸套，并检查承孔与待换缸套过盈量是否符合要求。干式气缸套与承孔过盈量一般为 30~80 μm。新缸套应使用压力机压装，压装后气缸套上平面应与气缸体上平面平齐。

对于装用湿式气缸套的气缸体，更换气缸套时只需拆旧换新，无须对承孔进行加工。

**注意**：湿式气缸套装配后应高出气缸体上平面 50~150 μm，以防漏水。

### (二) 活塞连杆组检修

**1. 活塞、活塞销、活塞环、连杆的失效形式**

(1) 活塞失效

① 活塞的磨损。

a. 活塞环槽的磨损。活塞环槽是活塞最大的磨损部位，通常第一道活塞环槽的磨损最为严重，以下第二、第三、第四道环槽的磨损程度依次减轻。磨损后的环槽断面成梯形，外宽里窄，侧隙增大，导致气缸漏气、窜油，使发动机动力性能下降、润滑恶化和燃烧室大量积炭等。

b. 活塞裙部磨损。活塞裙部的磨损较小，通常由于侧压力和惯性力作用而形成椭圆形磨损和擦伤。当活塞裙部与气缸壁间隙过大时，发动机易出现敲缸和严重的窜油现象。

c. 活塞销与销座孔的磨损。通常活塞销与销座孔的磨损是由于气体压力和惯性力作用形成椭圆形磨损，其最大磨损部位是销座孔的上下方向，使活塞与销的配合松旷，产生异响。

② 活塞的非正常损坏。活塞在工作中，还会出现以下几种非正常的损坏形式，如刮伤、烧伤和脱顶等破损。

a. 活塞刮伤。活塞刮伤（也称"拉缸"）的主要原因有：活塞销与销座孔配合过紧；活塞与气缸壁之间的间隙过小，不能形成良好的润滑油膜；气缸壁表面严重不清洁，存有较大和较多的机械杂质，使活塞刮伤；活塞销卡簧脱出或折断而刮伤气缸壁或活塞；连杆弯曲、扭曲严重，破坏了活塞与气缸的正常配合间隙。

b. 活塞顶烧伤。活塞顶烧伤的主要原因是发动机在超负荷条件下长时间工作，或在强烈爆燃的条件下长时间工作，而造成活塞顶或侧面局部或大面积熔化。

c. 活塞破损。常见的活塞破损现象是活塞脱顶，即活塞头部与裙部分离。其主要原因是：活塞环开口间隙过小，工作中受高温膨胀后活塞在气缸中卡死；发动机长时间在高温、大负荷条件下工作，活塞受冲击严重或冷却液不足等，使发动机过热，引起活塞机械强度降低；活塞制造时有缺陷等。严重的活塞销响或活塞敲缸响，若不及时排除，也可能会造成活塞异常损坏。

（2）活塞销的磨损和变形

活塞销是连接活塞与连杆的重要零件，其失效的主要形式有磨损和弯曲。

全浮式活塞销的主要损伤部位是其与活塞和连杆的连接配合处，其径向磨损后圆度超差，轴向磨损成台阶。在工作中，活塞会慢慢转动，使磨损减轻，并沿圆周均匀分布。由于全浮式活塞销载荷分布均匀，提高了活塞的抗弯曲能力。因此，全浮式活塞销的弯曲变形很小。

半浮式活塞销在微型车上用得较多。由于活塞销与连杆小头衬套无相对转动，故其磨损部位一般发生在与活塞销座孔配合表面，且沿圆周方向的磨损也不均匀。这种连接形式的活塞销在磨损的同时，会伴随着弯曲变形。

活塞销的磨损过大，使配合间隙增大而松旷，引起不正常的敲击和机件的损坏，甚至出现打坏气缸的现象。活塞销如弯曲变形过大，将会引起活塞销座的应力集中，可能造成活塞销座的破裂。

（3）活塞环的失效

活塞环在工作时，由于受高温、高压及润滑条件差的影响，其磨损失效往往要比气缸达到磨损极限快。由于活塞环最初不能与气缸壁表面完全密合，故磨合磨损较快。经过磨合磨损后，形成光滑的镜面，活塞环转入运行磨损，则磨损速度减慢。随后活塞与气缸壁的间隙逐渐增大，活塞倾斜也增大，活塞环成不规则的磨损，弹力下降，密封性能减弱，润滑油膜不能防止漏窜气体的侵入，从而加速了磨损。

活塞环除正常磨损失效外，还有断裂损坏。除发动机大修时更换外，在两次大修之间，气缸最大磨损每 100 mm 缸径达到 18~22 μm 时，也应更换活塞环，以改善发动机的动力性能。

（4）连杆的失效

连杆的失效形式有变形、连杆小端衬套或衬套孔磨损、大端轴承孔磨损及裂纹或断裂。一般连杆变形分为弯曲变形、扭曲变形及弯扭变形的综合变形与双弯变形。

**2. 活塞连杆组检修**

（1）活塞直径的检测

用千分尺检测活塞直径，按原厂规定位置测量，大多在距活塞裙部下边缘约 10 mm 处与活塞销垂直的方向测量，如图 1-8 所示，测量值与标准尺寸的偏差最大为 40 μm。

（2）活塞与气缸配合间隙的检查

如图 1-9 所示，将活塞放入气缸中，用塞尺直接测量活塞与气缸的配合间隙。也可用测量的气缸直径减去活塞直径，得活塞与气缸的配合间隙，并应符合技术要求。

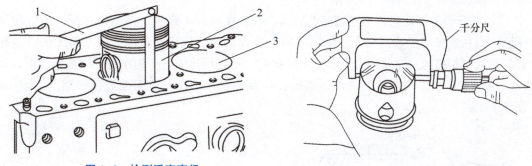

图 1-8 检测活塞直径
1—塞尺；2—活塞；3—气缸套

图 1-9 活塞与气缸配合间隙的测量

(3) 活塞的选配

在发动机大修或更换气缸（或气缸套）时，应同时更换全部活塞。活塞选配应按照气缸的检修尺寸来确定。换用新活塞时应注意下列要求。

① 同一台发动机应选用同一厂牌、同一组的活塞，以使材料、性能、质量和尺寸一致。同一组活塞的直径差应在 20~25 μm 范围内，各缸活塞的质量差不超过 3%。

② 活塞的检修尺寸是指活塞的直径较标准尺寸加大一个或几个检修级差。加大常用"+"表示，加大的数值刻在活塞顶上。

③ 在选配的成套同组活塞中，直径差与质量差应符合技术要求。

(4) 活塞销的选配

① 发动机大修时，活塞销必须随活塞一起更换。应选择标准尺寸的活塞销，以便给小修留有修配的余量。

② 一般活塞销按最小处尺寸分组，每组相差 2.5 μm。

③ 活塞销除标准尺寸外，还有四级加大的检修尺寸。

④ 一般活塞销的质量相差在 10 g 内。

(5) 活塞销与活塞销座孔的修配

全浮式活塞销与销座孔的配合要求是很高的。对于汽油机，要求在常温下有微量的过盈，一般为 2.5~7.5 μm。但当活塞处于 75 ℃~85 ℃时，又要有微量的间隙，为 5~8 μm，使活塞在销座孔内能够转动，又无间隙感，它们的接触面积要求在 75% 以上。对于柴油机，要求在常温下为过渡配合的，允许有轻微间隙。

在检修中活塞销与活塞销座孔的配合采用长刃可调式铰刀，对活塞销座孔进行手工铰削。其铰配操作工艺如下。

① 选择铰刀。根据活塞销座孔的实际尺寸，选择合适的长刃可调铰刀，将铰刀夹紧在台虎钳上，使它与台虎钳口的平面保持垂直。

② 微调铰刀。由于活塞销座孔铰削量非常小，故第一刀是试验性的微量铰削，旋转调整螺母在 30°~60°，刀片上端露出销座孔即可，以后各刀次的调整以 60°~90° 为宜。

③ 铰削。活塞销座孔与铰刀正确地接触后，用两手握住活塞稳妥地轻压，力度要均匀，操作要平正，按顺时针旋转活塞进行铰削。每调整一次铰刀，要从活塞销座孔的两个方向各铰一次。每次铰削至座孔下方与刀片下端面接近平齐时，应压下活塞使其从铰刀下方脱出，

避免铰偏和起棱,如图 1-10 所示。

④ 试配。为了防止将活塞销座孔铰大,在铰削时应不断地与活塞销试配,当铰削到用手掌的力量能够将活塞销推入一个销座的 1/3 左右时,应停止铰削。用木槌或垫以铜冲子轻轻将活塞销打入一个销座孔,试配一两次后,再继续进入另一销座孔。活塞要放正,以防倾斜挤伤座孔工作面。最后冲出活塞销,查看接触面情况,适当地进行修刮,如图 1-11 所示。

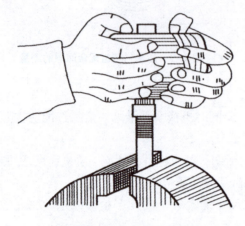

图 1-10  活塞销座孔的铰削

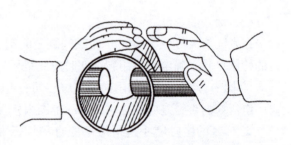

图 1-11  活塞销与活塞销座孔的试配

⑤ 修刮。为了增加销与座孔的接触面积,获得合适的配合松紧度,通常在活塞销座孔铰削后,要对其座孔进行修刮。修刮时,刮刀应与活塞销座孔轴线呈 30°~40°,以免修刮面积过大,刮伤接触部位。修刮时按照"由里向外、刮重留轻、刮大留小"的原则进行,两端边缘少刮或不刮,防止呈喇叭口状。松紧度和接触面积接近合适时,再稍微修刮两端,使松紧度和接触面积达到要求。修刮后以能用手掌的力量将活塞销推进一个座孔的 1/2~2/3 为宜。在座孔工作面上的印痕应分布均匀、轻重一致。

(6) 活塞环的检修(资源 1-4)

在选配活塞环时,一般要进行活塞环的弹力检测、漏光检测以及端隙、侧隙和背隙检修。

① 活塞环弹力的检测。活塞环与气缸内壁应有一定的压力,使环的周围均匀地压在气缸壁上。若弹力过大,则会增加摩擦损耗;若弹力过小,则不能起到良好的密封作用,引起气缸的漏气、窜油。在进行检测时,将活塞环放在弹力检测器上,把活塞环的开口间隙放置在水平位置上,移动检查器上的量块,当把活塞环开口间隙压缩至标准数值时,弹力应符合各机型的规定要求,如图 1-12 所示。

资源 1-4  活塞环三隙及漏光检测

② 活塞环漏光度的检测。活塞环漏光度检测的目的是查看活塞环与气缸壁的贴合情况,若漏光度过大,活塞环局部接触面积小,易造成漏气和机油上窜。选配时,必须进行漏光检查,检查时将活塞环平放在气缸内,在活塞环的下边放一盏发亮的灯,活塞环上面放一块盖板,盖住环的内圆,如图 1-13 所示。一般漏光缝隙不得超过 0.03 mm,每处漏光弧长对应的圆心角不得大于 25°,同一环上的漏光弧长总和

不超过45°，在环端开口处左右30°范围内不允许有漏光现象。

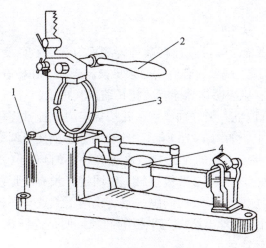

图1-12　活塞环弹力的检测

1—弹力检测仪；2—施压手柄；3—活塞环；4—量块

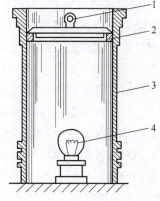

图1-13　活塞环漏光度的检测

1—遮光板；2—活塞环；3—气缸；4—灯泡

③ 活塞环端隙的检修。活塞环端隙是指当活塞环置于磨好的气缸内，在环的开口处呈现的间隙。若端隙过大，则会影响气缸的密封性；若端隙过小，则将引起活塞环的运动状态不正常。活塞环的端隙、侧隙、背隙应符合各车型的技术要求。

活塞环端隙的检查方法是：将活塞环放入气缸，用活塞顶部将活塞环推进气缸筒内，使活塞环的平面与气缸口面平行，然后按图1-14所示，用塞尺测量环的端隙。若端隙大于规定，应另选活塞环；若小于规定，应对环口一端加以锉削。锉削时应注意只能锉削一端环口，环口应平整，并应边锉边测量。然后去掉毛刺，以防止刮伤气缸。

④ 活塞环侧隙的检修。活塞环侧隙，即活塞环在环槽内的上下间隙。侧隙过大将影响活塞环的密封作用；过小则可能被卡死在环槽内，造成拉缸事故。检查时，将活塞环放入环槽内，用塞尺按图1-15所示的方法测量。其经验方法是：活塞环在其环槽内，能沿环槽转动自如，且无松旷感觉。若侧隙过大或过小，则需重新选配。

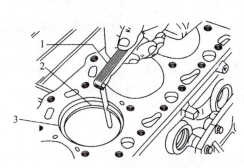

图1-14　活塞环端隙的检查

1—塞尺；2—活塞环；3—气缸套

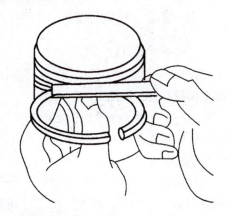

图1-15　活塞环侧隙的检查

⑤ 活塞环背隙的检修。活塞环背隙是指活塞环装入气缸后，活塞环背面与环槽底部的

间隙。为了测量方便,通常用槽深和环宽之差表示,该数值一般为 0~0.35 mm。若背隙过小,则可加深环槽,以防活塞环被卡死。

(7) 连杆的检修(资源 1-5)

① 连杆的外观检查。检查连杆、连杆螺栓、螺母及连杆盖等外表面有无裂纹、变形、损伤等缺陷;检查连杆螺栓是否有"拉长缩颈"现象,若有,必须更换新螺栓。在检查时,可用直尺靠上螺纹,若螺纹与直尺边不接触,则表明该螺栓有"拉长缩颈"现象。

② 连杆变形的检验。将连杆大头的轴承取下,装好轴承盖,并按规定力矩拧紧连杆螺栓。检验时,把连杆大头安装在连杆检验仪上,如图 1-16 所示。拧动调整手柄使半圆键向外扩张,将连杆固定在连杆检验仪上。然后将三点规的 V 形槽放在连杆小头的心轴(不装衬套)或活塞销上,并推向检验平板。若三个测点都与平板接触,说明连杆没有变形。若上测点与平板接触,而两下测点不与平板接触且与平板的间隙一致,或两下测点与平板接触,而上测点不接触,均表明连杆弯曲,用塞尺量出测点与平板的间隙,便是连杆在 100 mm 长度上的弯曲度。

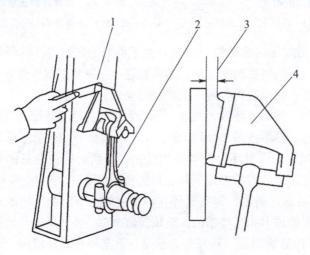

图 1-16 连杆弯曲的检验　　资源 1-5 连杆弯曲扭转检测
1—连杆检验仪;2—连杆;3—弯曲值;4—三点规

若两个下测点有一个与平板接触,而另一个不接触,且上测点与平板的间隙等于另一个下测点与平板间隙的一半,则表明连杆扭曲,而下测点与平板的间隙即为连杆在 100 mm 长度上的扭曲度,如图 1-17 所示。

若一个下测点与平板接触,但上测点与平板的间隙不等于另一个下测点与平板间隙的一半,则表明连杆同时存在弯曲和扭曲变形,而此时下测点与平板的间隙为连杆扭曲度,上测点与平板的间隙为连杆的弯曲度。

检验连杆是否存在双重弯曲,检验时,先测量连杆小头端面与平板的距离 $S'$,再将连杆翻转 180°,测量距离 $S$,如图 1-18 所示,若两次测量出的距离值不相等,则表明连杆存在双重弯曲。

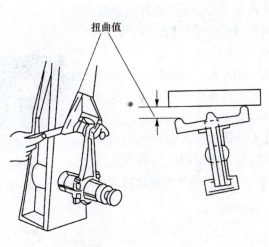

图 1-17 连杆扭曲的检验

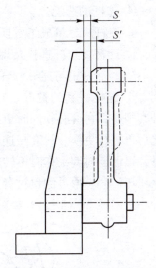

图 1-18 连杆双重弯曲的检验

③ 连杆变形的校正。连杆的弯曲度应不大于 0.03 mm，扭曲度应不大于 0.06 mm。若超过规定值，则应进行校正。但连杆的双重弯曲难以校正，只能更换连杆。

当连杆的弯曲和扭曲并存时，应先校扭后校弯，而且连杆校正要在记下连杆向哪个方向弯曲或扭曲以及弯曲度和扭曲度的数值后进行。

a. 连杆扭曲的校正。将连杆轴承盖按规定装配并拧紧，然后在台虎钳钳口垫上软金属垫片。夹紧连杆大头端面，如图 1-19 所示，用连杆校正器的专用扳钳装卡在连杆杆身的上、下两个部位，按照图示的扳钳安装方法校正连杆向逆时针方向的扭曲变形。在校正顺时针方向的扭曲变形时将扳钳交换即可。

b. 连杆弯曲的校正。将弯曲的连杆放入校正器内，使弯曲的凸面朝上，对正凸起的部位加上垫块，如图 1-20 所示。然后扳转丝杠，使连杆向上产生反方向变形，并使变形量为原弯曲量的几倍到几十倍（根据变形量而定），停留一定时间，待金属组织稳定后松开丝杠，然后再将连杆放在检验仪上检查是否合格。

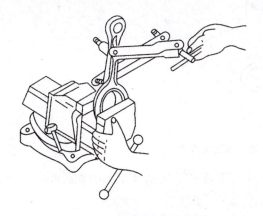

图 1-19 连杆扭曲的校正

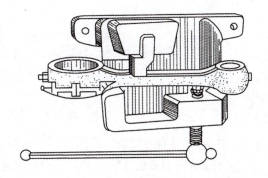

图 1-20 连杆弯曲的校正

④ 连杆的选配。

a. 连杆应尽量成组更换，需要单只更换时，必须保证连杆质量差不大于 3 g。

b. 连杆、连杆螺栓及螺母的结构要与发动机的型号相适应。

（8）活塞销与连杆衬套的修配（资源 1-6）

① 连杆衬套的选择。在检修过程中，如活塞、活塞销已换成新件，则连杆衬套必须同时更换。连杆衬套必须在连杆经过检查、校正之后再进行更换。衬套与连杆小头的配合应有 0.10～0.20 mm 的过盈量，以保证衬套工作时不转动。过盈量过大会造成压入衬套困难，甚至压坏衬套。通过测量衬套过盈量来选择衬套，测量时，分别测量连杆小头内径（图 1-21）和新衬套外径（图 1-22），其差值就是衬套的过盈量。

资源 1-6　连杆衬套的修配

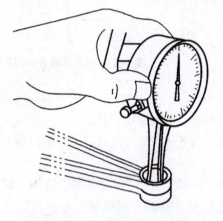

图 1-21　测量连杆小头内径

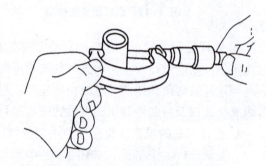

图 1-22　测量衬套外径

压入新衬套前，应检查连杆小头孔是否有损伤、毛刺等，以免擦伤衬套外圆；压入时，衬套应放正。对于整体式衬套，应使油孔对正，如图 1-23 所示；两半截式的衬套，则应使衬套压至连杆小头油孔的边缘，以保证机油流动畅通。露出连杆小头的端面部分可用锉刀修平。

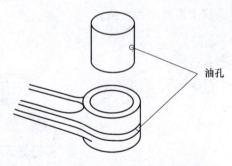

图 1-23　连杆衬套油孔对准连杆油孔

② 连杆衬套的铰削。活塞销与连杆衬套的配合要求和活塞销与座孔的配合相同，也是以铰削或镗削的方法来达到的。其铰削工艺如下。

a. 铰刀的选择。根据活塞销实际尺寸选择铰刀，将铰刀夹紧在台虎钳上，使它与钳口的平面保持垂直。

b. 微调铰刀。将连杆小头套入铰刀，一手托住连杆大头，一手压下连杆小端，以切削刀露出衬套上端面 3~5 mm 为第一刀的铰削量来进行铰削。以后各刀视加工余量大小而定，如余量大，可旋转调整螺母 60°~90°；如余量小，可旋转调整螺母 30°~60°。如铰削量太大或太小，会使连杆在铰削中出现摆动，衬套易铰成菱形或喇叭口形。

c. 铰削。一手握住连杆大端，稳妥而均匀地用力扳转，另一手把持小端，并向下略施压力进行铰削。当衬套下平面与切削刃下方相平时，应停止铰削，此时，将连杆小端下压，使衬套平稳脱出铰刀，以免出现棱坎。在铰刀直径不变的情况下，将连杆翻转一面再铰一次，如图 1-24 所示。

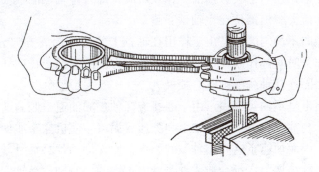

图 1-24　连杆衬套的铰削

d. 试配。为防止铰削过度，应边铰削边用活塞销试配。当铰削到能用手掌力量将活塞销推入衬套 1/3~2/5 时，应停止铰削。此时，应将活塞销压入或用木槌打入衬套内，并夹持在台虎钳上往复扳动连杆，然后压出活塞销，检查衬套的接触面积是否符合要求。

e. 修刮。根据接触面积和松紧程度，最后用刮刀做微量的修刮。修刮要领和修刮活塞销座孔的要求相同。当以手掌的力量把活塞销推入连杆衬套，感觉略有阻力时，则松紧度合适。衬套的接触面积应均匀分布、轻重一致，接触面积应不少于 75%。

f. 研磨试配。在铰削或磨削时，应留有研磨余量。将活塞销装入连杆衬套内配对研磨，并加少量机油，将活塞销夹持在台虎钳上，沿活塞销轴线方向扳动连杆，应无间隙感觉。加入机油扳动时无"气泡"产生，把连杆置于与水平方向呈 75°时应能停住，轻轻触动连杆应能徐徐下降，此时间隙为合适。活塞销与连杆衬套的配合检测方法如图 1-25 所示。经过铰削和研磨的衬套，能用大拇指把活塞销推入连杆衬套内，此时应无间隙感觉。

图 1-25　活塞销与连杆衬套的配合检测方法

### （三）曲轴飞轮组检修

**1. 曲轴、曲轴轴承、飞轮的失效形式及原因分析**

（1）曲轴的失效

曲轴的常见损伤形式有轴颈的磨损、弯扭变形和裂纹等。

① 轴颈的磨损。曲轴主轴颈和连杆轴颈的磨损是不均匀的，且磨损部位有一定的规律性。主轴颈和连杆轴颈径向最大磨损部位相互对应，即各主轴颈的最大磨损靠近连杆轴颈一侧，而连杆轴颈的最大磨损部位在主轴颈一侧。

连杆轴颈的径向不均匀磨损是由于作用在轴颈上的力沿圆周方向分布不均匀所引起的。这些力的合力大部分时间都作用在连杆轴颈内侧，方向沿曲柄半径向外，使连杆大头压紧在连杆轴颈内侧，因而连杆轴颈的内侧磨损最大。

连杆轴颈轴向也呈不均匀磨损。由于通往连杆轴颈的油道是倾斜的，当曲轴旋转时，在离心力的作用下，与油流相背一侧的轴承间隙形成涡流，使机械杂质偏积在连杆轴颈的这端而形成磨料磨损，因而加速了这一端轴颈的磨损，使连杆轴颈磨损呈现锥形。此外，连杆弯曲、连杆大头不对称结构等，都会造成轴颈受力不均匀，使轴颈沿轴向呈不均匀磨损。

主轴颈径向的不均匀磨损，主要是受连杆、连杆轴颈和曲柄离心力的影响，使靠近连杆轴颈一侧的轴颈与轴承间发生的相对磨损较大。主轴颈轴向也呈不均匀磨损。

轴颈表面还可能出现擦伤和烧伤。擦伤主要是机油不清洁，其中较大的机械杂质在轴颈表面划成沟痕。烧瓦后，轴颈表面会出现严重的擦伤划痕，轴颈表面烧灼后变成蓝色。

在发动机使用中，主轴颈的不均匀磨损后果也相当严重，各轴颈不同方向的磨损导致主轴颈同轴度的破坏，这往往是某些曲轴断裂的原因。

② 曲轴的弯扭变形。所谓曲轴弯曲是指主轴颈的同轴度误差大于 0.05 mm。若连杆轴颈分配角误差大于 30′，则称为曲轴扭曲。

曲轴产生弯扭变形，是由于使用不当和维修、装配不当造成的。如发动机在爆震和超负荷条件下工作、个别气缸不工作或工作不均衡、各道主轴承松紧度不一致、主轴承承孔同轴度偏差增大等，都会造成曲轴承载后的弯曲变形。曲轴弯曲变形后，将加剧活塞连杆组和气缸的磨损，以及曲轴和轴承的磨损，严重时会使曲轴疲劳折断。

曲轴扭曲变形，主要是由于烧瓦和个别活塞卡缸（胀缸）造成的，这也将影响发动机的配气正时和点火正时。当个别气缸壁间隙过小或活塞热膨胀过大时，活塞运动阻力将增大，曲轴运转不均匀，发展到活塞卡缸，未及时发现或卡缸发生后处理不当，便会导致曲轴的扭曲。此外，拖带挂车时起步过猛和紧急制动（未踩下离合器时）以及超速、超载等，都会引起曲轴的扭曲变形及其他耗损。

③ 曲轴的裂纹。曲轴的裂纹多发生在曲柄与轴颈之间的过渡圆角以及油孔处。前者是横向裂纹，危害极大，严重时将造成曲轴断裂，如有裂纹应更换曲轴；后者多为轴向裂纹，沿斜置油孔的锐边向轴向发展，必要时也应更换曲轴。

曲轴的横向、轴向裂纹主要是应力集中引起的，曲轴变形和修磨不慎也会使过渡区的应力陡增，加剧曲轴的疲劳断裂。

（2）曲轴轴承的失效

曲轴轴承包括曲轴主轴颈轴承和连杆轴颈轴承（俗称主轴承、主轴瓦、大瓦及连杆轴承、连杆瓦、小瓦）。

轴承常见的失效形式主要有磨损、刮伤、烧伤和疲劳剥落等，如图1-26所示。（资源1-7）

图1-26　轴承失效　　　　资源1-7　轴承失效形式

轴承的磨损在使用初期较明显，由于初期使用的轴承的表面粗糙度大，接触面积较小，在交变冲击载荷的作用下，轴承磨损速度较快。轴承的疲劳剥落是由于曲轴在长时间的交变载荷作用下，使合金层局部疲劳剥落所致。轴承的刮伤是由于润滑油中的硬杂质进入轴承内，随着相对运动的作用，使轴承合金表面被刮伤。而轴承的烧伤主要是由润滑不良或轴与轴承配合间隙过小，在超负荷条件下运转而形成的。

（3）飞轮的失效

飞轮的失效形式主要是指飞轮工作面的磨损和严重烧灼及飞轮齿圈断齿或齿端冲击耗损。

飞轮是离合器主动部分的主要零件，飞轮工作平面长期与离合器摩擦片处于时而分离、时而接合的状态，故易产生相互磨损。

① 飞轮齿圈的失效。飞轮齿圈用于发动机的起动，当发动机起动时，飞轮齿圈上的齿轮受到起动机齿轮的频繁撞击和滑移干摩擦，且齿轮啮合处常夹杂着尘粒，使齿圈轮齿产生磨损或裂损剥落。所以飞轮齿圈常见的失效是轮齿的磨损和裂断。

② 飞轮工作面的失效。飞轮工作面即为与离合器摩擦片结合的平面。工作时由于在离合器分离和结合的瞬间，飞轮平面存在转速差，从而产生相对滑动摩擦，使飞轮平面产生磨损。当驾驶不当、离合器无自由行程或离合器压盘压力不足时，离合器与飞轮经常处于半离合状态，从而加速了飞轮的磨损。飞轮平面还会因高速摩擦所产生的高温而导致局部烧灼变硬，使摩擦结合能力下降。

③ 飞轮螺栓孔的失效。飞轮是用螺栓与曲轴凸缘连接的，由于飞轮承受力较大，并且传递扭矩的同时常伴随着冲击载荷，因而将使飞轮螺栓孔产生失效变形。

**2. 曲轴检修**

（1）曲轴轴颈磨损的检修

① 曲轴轴颈磨损的检测。（资源1-8）

曲轴轴颈磨损的检测通常是用外径千分尺测量轴颈的实际尺寸，经过计算，得出最大的圆度和圆柱度误差值，并与规求值（可查维修手册）进行比较，从而判定是否需要磨修及需要磨修的尺寸。

检测方法为：先用外径千分尺在油孔两侧测量，然后旋转90°再测量，测量位置如图1-27所示。

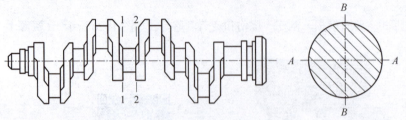

图1-27 曲轴轴颈的检测
1，2—测量的横断面

资源1-8 曲轴轴颈磨损检测

a. 圆度误差：用外径千分尺在轴颈同一横断面进行多点测量，先在油孔一侧量取一个尺寸，将曲轴转动90°，保持在同一横断面上，再量出一个尺寸，最大值与最小值差值的一半即为圆度误差。

b. 圆柱度误差。用千分尺沿轴颈轴线前、后两个横断面，测量每一横断面的最大值与最小值，然后取两个横断面中最大值与最小值差值的一半即为圆柱度误差。

当圆度、圆柱度误差大于 25 μm 时，应按检修尺寸磨修曲轴。目视可见的擦伤、起槽、毛糙、疤痕及烧伤等，均需磨修。

② 曲轴轴颈的磨修。

曲轴轴颈的磨修要在专用曲轴磨床上进行。除恢复轴颈尺寸及几何形状精度外，还应保证轴颈的同轴度、平行度、曲轴过渡圆半径及各连杆轴颈间的夹角等相互位置的精度。

（2）曲轴裂纹的检修

① 曲轴裂纹检测。

凡在大修发动机时，必须先对曲轴进行磁力探伤检查或超声波探伤检查，无磁力探伤等设备时可采用以下方法检测。

a. 锤击法。去除曲轴表面油污，清洗并擦净，将曲轴两端搁置在木制的曲轴架上，用小锤子轻击每道曲柄臂，听其发出声音。若是清脆尖锐连贯的"锵、锵"声，则表明无裂纹；若是短促而不连贯的"噗、噗"声，则可能有裂纹。此时，可用放大镜在此处仔细观察，若有油渍冒出并呈一条线状，则此处就是裂纹所在部位。

b. 粉渍法：将曲轴用柴油或煤油洗净并擦干后，在其表面均匀涂上一层滑石粉，然后用小锤轻击曲柄臂，若滑石粉变成黄褐色，则表明此处油渍由裂纹内部渗出。

② 曲轴裂纹检修。

裂纹发生在非受力部位或裂纹不会延伸时，可予以修复。曲轴裂纹发生在受力部位时，应换用新件。

（3）曲轴变形的检修

曲轴的弯曲变形是由于发动机工作不平稳，致使曲轴各轴颈受力不匀，当其超负荷工作或处于"爆燃"时，将使曲轴产生弯曲变形，导致轴承磨损加剧，并使气缸及活塞等机件加速磨损。当发动机大修时，若曲轴弯曲变形量大于 0.10 mm，则必须校正弯曲后再磨修，以防磨修量过大而缩短曲轴的使用寿命。弯曲变形量小于 0.10 mm 时，可结合磨修曲轴予以校正。

(4) 曲轴弯曲变形的检修

① 曲轴弯曲变形的检测。（资源1-9）

a. 将曲轴的第一道主轴颈和最后一道主轴颈用V形架支承在检测平板上。

b. 以曲轴正时齿轮轴颈和飞轮凸缘外圆为基准，校正水平线后，将百分表的测头抵在中间主轴颈表面，如图1-28所示。

c. 转动曲轴一周，百分表上指针的最大与最小读数的差，即为中间主轴颈对两端主轴颈的径向圆跳动误差，如图1-29所示（通常也用指针的最大与最小读数差值的一半作为直线度误差或弯曲值）。

资源1-9　曲轴弯扭检测

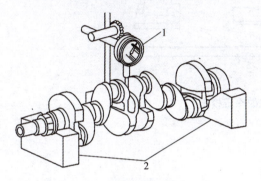

图1-28　曲轴弯曲变形的检测
1—百分表；2—V形铁

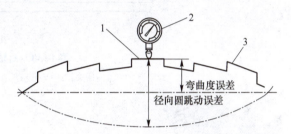

图1-29　曲轴的径向圆跳动误差和弯曲度误差
1—曲轴中间主轴颈；2—百分表；3—连杆轴颈

d. 检测弯曲度小于0.05 mm时，可不进行压力校正；弯曲度大于0.10 mm时，必须校正曲轴的弯曲变形。

② 曲轴弯曲变形的校正。曲轴弯曲变形的校正，通常采用冷压校正法和表面敲击法。

a. 冷压校正法。如图1-30所示，用放在压床台面上的两个V形支架支承曲轴两端的主轴颈，在轴颈接触处垫以铜皮。转动曲轴，使其弯曲的凸面朝上，并将压头对准中间主轴颈，同样在V形压具与主轴颈接触处垫以铜皮。使百分表的触头垂直抵在两道被压主轴颈的正下方，转动表盘，使指针指"0"，然后用压床的压头向下慢慢增压，压弯量为曲轴弯曲量的10~15倍（若为球墨铸铁曲轴，应不大于10倍），保持压力3 min左右，拆下检查，直至合格。再将曲轴加热到300 ℃~500 ℃，保温0.5~1 h，以消除内应力。若变形量较大，应分多次校正，以防压弯量过大造成曲轴折断。

b. 表面敲击法。如图1-31所示，通过敲击曲柄臂表面的非加工面，使曲轴变形而达到校正弯曲的目的。其原理是：当敲击曲柄臂外侧时，曲柄臂外侧延伸、内侧收缩，且下方并拢，主轴颈远端向下、近端向上移动；反之，若敲击曲柄臂内侧，则发生主轴颈远端向上、近端向下的变形。

(5) 曲轴扭转变形的检修

① 曲轴扭转变形的检测。如图1-32所示，将曲轴两端同平面内的连杆轴颈转到水平位置，用百分表测量出这两个在同一方位上的连杆轴颈至平板的距离差值ΔA，即得曲轴扭转变形的扭转角：

$$\theta = 360° \cdot \Delta A \cdot (2\pi R)^{-1} \approx 57° \Delta A \cdot R^{-1}$$

式中　$R$——曲柄半径，mm。

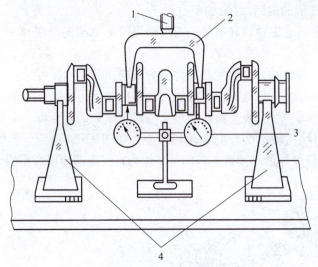

图1-30　曲轴的冷压校正
1—压头；2—V形压具；3—百分表；4—V形架

图1-31　表面敲击法

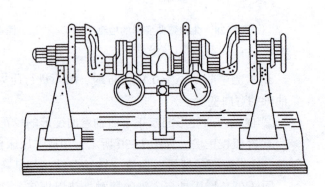

图1-32　曲轴扭转变形的检测

② 曲轴扭转变形的修复。曲轴若出现轻微扭曲，可结合连杆轴颈的磨削予以修正；当扭曲严重时，应报废曲轴。

**3. 飞轮检修**

（1）飞轮工作面的修整（资源1-10）

资源1-10　飞轮工作平面修整

当飞轮工作平面磨损成波浪形或起沟槽，深度超过 0.5 mm 时，应光磨；当波浪形深度未超过 0.5 mm 时，允许有不多于两道的环形沟痕存在，但应去掉毛刺。经过修整后，与新飞轮比较，减薄的厚度不得大于 2 mm。

（2）飞轮螺栓孔的修复

螺栓孔磨损后，可采用扩孔检修，然后配置相应加大尺寸的螺栓。

(3) 飞轮端面圆跳动量的检查与调整

将百分表架装在飞轮壳上，百分表的测杆测头抵在飞轮的光滑端面上，转动表头指针对正"0"位，转动飞轮一圈，用百分表上的读数除以表头至飞轮旋转中心距离的 2 倍，即为端面圆跳动量。其工作面在半径为 150 mm 的径向圆的跳动量不得大于 0.15 mm。当飞轮端面圆跳动量超过允许限度时，可在曲轴凸缘与飞轮之间加垫片调整。

(4) 飞轮齿圈的修复（资源 1-11）

① 齿圈牙齿若是单面磨损，可将齿圈翻面后继续使用。翻面后，应在齿轮端头重新倒角。

② 飞轮齿圈如有个别牙齿损坏，可继续使用。若牙齿损坏 3 个以上，或连续损坏 2 个牙齿，则会导致齿圈松动。当齿圈齿轮磨损超过齿长的 30%时，应更换齿圈。

资源 1-11　更换齿圈

③ 更换齿圈时，新齿圈与飞轮的配合应有 0.25~0.97 mm 的过盈量。新齿圈压入时，应将齿圈放在机油中加热到 350 ℃~400 ℃，取出后对正安装位置，趁热压入。

**4. 轴承检修**

(1) 轴承的检查与更换

① 检查曲轴主轴承和连杆轴承是否有严重磨损、烧伤、割伤或疲劳剥落等现象。

② 有下列情况之一时曲轴主轴承应换用新件：

a. 发动机大修。

b. 曲轴有明显的环状沟槽、麻点和剥落等损伤。

c. 轴承烧熔。

d. 轴承磨损过多，与轴颈的配合间隙过大，常伴有发动机机油压力过低现象。

e. 若发现曲轴止推垫片有摩擦面拉伤、变色翻边等现象，则应更换止推垫片。

(2) 轴承选配

现代汽车发动机在制造和维修时，其曲轴轴承都是直接选配的，已不再使用"刮轴承"或"镗轴承"的修配方法。因为现代汽车发动机普遍采用薄型多层（3~5 层）合金的轴承，其表面一层很薄的减磨合金镀层会使轴承具有良好的抗咬性、顺应性、嵌藏性和亲油性等表面性能。若用刮削法修配轴承，将把表面减磨合金镀层刮掉。

轴承的选配包括选择合适内径的轴承以及检验轴承的高出量、自由弹开量、横向装配标记（凸唇）、轴承钢背表面质量等内容。

① 选配轴承内径尺寸。根据曲轴轴颈的检修尺寸来选配，应选用与轴颈检修级别相同的新轴承。因此，在磨削轴颈时，各道轴颈的磨削尺寸应按选配的轴瓦孔径及所需的间隙确定。现代发动机曲轴轴承制造时，根据选配的需要，其内径已制成一个尺寸系列。

② 检验轴承钢背表面质量。轴承钢背表面光滑、完整、无损耗，横向定位凸唇完好，以确保钢背与座孔贴合良好。

③ 检验轴承自由弹开量（即弹性合适）。弹性合适无哑声，要求轴承在自由状态下的曲率半径大于座孔的曲率半径，保证轴承压入座孔后，可借轴承自身的弹力作用与轴承座贴合紧密，如图 1-33（a）所示。将其装进座孔时，应感觉吃力，如轻轻地就能装入，则表明弹力不足。

④ 检验轴承的高出量。轴承装入座孔内，上、下两片的每端均应高出轴承座平面 30~

60 μm，称为高出量 h，如图 1-33（b）所示。轴承高出座孔，以保证轴承与座孔紧密贴合，提高散热效果。轴承两端高出量既不能过大也不能过小，否则会造成轴瓦的"烧瓦"。

选择轴承概括为：根据轴颈选轴承，轴承长宽合标准，背面光滑凸点好，弹性合适无哑声。

**5. 曲轴、轴承间隙的检测与调整**

（1）曲轴径向间隙的检测与调整

① 曲轴轴承径向间隙的检测。

a. 拆下某一道曲轴轴承盖，将轴承与轴颈擦洗干净。

b. 根据轴颈长度剪下一段塑料间隙条，按与曲轴轴线平行方向放置在轴承盖上，如图 1-34 所示。

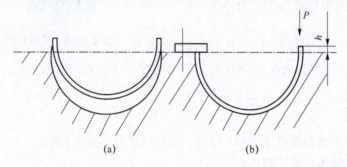

图 1-33 轴承装入座孔的要求
(a) 检查自由弹开量；(b) 检查高出量

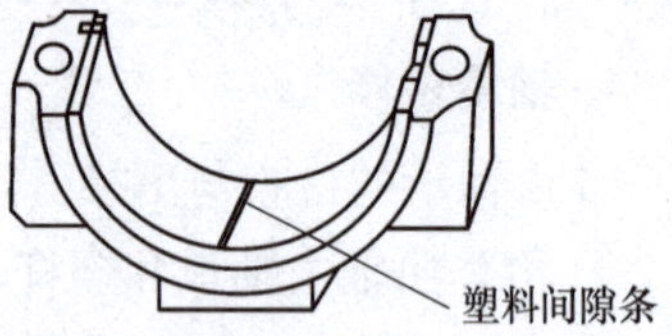

图 1-34 在轴承盖上放置塑料间隙条

c. 将轴承盖按原有规定记号（或现做的记号）装复，并按规定力矩拧紧螺栓，如图 1-35 所示。

**注意**：整个拧紧过程不得转动曲轴，以防止损坏塑料间隙条。

d. 拆下曲轴轴承盖，对照塑料间隙条宽度调整测量间隙规，测量间隙规宽度对应的间隙值即为曲轴轴承间隙，如图 1-36 所示。

**注意**：若曲轴轴承间隙超过使用限度，则应予以调整或更换轴承。

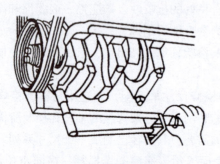

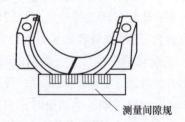

图 1-35 拧紧曲轴轴承螺栓

图 1-36 测量曲轴轴承间隙

② 曲轴轴承径向间隙的调整。

a. 若轴承盖与轴承座之间有调整垫片，可适当增减垫片（增加垫片，间隙变大；减少垫片，间隙变小）至用不大的力就能灵活转动曲轴为宜。

**注意**：在转动曲轴时，应拆下全部火花塞（或喷油器）。

b. 若无调整垫片，应成对更换新轴承，并重新进行装配和调整。

（2）曲轴轴向间隙的检查与调整

曲轴轴向间隙一般为 0.05~0.20 mm，使用极限为 0.35 mm。轴向间隙过大会引起气缸、主轴承和连杆轴承的异常磨损，甚至黏结咬死。因此，在二级维护时，应检查曲轴的轴向间隙。

① 曲轴轴向间隙检查方法。

a. 塞尺法。用撬棒在轴承座和曲柄臂间撬动，把曲轴挤向后端，用规定厚度的塞尺插进曲柄臂与止推垫片之间进行测量。

b. 百分表法。检查曲轴轴向间隙时，可在曲轴前端面安装一个百分表，如图1-37所示，然后将曲轴后移至极限位置。将百分表调整为零，再将曲轴前移至极限位置，此时读出百分表上的读数，即为曲轴轴向间隙值。若此间隙超标，则应更换曲轴止推垫片。

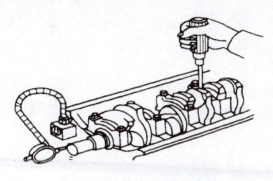

**图1-37 曲轴轴向间隙的检测**

② 曲轴轴向间隙的调整。曲轴轴向间隙是通过更换装在曲轴前端或后端的止推环的不同厚度来进行调整的；有的则是通过更换装在中间的不同侧面厚度的止推轴承来进行调整的。当止推环或轴承止推翻边磨损至极限厚度时，必须更换。

## 二、任务实施

### 项目1 活塞敲缸响检修（资源1-12）

**1. 项目说明**

汽车行驶一定里程，在怠速时，气缸上部会发出清晰、明显和有规律的"嗒嗒"声。冷车时响声明显，热车和单缸断火时响声减弱或消失；中速以上运转时，响声消失；发动机发火一次，响声出现两次等故障现象，从而使发动机的功率下降，燃料消耗明显增加，发动机排放变差，因此应按技术标准对发动机曲柄连杆机构系统进行检修，以恢复发动机的技术状况。

**2. 技术要求与标准**

① 学员需在 30 min 内完成此项目。
② 东风雪铁龙爱丽舍轿车技术标准见表1-1。

资源1-12 活塞敲缸响

表 1-1　东风雪铁龙爱丽舍轿车技术标准

| 检修项目 | 技术标准 | 实测值 |
|---|---|---|
| 气缸压力/kPa | 1 079~1 177 | |
| 活塞直径/mm | $78.455^{+0.015}_{0}$ | |
| 活塞与气缸壁配合间隙/mm | 0.04~0.06 | |
| 气缸圆度/mm | 圆度误差≤0.05 | |
| 圆柱度误差/mm | 圆柱度误差≤0.175 | |
| 曲轴弯曲、扭曲变形量 | 弯曲≤0.15 mm，扭曲≤30″ | |
| 连杆弯曲变形量/mm | 在100 mm长度上≤0.03 | |

**3. 设备器材**

① 东风雪铁龙或上汽大众轿车一辆。
② 气缸压力表、连杆检测仪。
③ 量缸表、磁力表架及百分表。
④ 外径千分尺、高度游标卡尺、塞尺。
⑤ 吸油棉纱、油盘、清洗剂等。

**4. 作业准备**

① 轿车准备。　　　　　　　　　　□ 任务完成
② 举升器准备。　　　　　　　　　□ 任务完成
③ 检测仪器准备。　　　　　　　　□ 任务完成
④ 常用工具准备。　　　　　　　　□ 任务完成
⑤ 记录单准备。　　　　　　　　　□ 任务完成

**5. 操作步骤**

（1）气缸压力检测

气缸压力过低将造成发动机起动困难，可能由于活塞与气缸壁间隙磨损过大而漏气、敲缸。为保证测量数据准确，在实际测量气缸压力时，每个气缸应重复测量2~3次，依次测量各缸，如图1-38所示。东风雪铁龙爱丽舍发动机气缸压力标准值为1 079~1 177 kPa，否则应检修发动机机械部分。

（2）测量活塞直径

用外径千分尺检测活塞直径，按原厂规定位置测量，大多数在距活塞裙部下边缘约10 mm处与活塞销垂直的方向测量，如图1-39所示，测量值与标准尺寸的偏差最大为0.04 mm。

（3）活塞与气缸配合间隙的检查

如图1-40所示，将活塞放入气缸中，用塞尺直接测量活塞与气缸的配合间隙。也可用测量的气缸直径减去活塞直径，此值即为活塞与气缸的配合间隙，并应符合技术要求。

（4）测量气缸圆度、圆柱度

① 用干净的棉纱清理气缸表面，如图1-41所示。
② 用游标卡尺确定气缸磨损前的直径，如图1-42所示。

③ 将外径千分尺进行校准，如图1-43所示。

图1-38　气缸压力检测

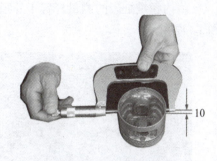

图1-39　检测活塞直径

图1-40　活塞与气缸配合间隙的测量

图1-41　清理气缸

图1-42　测量气缸磨损前的直径

图1-43　校准外径千分尺

④ 将外径千分尺调至气缸的标准尺寸，如图1-44所示。
⑤ 将百分表安装在内径量缸表的手柄上，如图1-45所示。

图1-44　气缸的标准直径

图1-45　安装百分表

⑥ 根据气缸的标准直径，选择测量接杆的长度，如图 1-46 所示。

⑦ 将内径量缸表的测量杆置于外径千分尺上，并使测量杆垂直于外径千分尺的两端面，如图 1-47 所示。

图 1-46　选择接杆

图 1-47　测量杆置于外径千分尺上

⑧ 在第⑦步的基础上转动百分表的尺寸盘，使百分表的指针对零，如图 1-48 所示。

⑨ 将内径量缸表的测头置于第一道活塞环上止点处或稍下一点，并来回摆动表架，观察百分表的长针顺时针摆动到极限位置的读数，在该截面上测出其最大值和最小值，并计算出圆度误差，如图 1-49 所示。

图 1-48　百分表对零

图 1-49　测量上截面

⑩ 同理，如果在整个气缸的长度方向上测量其他两个截面的圆度误差，如图 1-50 所示，那么该气缸的圆度误差以 3 个截面中的最大值表示。由于第一道活塞环处的磨损最大，故该气缸的圆柱度通常可用其截面的最大直径与最下截面直径的最小值差值的一半来表示。

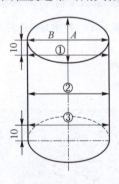

图 1-50　测量中、下截面

（5）测量曲轴的弯曲及扭曲变形

① 将曲轴清洗干净，并用压缩空气吹干，两端用 V 形铁支承，放在检测平台上。然后安装百分表，并将百分表的触头抵在曲轴中间的主轴颈上，如图 1-51 所示。

② 转动百分表表盘，使百分表的指针对零，如图1-52所示。

图1-51　安装百分表

图1-52　百分表对零

③ 用手慢慢转动曲轴一周，百分表指针所指示的最大摆差即为曲轴中间主轴颈的径向圆跳动误差值，如图1-53所示。

④ 将高度游标卡尺的测量头抵在检验平板上，使其固定标尺和移动标尺对零，如图1-54所示。

图1-53　径向圆跳动误差测量

图1-54　高度尺对零

⑤ 使第一缸连杆轴颈转至最高位置，用高度游标卡尺测量连杆轴颈此时最高点与检验平板的距离，如图1-55所示。再将连杆轴颈转至最低位置，用同样的方法测量连杆轴颈此时最高点与检验平板的距离。

⑥ 以上述测量的高度差调整高度游标卡尺的位置，慢慢转动曲轴并使其与高度游标卡尺相接触，如图1-56所示。

图1-55　测量第一缸连杆轴颈到平板的距离

图1-56　调整高度游标卡尺位置

⑦ 将高度游标卡尺移至第四缸连杆轴颈处，测量连杆轴颈最高点与检验平板的距离，如图1-57所示。对比第一缸和第四缸连杆轴颈与检验平板的距离差，以此来检验曲轴是否存在扭曲。

（6）测量连杆弯曲变形

将连杆大头的轴承取下，装好轴承盖，并按规定力矩拧紧连杆螺栓。检验时，把连杆大头安装在连杆检测仪上，如图1-58所示。拧动调整手柄，使半圆键向外扩张，将连杆固定在检测仪上，然后将百分表安装在连杆小头的心轴（不装衬套）或活塞销上。先将滑板拉到连杆小头处，转动百分表表盘，使百分表的指针对零，然后推动滑板并记录下在移动100 mm时表针的最大摆动量。如超过技术规定必须进行校正或更换。

图 1-57 测量第四缸连杆轴颈到平板的距离

图 1-58 测量连杆弯曲变形

（7）检测活塞环背隙、侧隙是否过小

前面已讲述，此处不再赘述。

（8）检测润滑油压力是否过低

参见学习任务七。

### 6. 记录与分析

气缸测量和曲轴形位误差测量的作业表分别见表1-2和表1-3。

表 1-2 气缸测量作业表

| 学生姓名 | | 发动机型号 | | 气缸标准尺寸 | | |
|---|---|---|---|---|---|---|
| 测量前准备 | | | | | | |
| 千分尺校正前读数 | | | | 量缸表测量杆长度 | | |
| 气缸号 | 位置号 | 直径1（纵向） | | 直径2（横向） | 圆度 | 圆柱度 |
| 1 | 位置1（上部） | | | | | |
| | 位置2（中部） | | | | | |
| | 位置3（下部） | | | | | |
| 2 | 位置1（上部） | | | | | |
| | 位置2（中部） | | | | | |
| | 位置3（下部） | | | | | |
| 3 | 位置1（上部） | | | | | |
| | 位置2（中部） | | | | | |
| | 位置3（下部） | | | | | |
| 4 | 位置1（上部） | | | | | |
| | 位置2（中部） | | | | | |
| | 位置3（下部） | | | | | |

表 1-3　曲轴形位误差测量作业表

| 学生姓名 | | | 发动机型号 | | | | | | |
|---|---|---|---|---|---|---|---|---|---|
| | | | 第一道 | | 第二道 | | 第三道 | | 第四道 | |
| | | | 最大 | 最小 | 最大 | 最小 | 最大 | 最小 | 最大 | 最小 |
| 主轴颈原检修直径/mm | 实际偏差 | 截面 1 | | | | | | | | |
| | | 截面 2 | | | | | | | | |
| | 圆度 | | | | | | | | | |
| | 圆柱度 | | | | | | | | | |
| 连杆轴颈原检修直径/mm | 实际偏差 | 截面 1 | | | | | | | | |
| | | 截面 2 | | | | | | | | |
| | 圆度 | | | | | | | | | |
| | 圆柱度 | | | | | | | | | |
| 中间主轴颈径向圆跳动量 | | | | | | | | | | |
| 第一道与第四道连杆轴颈高度差 | | | | | | | | | | |

## 项目 2　连杆轴承响检修（资源 1-13）

### 1. 项目说明

汽车行驶一定里程，发动机机械系统会出现连续而短促的"喹喹"金属敲击声。中速运转时，响声比较明显，在突然加速及发动机负荷增加时，敲击声随之增大；发动机温度变化时，响声不变化，但单缸断火后，响声会明显地减弱或消失。此响声超过发动机在正常运转中的技术规定，如不及时检查维修，将会损坏发动机的零部件，造成发动机不能工作。因此，应按技术标准对发动机曲柄连杆机构系统进行检修，以恢复发动机的技术状况。

### 2. 技术要求与标准

① 学员需在 30 min 内完成此项目。
② 东风雪铁龙爱丽舍轿车技术标准见表 1-4。

资源 1-13　连杆轴承响

表 1-4　东风雪铁龙爱丽舍轿车技术标准

| 检修项目 | 技术标准 | 实测值 |
|---|---|---|
| 机油压力/MPa | 0.2~0.4 | |
| 连杆轴承盖螺栓 | 无断裂，螺纹无损坏 | |
| 连杆轴颈圆度/mm | 圆度误差≤0.05 | |
| 连杆轴颈圆柱度误差/mm | 圆柱度误差≤0.175 | |
| 连杆轴承与轴颈径向间隙/mm | 0.010~0.036 | |

**3. 设备器材**

① 东风雪铁龙爱丽舍轿车一辆。
② 量缸表。
③ 磁力表架及百分表。
④ 外径千分尺、塞尺。
⑤ 吸油棉纱、油盘、清洗剂等。

**4. 作业准备**

① 爱丽舍轿车准备。　　　　　　　　　　□ 任务完成
② 举升器准备。　　　　　　　　　　　　□ 任务完成
③ 检测仪器准备。　　　　　　　　　　　□ 任务完成
④ 常用工具准备。　　　　　　　　　　　□ 任务完成
⑤ 记录单准备。　　　　　　　　　　　　□ 任务完成

**5. 操作步骤**

（1）检查机油压力

机油压力检查参见学习任务七。

如果响声严重又伴随有机油压力低的情况，则说明轴承与轴颈间隙过大。

（2）检查连杆轴承盖螺栓

检查连杆轴承盖的螺栓是否松动或折断。

（3）检查连杆轴颈圆度、圆柱度

① 将外径千分尺进行校准。

② 利用外径千分尺测量曲轴各连杆轴颈的直径，从而完成圆度和圆柱度的测量，如图1-59和图1-60所示。

图1-59　测量连杆轴颈直径（一）　　　图1-60　测量连杆轴颈直径（二）

在同一轴颈的同一截面内的圆周上进行多点测量，取其最大与最小直径差的一半，即为该轴颈的圆度误差。

在同一轴颈的全长范围，轴向移动千分尺，测量其不同截面的最大值与最小值，其差值的一半即为该轴颈的圆柱度误差。

（4）检查连杆轴颈与轴承的径向间隙

前面已讲述，此处不再赘述。

（5）轴承的检查

检查曲轴连杆轴承是否有严重磨损、烧伤、割伤或疲劳剥落等现象。

**6. 记录与分析**

连杆轴承响检修作业表见表1-5。

表1-5  连杆轴承响检修作业表

| 学生姓名 | | 班级、学号 | | 发动机型号 | |
|---|---|---|---|---|---|
| 项目 | | 作业记录 | | 项目实施情况 | 备注 |
| 检测机油压力 | | | | | |
| 实测连杆轴承盖螺栓扭矩 | | | | | |
| 目测连杆盖螺栓是否损坏 | | | | | |
| 检测连杆盖螺栓长度变化 | | | | | |
| 检测连杆轴颈圆度误差 | | | | | |
| 检测连杆轴颈圆柱度误差 | | | | | |
| 检测连杆轴颈径向间隙 | | | | | |
| 检测连杆轴承 | | | | | |
| 文明操作及安全生产 | | | | | |
| 处理意见 | | | | | |

## 三、故障案例

### 案例1  发动机曲轴的轴向止推垫片磨损过大，造成发动机异响

**1. 涉及车型**

发动机排量为1.6 L，配置手动变速器的东风雪铁龙爱丽舍轿车。

**2. 故障现象（资源1-14）**

一辆行驶里程10万km的东风雪铁龙爱丽舍型汽车在行驶中，发动机下部发出一种有节奏的连续异响，声响沉重，听起来是"噔噔"的金属撞击声，严重时机身都在抖动。

**3. 故障分析与排除**

资源1-14  曲轴主轴承响

试车发现，此故障异响的发声部位在发动机的下部，在发动机急加速或急减速时，异响明显，并且不随发动机的温度变化而变化，似乎是曲轴轴承处有异响。在一般情况下，后边的轴承发响声音发闷、钝重，而前边的轴承声响则偏向于轻、脆。曲轴轴承处发生异响的原因有：主轴承径向间隙过大；主轴承盖螺栓松动；曲轴弯曲变形；主轴瓦烧毁；主轴瓦松动或断裂；轴向止推垫片磨损过甚；主轴承润滑不良。如果是由于轴

向止推垫片磨损过甚，造成轴向间隙过大而使曲轴在轴向窜动发出异响，则是一种无节奏异响。对于其他原因所造成的主轴承异响，如在发动机冷起动后温度较低时，则异响尤为显著。在异响发生时，故障缸的缸盖部位有与异响相吻合的振动感。如果对发动机进行单缸断火，则异响无明显变化，而当把相邻两缸同时断火时，若可能出现异响消失或减弱，则表明此相邻两缸之间的主轴承发出异响。拆下曲轴，发现轴向止推垫片磨损过甚，更换一新件后，复装试车，则故障排除。

### 案例 2　发动机连杆故障，引起发动机异响

**1. 涉及车型**

东风雪铁龙爱丽舍轿车。

**2. 故障现象**

发动机怠速没有异常响声，加速到 2 500 r/min 以后开始出现"啪啪"如拖拉机似的异响声，在转速达 3 000 r/min 左右时最明显；对发动机 1、2、3、4 缸分别做断缸验证，断缸前后异响声音无明显变化。

**3. 故障诊断**

① 初步认为可能是燃油导致，更换燃油故障未排除。

② 检查发动机周围连接件有无松动情况，经技师检查没有发现任何松动和脱落现象。

③ 再次将车辆开上举升机听异响声，发现该异响声音在发动机与变速箱接口处较为明显，检查此处相关附件，未发现异常，确定为发动机内部异响。

④ 将发动机拆开，检查发现发动机曲轴有轻微的磨损，于是更换曲轴和曲轴瓦。再次试车，发现异响声依然存在。

⑤ 再次拆解发动机，发现 4 缸连杆大头孔内圆、瓦盖与连杆结合部位有 0.1 mm 左右的台阶，其他三缸连杆大头孔内圆很光滑，不存在台阶。

⑥ 分析应该是 4 缸连杆大端孔内圆存在台阶，改变了连杆瓦与曲轴轴颈的间歇，导致发动机在较高转速时产生异常响声。

**4. 故障排除**

更换一组连杆、活塞、连杆瓦，再次试车，异响故障消除。

**5. 故障总结**

① 建议服务站以后在发动机大修时，只要涉及更换连杆的，随手摸下连杆大头孔内圆是否光滑，此项检查简单快捷，且可能会避免不必要的重复拆装。

② 此类故障点隐蔽，较难排查，维修人员需要对每一个零配件的作用都很熟悉，并且在维修时需要特别仔细地去发现一些细小的故障点。

③ 此类故障点隐蔽，较难排查，增加了维修难度，建议公司加强供应商的质量管控。

## 四、拓展学习（资源 1-15）

资源 1-15　拓展学习

# 学习任务二
## 配气机构检修

**工作情境描述**

一辆某型号轿车进厂维修，客户反映该车发动机在运转中有异响，经维修技师检查，异响部位发生在发动机的气缸盖处，可能是气门脚异响，需要对配气机构进行检修。

**学习目标**

通过本任务学习，应能：
1. 编制发动机配气机构的检修程序，分析配气机构损伤的主要原因。
2. 参阅维修手册，制定配气机构修理项目。
3. 使用量具检测配气机构的主要部件。
4. 参阅维修手册制定配气机构主要组件的修复方法。
5. 进行气门间隙的检查与调整。
6. 安全规范地进行操作。

### 一、知识准备

发动机在工作过程中，配气机构零件的磨损和损伤降低了配气机构的工作性能，减少了气门的开启时间和最大开度，降低了发动机的充气系数，导致发动机功率下降、油耗增加，影响发动机的正常运转和起动。

配气机构的维护与修理，就是恢复配气机构零件的工作性能，保证配气正时、气门关闭严密，使进气充分、排气彻底，工作平稳无异响，提高发动机的功率，降低燃油消耗。

#### （一）配气机构技术状况的变化及其影响因素

在配气机构中，由于其传动链长、零件多，旋转、往复运动频繁，运动规律特殊，润滑条件相对较差，工作中由于磨损使各配合副的间隙增大，这些都会影响发动机的技术性能。

**1. 气门关闭不严**

气门关闭不严将降低气缸的压缩压力，影响发动机的动力性和经济性。当气缸压缩压力低于 400 kPa 时，发动机将无法工作。进气门关闭不严，燃烧着的高温气体有可能窜入进气管，点燃进气管中的可燃混合气，引起进气管回火。造成气门关闭不严的主要原因如下：

① 气门间隙过小。气门间隙过小，由于气门杆的伸长，会引起气门关闭不严或烧蚀

气门。

② 气门杆部弯曲和磨损。

③ 气门与气门座接触不良。当气门或气门座的工作面因加工不良或磨损，使工作面起槽、变宽，甚至烧蚀后出现斑点和凹陷时，均会造成气门关闭不严。

④ 气门弹簧的弹力减弱。气门弹簧自由长度缩短、弹力减退或弯曲变形，使气门落座时产生回弹，气门与气门座配合的密封性降低，不但会造成漏气，而且容易引起气门密封带的烧蚀。

**2. 配气机构异响**

发动机在工作过程中，配气机构由于零件的磨损、变形及紧固件的松动、油液的泄漏等，都将使配气机构出现各种异响，如气门脚响、正时齿轮异响、凸轮轴异响、液力挺柱响等。

**3. 配气相位失准**

配气相位失准一般表现为配气相位的改变，这也是发动机的常见故障。其原因主要有以下两点：

① 正时齿轮或正时链轮未按规定的记号装配。

② 正时齿轮或正时链轮与曲轴或凸轮轴相连接的键槽的加工误差或磨损松动而引起的定位偏差加大了配气正时的误差。

### （二）气门组检修

**1. 气门与气门座的配合要求**

气门与气门座配合良好是决定配气机构正常工作的重要环节，它直接影响到气缸的密封性，对发动机的动力性和经济性关系极大。

对气门与气门座的配合要求如下：

① 气门与气门座工作锥面角度应一致。

② 气门与气门座的密封带位置在中部靠里。过于靠外会使气门的强度降低，过于靠里会导致与气门座接触不良。

③ 气门与气门座的密封带宽度应符合原设计规定，一般为 1.2~2.5 mm。排气门大于进气门的宽度；柴油机大于汽油机的宽度。密封带宽度过小，将使气门磨损加剧，形成凹陷；密封带宽度过大，将影响密封性，并易引起气门烧蚀。

④ 气门工作锥面与杆部的同轴度和气门座与导管的同轴度应不大于 50 μm。

⑤ 气门杆与导管的配合间隙应符合原厂规定。

**2. 气门的检修**

（1）气门耗损

气门的常见耗损是气门杆部及尾端的磨损、气门工作锥面的磨损与烧蚀及气门杆的弯曲变形等。气门出现下列耗损之一时，应予以换新：

① 轿车气门杆的磨损量大于 50 μm，载货汽车气门杆的磨损量大于 0.10 mm，呈明显的台阶形磨损。

② 气门头圆柱面的厚度小于 1.0 mm。气门头圆柱面的厚度过小会增加燃烧室的容积，影

响发动机工作的平稳性,同时使气门头的强度降低。此外,在气门落入气门座的瞬间,尤其是重型柴油机的气门,在高冲击波的作用下可能会出现回弹振抖,容易引起密封带的烧蚀。

③ 气门尾端的磨损大于 0.5 mm。

④ 当气门杆的直线度误差大于 50 μm 时,应更换或校直,校直后的直线度误差不得大于 0.02 mm。

(2) 气门检修

① 外观检验。气门有裂纹、破损或严重烧蚀时,应更换气门。

② 气门杆弯曲检验。气门杆的弯曲变形检验如图 2-1 所示。将气门支撑在两个距离为 100 mm 的 V 形块上,用百分表触头测量气门杆中部的弯曲度。气门旋转一周,百分表上最大读数与最小读数差的 1/2 为直线度误差,当其值大于 0.03 mm 时,应更换或校正气门杆。

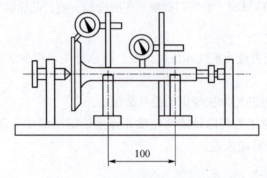

图 2-1　气门杆的弯曲变形检验

③ 气门杆磨损检验。如图 2-2 所示,气门杆的磨损可用外径千分尺进行测量。当气门杆径向磨损量大于规定值时,应予以更换。

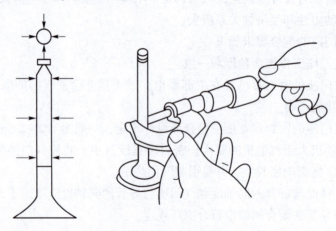

图 2-2　用外径千分尺测量气门杆

④ 气门杆端面磨损检验。用金属直尺在平台上检查气门的长度。当轴向磨损量大于规定值时,应予以更换。当轴向磨损未超过极限值,但杆端面出现不平或疤痕时,可用气门光磨机修磨。

⑤ 气门工作面磨损检验。在气门头部,工作锥面用百分表测量。转动气门头部一圈,百分表上最大读数与最小读数差的 1/2 即为工作锥面径向圆跳动度。当其值大于 0.02 mm 时,应予以更换。气门头部工作面若有斑点、严重烧蚀等,可用气门光磨机修磨。

⑥ 气门的修磨。(资源 2-1)

资源 2-1　气门的修磨

### 3. 气门座圈检修

将气门座圈清理干净并检查工作面。当气门座圈工作面磨损变宽超过 1.4 mm，工作面烧蚀出现斑点、凹陷时，应进行铰削与修磨。

（1）气门座圈的铰削（资源 2-2、资源 2-3）

资源 2-2　气门座圈的铰削

资源 2-3　气门座铰销

（2）气门的研磨

如气门与气门座圈配合不严密，可对气门进行研磨，其步骤如下：

① 清洗气门座、气门及气门导管，并在气门顶部做出标记。

② 在气门工作面上涂以薄层研磨砂，在气门杆上涂以清洁润滑油，并将气门杆插入气门导管内。

③ 变换气门与气门座圈的位置，正确研磨（资源 2-4）。粗研后，接触环带应整齐、无斑痕、无麻点。

④ 粗研完毕后，清洗各部位，用细研磨砂研磨，直至工作面出现一条灰色无光的环带为止。

⑤ 洗净研磨砂，涂以润滑油，继续研磨数分钟。

（3）气门与气门座圈的密封性检查

① 画线法。检查前，将气门与气门座圈清洗干净，在气门锥面上用软铅笔沿轴向均匀地画上若干条线，如图 2-3 所示，然后与气门座圈接触。略压紧并转动气门 90°，取出气门，检查铅笔线是否被切断。若被切断，说明密封性良好；否则应重新研磨。

资源 2-4　气门的研磨

② 渗油法。将气缸盖倒放在检测平台上，并装上待检测气缸的气门和火花塞。向燃烧室注入煤油或汽油，5 min 内气门与气门座圈接触处应无渗漏现象。

③ 拍击法。将气门与相配气门座轻轻敲击几次并查看接触带，如有明亮的连续光环，即为合格。

④ 涂红丹。先在气门工作面上涂抹一层轴承蓝或红丹，然后用橡胶捻子吸住气门并在气门座上旋转 1/4 圈，再将气门提起，若轴承蓝或红丹布满气门座工作面一周而无间断，又十分整齐，则表示密封良好。

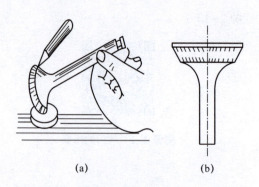

图2-3 用铅笔画线法检查气门密封面

⑤ 气压试验。(资源2-5)

(4) 气门座圈的镶配

当气门座圈损坏、严重烧蚀、松动或下沉1.5 mm（指测量的气门顶部下沉量）以上时，应更换气门座圈。若气门座是在气缸盖上直接加工的，则必须同时更换气缸盖。

资源2-5 气压密封检验器检验气门的密封性

更换气门座圈时，对铝合金气缸盖不可用撬动的方法拆卸旧气门座圈，通常用镗削加工方法将旧气门座圈锉削至只剩一薄层，即可很容易地拆下旧气门座圈；也可将一合适的旧气门焊接到旧气门座圈上，然后敲击气门杆拆下旧气门座圈。安装新气门座圈前，应对座孔进行加工，使新气门座圈与座孔的过盈配合量为80~120 μm。安装新气门座圈时，应将气门座圈放在固体二氧化碳（干冰）或液态氮中冷却使其冷缩，然后再将气门座圈敲入座孔。

### 4. 气门导管磨损检修

(1) 气门导管磨损检测

气门导管的磨损情况可通过测量气门导管与气门杆配合间隙间接检查。配合间隙的检查有两种方法：一种是在发动机分解清洗后，直接测量气门导管内径和气门杆直径（图2-4），两者之差即为气门杆与导管的配合间隙；另一种是先把气门安装在气门导管内，再将气门提起10~15 mm（相对气缸盖平面），然后用百分表测量气门头部的摆动量（图2-5）。

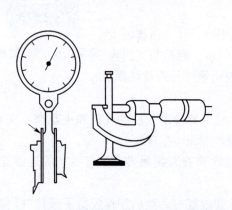

图2-4 气门导管与气门杆配合间隙直接测量　　图2-5 测量导管摆差

气门导管与气门杆配合间隙若超过允许极限，则可换用一个新气门重新进行检查，根据测量结果，视情况确定更换气门还是气门导管，必要时两者一起更换。

（2）更换气门导管

① 气门导管的选择与镶入。选用的新气门导管应有一定的过盈量。新导管的直径比旧导管的直径大 10～20 mm 即合适。镶换气门导管的方法如下。

a. 冲压出旧导管，应用冲子和锤子按规定方向（一般为气缸盖上方）拆出旧气门导管，如图2-6所示；如果旧气门导管安装有限位卡环，拆卸前应将其露出气门导管孔的部分敲掉。对于铝合金气缸盖，拆卸旧气门导管前应先加热气缸盖，以免气缸盖裂损。

b. 拆下旧导管后，应根据新导管的外径适当铰削导管孔，使气门导管与气门导管孔有适当的过盈量，一般为 15～65 μm。

c. 安装新气门导管，将选用的新导管外壁上涂一层润滑油，按正确的方向笔直地放在导管孔上，用冲子冲入或压入导管承孔内，如图2-6所示。镶入后，要求气门导管伸出进、排气道的高度应符合规定。气门导管安装好后，应铰削气门导管内孔，使气门导管与气门杆配合间隙符合标准。

铝合金气缸盖安装气门导管时，应先用 60 ℃～80 ℃ 的热水或喷灯加热气缸盖。

② 气门杆与导管铰配。气门导管镶入后，与气门杆的配合间隙应符合规定。若配合间隙过小，可用气门导管铰刀进行铰削。气门导管铰刀如图2-7所示。

气门杆与导管配合间隙的检验，除采用百分表检查外，经验的做法是：将气门

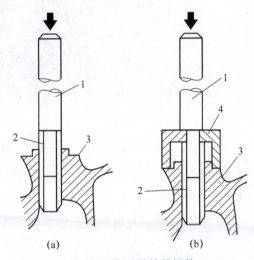

图2-6　气门导管的拆装

（a）拆卸；（b）镶装

1—铜制芯棒；2—气门导管；3—气缸套；4—支架

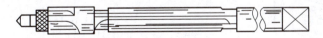

图2-7　气门导管铰刀

杆和导管内孔擦干净，在气门杆上涂一层润滑油，插入导管内，上下拉动几次；如果气门能借自身的质量徐徐下降，则认为配合适当。

（3）更换气门油封

润滑油无泄漏而消耗异常一般是活塞与气缸配合间隙过大或气门油封漏油所致。更换气门油封时，应使用专用工具安装气门油封，如图2-8所示。

**5. 气门弹簧检修**

① 检查气门弹簧垂直度。拆卸气门及气门弹簧，首先检查气门弹簧有无断裂，然后如图2-9所示将气门弹簧放在检验平台上，用宽座直角尺靠在气门弹簧的外圆柱面上，检查

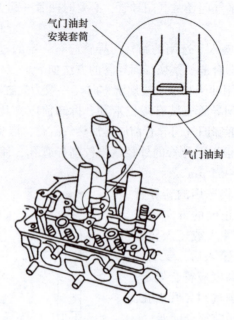

图 2-8 气门油封的安装

弹簧与宽度直角尺间的最大缝隙,这一缝隙表示弹簧的垂直度。气门弹簧的外圆柱面在全长上对底面的垂直度公差 $a$ 为 1.5 mm,当 $a>1.5$ mm 时,应更换气门弹簧。

② 检查气门弹簧自由长度。如图 2-10 所示,用游标卡尺测量气门弹簧在自由状态下的长度。一般情况下,气门弹簧自由长度不得缩短规定长度的 3%~4%,否则应更换气门弹簧。在无弹簧长度的规定数据时,一般可用新旧弹簧对比或测量弹簧自由长度的减少值来判断,当其自由长度减小超过 2 mm 时,应更换气门弹簧。

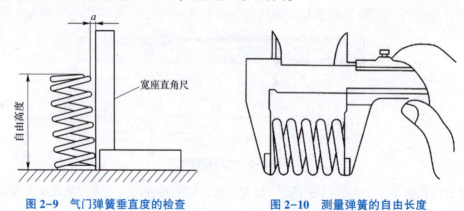

图 2-9 气门弹簧垂直度的检查    图 2-10 测量弹簧的自由长度

③ 检查气门弹簧弹力:如图 2-11 所示,用弹簧检验仪测量气门弹簧的弹力。将气门弹簧压缩至规定值,读出弹簧检验仪指示表上的数值,与弹簧的标准弹力值相比较,其弹力减小值不得大于规定值的 10%,否则应更换气门弹簧。

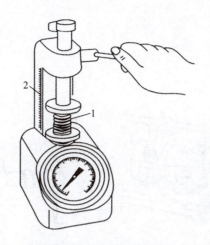

图 2-11 用弹簧检验仪检验弹簧的自由长度和弹力

1—气门弹簧；2—标尺

### (三) 气门传动组检修

**1. 凸轮轴检修**

(1) 注意事项

① 拆顶置凸轮轴正时带时，必须使第一缸处于压缩上止点，并注意装配记号。

② 拆卸凸轮轴轴承盖时，要按顺序进行并保持水平，以免引起凸轮轴卡住或损坏。

③ 装配凸轮轴时，要按规定的顺序和力矩均匀地分几次拧紧，以免引起轴承盖或气缸盖开裂。

(2) 凸轮轴轴向间隙的检修

凸轮轴轴向间隙的检查如图 2-12 所示。拆下气门传动组其他零件后，用百分表测头抵在凸轮轴端，前后推拉凸轮轴，百分表指针的摆动量即为凸轮轴的轴向间隙。

若凸轮轴轴向间隙超过了允许极限，则可减小隔圈的厚度或更换止推凸缘。

(3) 凸轮轴弯曲的检修

凸轮轴的弯曲变形检查，可用其两端轴颈外圈或两端的中心孔作基准，测量中间一道轴颈的径向圆跳动量，如图 2-13 所示。凸轮轴径向圆跳动量一般为 0.01~0.03 mm，允许极限一般为 0.05~0.10 mm。若凸轮轴径向圆跳动量超过极限值，则可对凸轮轴进行冷压校正，必要时应更换。

(4) 凸轮磨损的检修

凸轮的常见故障有表面磨损、擦伤和麻点剥落等，其中以表面磨损最为常见。凸轮的表面磨损是不均匀的，一般以凸轮的顶尖附近磨损较严重。凸轮磨损后，其高度减小，会使气门的最大升程减小，影响发动机工作时的进气和排气阻力。凸轮的磨损程度可通过测量凸轮的高度（$H$）或凸轮升程（$h$）来检查，如图 2-14 所示。凸轮高度可用外径千分尺或游标卡尺来测量，凸轮升程为凸轮高度与基圆直径之差。凸轮高度或升程若超过允许极限，应更换凸轮轴。

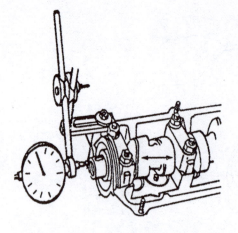
图 2-12 凸轮轴轴向间隙的检查

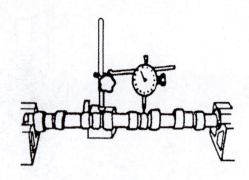
图 2-13 凸轮轴弯曲检查

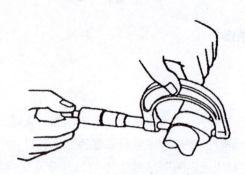
图 2-14 凸轮磨损检查

(5) 凸轮轴轴颈及轴承磨损的检修

凸轮轴轴颈及轴承的磨损情况可通过测量其配合间隙来检查。凸轮轴轴承间隙一般为 0.02~0.10 mm，允许极限一般为 0.10~0.20 mm。

有些发动机的凸轮轴轴颈允许修磨，当凸轮轴轴承间隙超过允许极限时，可磨削凸轮轴轴颈，并选配同级修理尺寸的凸轮轴轴承。

多数发动机凸轮轴轴颈和轴承无修理尺寸，当轴承间隙超过其允许极限时，必须更换凸轮轴或凸轮轴轴承，必要时一起更换。对于无凸轮轴轴承的发动机，若凸轮轴座孔磨损严重，则只能更换气缸体或气缸盖。

**2. 检修正时传动装置**

(1) 正时齿轮传动装置的检修

在检修时，应检查正时齿轮有无裂损及磨损情况。磨损情况可通过利用塞尺或百分表测量其齿隙来检查，如图 2-15 所示。正时齿轮若有裂损或齿隙超过 0.30~0.35 mm，应成对更换。在通常情况下，正时齿轮不会发生严重磨损，也不易损坏。

(2) 正时链传动装置的检修

① 正时链轮的检查。将链条分别缠绕在凸轮轴正时链轮和曲轴正时链轮上，用游标卡尺测

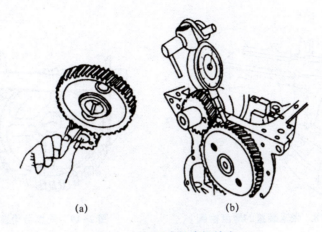

图 2-15 正时齿轮磨损检查
(a) 用塞尺检查；(b) 用百分表检查

量其直径，如图 2-16 所示，其直径不得小于规定值。若小于规定值，应更换链轮和链条。

② 链条的检查。用弹簧秤在链条上三个或更多的地方测量链条的伸长量，如图 2-17 所示。在测量时，施加在弹簧秤上的拉力一般为 50 N，其链条长度不应超过规定值，否则应更换链条。

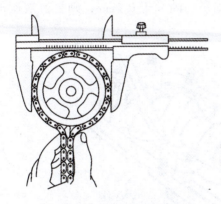

图 2-16 链轮直径的测量

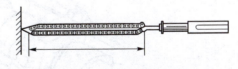

图 2-17 链条的伸长量检测

③ 链条张紧装置的检修。用游标卡尺测量链条张紧装置（拉链器）的厚度和振动缓冲器（链条减震器）的厚度，如图 2-18 所示。若其厚度分别小于使用极限，则应更换新件。

（3）正时带传动装置的检修

更换同步带时，新、旧同步带必须完全相同。同步带不能过度弯曲（如扭转 90°以上或盘起存放等），也不能沾水或油，否则很容易造成同步带的损坏。

同步带的使用寿命一般厂家推荐为 32 000~96 000 km。检查同步带时，若发现有胶面损伤或磨损、缺齿、裂纹、芯线外露、脱胶等缺陷之一，必须更换同步带。

凸轮轴或曲轴同步带轮的常见故障是磨损，可用卡尺测量同步带轮直径，检查其磨损情况，如图 2-19 所示。若同步带轮的直径超过允许极限，则应更换同步带轮。

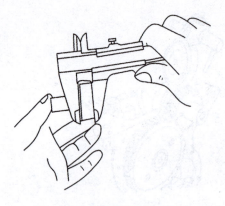 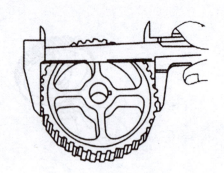

　　图 2-18　张紧装置的厚度检测　　　　图 2-19　同步带轮磨损的检查

**3. 液压挺杆检查**

液压挺杆必须整套更换，不能进行调整或维修。起动时，液压挺杆发出噪声是正常的。起动发动机运转至冷却液温度达到 80℃，将发动机转速提高到 2 500r/min 并运转 2min，如果液压挺杆产生的噪声还是很大，则按照以下步骤检查：

（1）按照顺时针方向转动曲轴，直到待检查的液压挺杆的凸轮朝上为止。

（2）测量凸轮和液压挺杆之间的间隙。如果间隙大于 0.2mm，则更换液压挺杆，如图 2-20 所示。

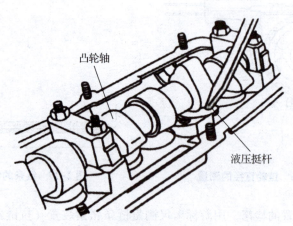

图 2-20　液压挺杆的检查

## 二、任务实施

### 项目 1　配气机构维护

**1. 项目说明**

由于配气机构的机件磨损或调整不当，使其气门间隙过大或过小，影响发动机的性能。

气门间隙应符合原厂的规定,在二级维护时,应对气门间隙进行检查和调整。(资源 2-6)

资源 2-6　气门间隙的检查与调整

### 2. 技术要求与标准

① 学员需在 45 min 内完成此项目。

② 技术标准。进气门间隙为 0.15~0.20 mm,排气门间隙为 0.35~0.40 mm。

### 3. 设备器材

① 东风雪铁龙 TU3 发动机一台。

② 塞尺一只。

③ 螺丝刀一只。

④ 梅花扳手一只。

⑤ 常用工具一套。

### 4. 作业准备

① 发动机准备。　　　　　　　　　　　□ 任务完成

② 工具准备。　　　　　　　　　　　　□ 任务完成

③ 记录单准备。　　　　　　　　　　　□ 任务完成

### 5. 操作步骤

① 发动机冷却时间最短 2 h。

② 拆卸气缸盖密封罩,如图 2-21 所示。

图 2-21　拆卸气缸盖密封罩

③ 松开锁紧螺母,检查各气门的间隙,如图 2-22 所示。

图 2-22　检查各气门的间隙

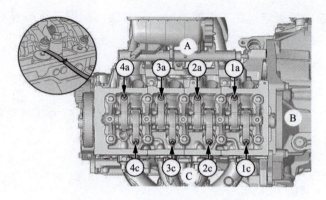

图 2-22 检查各气门的间隙（续）

A—进气侧；B—变速箱侧；C—排气侧

④ 调整气门间隙，如图 2-23 所示。
⑤ 拧紧锁紧螺母，如图 2-24 所示。

图 2-23 调整气门间隙

图 2-24 拧紧锁紧螺母

调整气门顺序，见表 2-1。

表 2-1 调整气门顺序

| 完全打开排气门 | 调节进气门 | 调节排气门 |
| --- | --- | --- |
| 1c | 3a | 4c |
| 3c | 4a | 2c |
| 4c | 2a | 1c |
| 2c | 1a | 3c |

⑥ 用塞尺重新检查各气门间隙是否符合标准，如图 2-22 所示。
⑦ 安装气缸盖密封罩，如图 2-25 所示。

## 6. 记录与分析

配气机构维护作业表见表 2-2。

图 2-25　安装气缸盖密封罩

表 2-2　配气机构维护作业表

| 学生姓名 | | | | 发动机型号 | | | | 项目实施情况 | 备注 |
|---|---|---|---|---|---|---|---|---|---|
| 项目 | 作业记录 | | | | | | | | |
| | 1缸 | | 2缸 | | 3缸 | | 4缸 | | |
| 1缸排气门完全打开 | 排 | 进 | 排 | 进 | 排 | 进 | 排 | 进 | |
| 检查值/mm | | | | | | | | | |
| 调整值/mm | | | | | | | | | |
| 3缸排气门完全打开 | | | | | | | | | |
| 检查值/mm | | | | | | | | | |
| 调整值/mm | | | | | | | | | |
| 4缸排气门完全打开 | 排 | 进 | 排 | 进 | 排 | 进 | 排 | 进 | |
| 检查值/mm | | | | | | | | | |
| 调整值/mm | | | | | | | | | |
| 2缸排气门完全打开 | 排 | 进 | 排 | 进 | 排 | 进 | 排 | 进 | |
| 检查值/mm | | | | | | | | | |
| 调整值/mm | | | | | | | | | |
| 处理意见 | | | | | | | | | |

## 项目2　气门异响检修

### 1. 项目说明

由于配气机构的机件磨损、变形、调整不当或损坏，常会引起气门响、气门挺杆响、

正时齿轮响、气门碰活塞响等,严重时还会影响发动机的动力,降低发动机的功率,因此当发生气门异响时,应按技术标准及时对发动机进行检测,并在维修工作中制定修复方法。

**2. 技术要求与标准**

① 学员需在 45 min 内完成此项目。

② 气门技术标准见表 2-3。

表 2-3 气门技术标准

| | |
|---|---|
| 进气门间隙/mm | 0.25~0.30 |
| 排气门间隙/mm | 0.30~0.35 |
| 气门弹簧垂直度 $a$/mm | 小于 1.5 |
| 气门弹簧自由长度 | |
| 弹簧高度 $H_1$ (mm) /气门弹簧弹力 $F_1$ (N) | 4.2/21.8 |
| 弹簧高度 $H_2$ (mm) /气门弹簧弹力 $F_2$ (N) | 26/45 |

**3. 设备器材**

① 东风雪铁龙或上海大众轿车一辆。

② 百分表。

③ 游标卡尺。

④ 弹簧检验仪。

⑤ 塞尺。

⑥ 气门弹簧拆装钳。

⑦ 常用工具一套。

⑧ 吸油棉纱、油盘等。

**4. 作业准备**

① 爱丽舍轿车准备。　　　　　　　　　　　　□ 任务完成

② 举升器准备。　　　　　　　　　　　　　　□ 任务完成

③ 检测仪器准备。　　　　　　　　　　　　　□ 任务完成

④ 常用工具准备。　　　　　　　　　　　　　□ 任务完成

⑤ 记录单准备。　　　　　　　　　　　　　　□ 任务完成

**5. 操作步骤**

(1) 听诊确定异响部位

听诊确定异响部位,如图 2-26 所示。

(2) 气门响故障的诊断与排除流程

气门响故障的诊断与排除流程如图 2-27 所示。

图 2-26 听诊确定异响部位

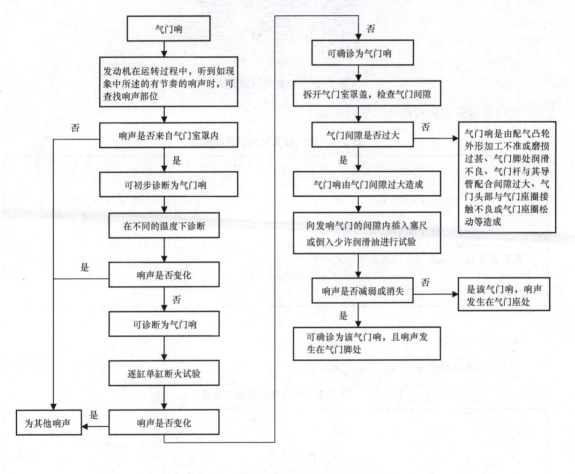

图 2-27 气门响故障的诊断与排除流程

（3）维修操作要点

① 若通过检查确定异响为气门间隙过大造成，则按照前述气门间隙的检查与调整方法进行。

② 若异响不是由气门间隙过大造成的，则拆卸、解体气缸盖，按照下述内容进行检查和修理。

a. 测量气门与导管的配合间隙：当间隙超过极限时，应更换气门导管。

b. 检查气门弹簧垂直度：气门弹簧的外圆柱面在全长上对底面的垂直度公差 $a=1.5$ mm，当 $a>1.5$ mm 时，应更换气门弹簧。

c. 检查气门弹簧自由长度。用游标卡尺测量气门弹簧在自由状态下的长度。在一般情况下，气门弹簧自由长度不得缩短规定长度的3%~4%，否则应更换气门弹簧。在无弹簧长度的规定数据时，一般可通过新旧弹簧对比或测量弹簧自由长度的减少值来判断，当其自由长度减小超过 2 mm 时，应更换气门弹簧。

d. 检查气门弹簧弹力，如图 2-28 所示。

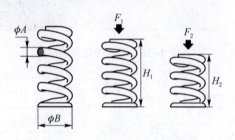

图 2-28　检查气门弹簧弹力

气门弹簧弹力的检测标准见表 2-4。

表 2-4　气门弹簧弹力的检测标准

| 尺寸 | 标准 |
| --- | --- |
| 直径 $A\pm 0.020$/mm | 3.2 |
| 直径 $B$/mm | 23.35 |
| 弹簧高度 $H_1$（mm）/气门弹簧弹力 $F_1$（N） | 34.2/21.8 |
| 弹簧高度 $H_2$（mm）/气门弹簧弹力 $F_2$（N） | 26/45 |

**6. 记录与分析**

气门异响检修作业表如表 2-5 所示。

表 2-5　气门异响检修作业表

| 项目 | 作业记录 | | | | | | | | 项目实施情况 | 备注 |
| --- | --- | --- | --- | --- | --- | --- | --- | --- | --- | --- |
| | 1缸 | | 2缸 | | 3缸 | | 4缸 | | | |
| | 学生姓名 | | | 发动机型号 | | | | | | |
| 1缸处于压缩行程上止点（4缸处于压缩行程上止点） | 排 | 进 | 排 | 进 | 排 | 进 | 排 | 进 | | |
| 气门间隙检查值/mm | | | | | | | | | | |

续表

| 学生姓名 | | 发动机型号 | | | | | |
|---|---|---|---|---|---|---|---|
| 项目 | 作业记录 | | | | 项目实施情况 | 备注 | |
| | 1缸 | 2缸 | 3缸 | 4缸 | | | |
| 气门间隙调整值/mm | | | | | | | |
| 气门与导管的配合间隙/mm | | | | | | | |
| 气门弹簧垂直度 $a$/mm | | | | | | | |
| 气门弹簧自由长度/mm | | | | | | | |
| 弹簧高度 $H_1$（mm）/气门弹簧弹力 $F_1$（N） | | | | | | | |
| 弹簧高度 $H_2$（mm）/气门弹簧弹力 $F_2$（N） | | | | | | | |
| 处理意见 | | | | | | | |

### 项目3　正时皮带的检查与更换

**1. 项目说明**

正时皮带在长期使用过程中，会产生正常磨损和异常损伤，如果不进行及时有效的检查、调整和更换，就有可能破坏活塞和气门正常的运动规律，甚至出现活塞顶撞气门的严重机械事故，给发动机的工作带来严重影响。因此，凡是装有正时皮带的发动机，厂家都会有严格要求，即在规定的周期内定期更换正时皮带及附件，更换周期则随着发动机的结构不同而有所不同，一般在车辆行驶到 8 万~10 万 km 时应该更换，具体的更换周期应该以车辆的保养手册说明为准。

**2. 技术要求与标准**

① 学员需在 45 min 内完成此项目。

② 技术标准。一般行驶到 8 万~10 万 km 或者每行驶 6 年时应该更换正时皮带，具体的更换周期应该以车辆的保养手册说明为准。

**3. 设备器材**

① 东风雪铁龙轿车一辆。

② 正时皮带。

③ 发动机专用工具一套。

④ 常用工具一套。

⑤ 吸油棉纱、油盘等。

**4. 作业准备**

① 爱丽舍轿车准备。　　　　　　　　　　□ 任务完成

② 举升器准备。　　　　　　　　　　　　□ 任务完成

③ 专用工具准备。　　　　　　　　　　　□ 任务完成

④ 常用工具准备。　　　　　　　　　　　□ 任务完成

⑤ 记录单准备。　　　　　　　　　　　　□ 任务完成

**5. 操作步骤**

（1）正时皮带的检查

① 关闭点火开关，先断开蓄电池负极导线，然后断开正极导线，如图2-29所示。

② 断开交流发电机端子及插头，然后从气缸盖罩上拆下发动机线束。

③ 拆下气缸盖罩，如图2-30和图2-31所示。

④ 拆卸正时皮带上罩，如图2-32所示。

图 2-29　关闭点火开关并断开蓄电池正负极

图 2-30　拆卸气缸盖罩（一）

图 2-31　拆卸气缸盖罩（二）

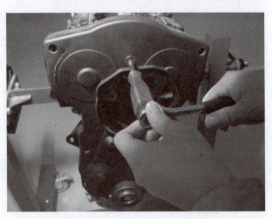

图 2-32　拆卸正时皮带上罩

⑤ 检查正时皮带是否有磨损、裂纹，是否被润滑油或冷却液浸渍。如果是，则应更换

相同型号的正时皮带，如图2-33所示。

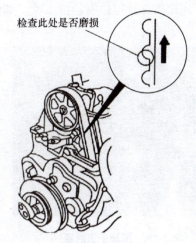

图2-33 检查正时皮带

⑥ 检查完毕后，重新将曲轴皮带轮螺栓扭矩拧至规定力矩，如图2-34所示。

（2）正时皮带的更换

① 拆卸。

a. 发动机左侧支撑总成1如图2-35所示。

图2-34 拧紧曲轴皮带轮

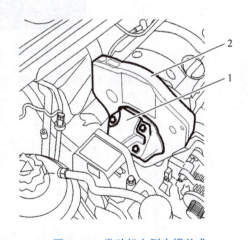

图2-35 发动机左侧支撑总成

1—发动机左侧支撑总成；2—正时罩总成

b. 拆卸上正时罩，如图2-36所示。

c. 拆卸下正时罩。

d. 转动曲轴，使第 1 缸处于压缩上止点。

e. 用定位工具定位发动机飞轮，如图 2-37 所示。

图 2-36　拆卸上正时罩

图 2-37　定位发动机飞轮

f. 定位凸轮轴正时齿轮，如图 2-38 所示。

图 2-38　定位凸轮轴正时齿轮

g. 拆掉张紧轮螺栓 3，用六角扳手扳动六角螺栓"A"，顺时针转动张紧轮，使指针 1 到达如图 2-39 所示"B"的位置，以使正时皮带彻底放松，用销钉将张紧轮固定在此位置。

**注意**：切勿将张紧轮转动一整圈。

h. 拆卸正时皮带 2，如图 2-39 所示。

② 重新安装。

a. 检查张紧轮 1 和 2 是否转动自如（无间隙，无卡滞），如图 2-40 所示。

b. 皮带轮带有 3 个标记（C—D—E），它们在皮带上对应的齿数为第 1—52—72 个齿，这些标记是在皮带背面对应相应齿数的白漆线条。安装皮带，将皮带上的标记 C 与凹槽 F（曲轴齿轮凹槽）对齐，可用扳手转动凸轮轴，以便将皮带装到皮带轮上，如图 2-41 所示。

c. 将工具 1 放在曲轴齿轮上，将皮带固定在此位置，如图 2-42 所示。

d. 按以下顺序安装正时皮带：进气凸轮轴皮带轮→排气凸轮轴皮带轮→滚轮→水泵皮带轮→张紧轮。

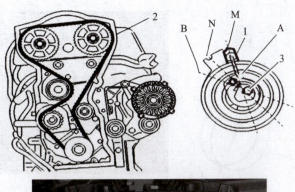

图 2-39 调整张紧轮

1—指针；2—正时皮带；7—螺栓

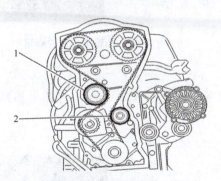

图 2-40 检查张紧轮

1，2—张紧轮

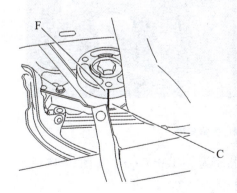

图 2-41 对齐皮带轮标记

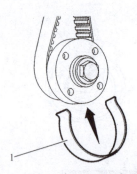 

图 2-42　固定皮带

1—工具

**注意**：皮带上"C""B"两标记应与凸轮轴齿轮上的"E"标识对齐，如图 2-43 所示。

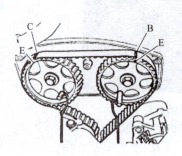 

图 2-43　凸轮轴皮带轮标记

③ 过度张紧。

a. 逆时针转动张紧轮至最大位置减 2.0 mm，即指针达到位置"M"，以将皮带完全张紧，如图 2-44 所示。

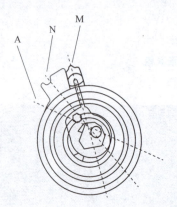 

图 2-44　张紧皮带

b. 拧紧如图 2-44 所示的张紧轮螺栓，扭矩为 7~1.0 N·m，如图 2-45 所示。

c. 拆卸曲轴固定销和凸轮轴固定销。

d. 以正常的方向转动发动机 4 次以上。转动曲轴并用曲轴固定销进行调整，如图 2-46 所示。

图 2-45 拧紧张紧轮螺栓

图 2-46 转动曲轴

④ 正常张紧。

a. 将曲轴飞轮用固定杆固定。

b. 旋出张紧轮螺栓，拧松张紧轮。

c. 用六角扳手扳动六角套筒"A"，顺时针转动张紧轮，让指针到达如图 2-47 所示的位置"N"（正常位置），使其与标记对准，如图 2-47 所示。

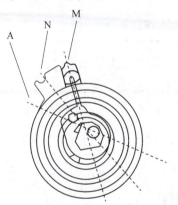

图 2-47 正常张紧

**注意**：为正确调整正时，指针切勿再次降到最小点。

d. 拧紧动态张紧轮（拧紧力矩 22 N·m），如图 2-48 所示。

⑤ 拆卸销钉。

a. 拆卸曲轴销钉。

b. 拆卸凸轮轴销钉。

⑥ 以正常的方向转动发动机两次以上。

a. 检查张紧轮位置，应距离紧固后位置 ±2.0 mm，否则重复装配步骤。

b. 再次用销钉固定凸轮轴和曲轴，检查调

图 2-48 拧紧动态张紧轮

整结果，如结果不正确，则重复装配步骤。

　　c. 从发动机上拆卸固定销。

　　⑦ 安装正时壳体和曲轴皮带轮（拧紧扭矩为 25 N·m）。

**6. 记录与分析**

正时皮带的检查与更换作业表见表 2-6。

表 2-6　正时皮带的检查与更换作业表

| 学生姓名 | | 发动机型号 | | |
|---|---|---|---|---|
| 项目 | 作业记录 | | 项目实施情况 | 备注 |
| 拆卸时正时记号位置检查 | | | | |
| 拆卸时曲轴与凸轮轴固定检查 | | | | |
| 拆下的正时皮带状态检查 | | | | |
| 装上的正时皮带状态检查 | | | | |
| 装上的正时皮带张紧度检查 | | | | |
| 装配后正时记号位置检查 | | | | |
| 正时皮带过度张紧检查 | | | | |
| 正时皮带正常张紧检查 | | | | |
| 更换的正时皮带的质量和型号检查 | | | | |
| 处理意见 | | | | |

## 三、故障案例

### 案例1　配气机构故障，引起发动机异响

**1. 涉及车型**

装有 V6 发动机的丰田佳美 3.0 轿车。

**2. 故障现象**

一辆丰田佳美 3.0 轿车无论怠速还是加速，配气机构都出现嘈杂的敲击响声，噪声大而严重。

**3. 故障分析与判断**

丰田佳美 3.0 轿车，配气机构与凌志发动机相似，进、排气凸轮轴均采用减噪齿轮结构，不同的是，凌志 ES300 进气凸轮上的齿轮为主动齿轮，排气凸轮上的减噪齿轮为从动齿轮，而佳美 3.0 轿车的发动机，排气凸轮上的减噪齿轮为主动齿轮，进气凸轮上的齿轮为从动齿轮。检查这辆佳美 3.0 轿车的发动机，排气凸轮上的减噪齿轮也是错位 3 个，看来，

这种错位安装现象非常普遍，均是以前拆卸时未事先安装上 6 mm×18 mm 螺栓所致。考虑到这台发动机异响声严重，逐缸检查气门脚间隙，在将减噪齿轮复位的同时，更换调整垫片，将进气门调整为 0.15 mm，排气门调整为 0.20 mm，试车异响减轻，但没有根除。

**4. 故障排除**

重新拆卸凸轮轴，更换全部 24 个气门顶杯后，异响完全排除，发动机声音恢复正常。

## 案例 2 凸轮轴的凸轮过度磨损，导致发动机高速时严重回火

**1. 涉及车型**

东风雪铁龙爱丽舍轿车。

**2. 故障现象**

一辆东风雪铁龙爱丽舍轿车，在发动机转速超过 2 500 r/min 时，无论是急加速还是匀速加速，发动机都会出现进气管回火现象，并且随着转速的升高，回火现象更加严重，转速再高时，发动机便会熄火，发动机转速无法超过 3 500 r/min。但是，在怠速到中速状态时发动机运转基本正常，只是车辆急加速时明显反应迟钝。当变速器换入 5 挡后，发动机动力不足，车速只能保持在 100 km/h 左右，无法继续提速，这时发动机回火严重。为此，该车两次到不同维修厂进行维修，先后更换了大量的电控系统元件，其中包括发动机 ECU（电子控制单元）、MAPS（进气管绝对压力传感器）、TPS（节气门位置传感器）等，然后又更换了汽油滤芯、燃油泵、分电器总成、高压线、火花塞等大部分外围元件，该车的点火正时和配气正时（相位）先后校对过三次，并研磨过气门一次，也更换过液压挺柱，故障一直未能排除。

**3. 故障诊断与分析**

① 连接故障诊断仪，调取该车故障码，诊断仪显示发动机电控系统正常，无故障代码记录。

② 检测气缸压力、点火正时、配气正时（相位）、燃油压力等各项指标，检测结果也都在规定的范围内，没有发现任何异常现象。

③ 检测 TPS 和 MAPS 的电压信号，TPS 信号正常，但是发现 MAPS 的信号电压在发动机怠速到 2 500 r/min 时正常，但当发动机转速超过 2 500 r/min 时，MAPS 的信号电压剧烈跳变，数字电压表已经无法正常显示其信号电压，此时发动机出现回火现象。

据此分析，可能是因发动机回火导致了进气歧管内的气压波动，从而影响了 MAPS 的信号电压，使之随进气歧管内的压力波动而跳变。这个信号并不能说明故障的原因所在，并且与之有关的电控元件已在其他修理厂更换过。由于 ECU 自诊断系统也没有故障码记录，维修人员初步判断问题可能不在电控系统，于是将检查重点放在了机械部分。

④ 众所周知，引起发动机回火故障的原因主要有三种：混合气过稀、点火正时不对、配气正时（相位）不对。为了确认进、排气系统有无堵塞、泄漏现象，首先拆掉空气滤清器，故障依旧；接着将排气管拆掉，故障也未见好转。由此判断，该发动机的进、排气系统正常，无堵塞、泄漏现象。

接下来测量进气歧管真空度。将真空表接到进气歧管的真空接头上，测量怠速到

2 500 r/min时的真空度,真空表的读数在怠速时是 46 kPa,随节门开度的增大读数逐渐减小。当发动机转速达到 2 500 r/min 以上出现故障时,真空表大幅摆动且剧烈抖动,急加速时,真空表指针读数在接近零值与 35 kPa 时剧烈跳变。根据测量结果,维修人员发现两处疑点:一是为什么怠速时的真空度比同类车型的正常值偏低些(正常值为 56~64 kPa)?二是为什么高速时表针大幅摆动,而急加速时却为剧烈跳变?这只能有一种解释,那就是进、排气系统不畅。因为,如果进气系统存在漏气,真空表的读数会有规律地摆动;如果气缸和活塞磨损严重,那么检测到的气缸压力值就应该较低。因此该车的故障只能是进、排气系统不畅,不可能是泄漏。由于先前对进、排气系统检测的结果正常,则说明故障原因应在发动机本身。

因此,维修人员决定分解发动机进行检查。首先拆卸气缸盖检查气门、挺柱、推杆、摇臂等,一切正常;接着拆下油底壳,转动凸轮轴,这时发现该发动机的第2缸与第4缸的排气凸轮高度明显低于第1缸和第3缸的凸轮高度。取出凸轮轴后,发现该车因润滑不良加之使用环境较为恶劣,导致凸轮轴排气凸轮过度磨损,从而造成排气不畅。

**4. 故障排除**

更换凸轮轴,重新装配试车,故障排除。

**5. 故障分析**

在维修中,检测 MAPS 信号电压和利用真空表检测各种状态下进气歧管真空度的变化情况,根据检测参数进行的一切分析过程和结果判断都是非常准确的。

分析该车故障的原因:凸轮轴排气凸轮过度磨损。凸轮高度的降低实质上就是改变了配气正时(相位),从而造成发动机进气和排气相位的滞后。车辆在低速时,由于发动机的进、排气量较小,燃烧时间相对充足,因此车辆没有十分明显的异常反应。然而当发动机在高速运转时,便会由于进气门开启晚、开度小,使进气量严重不足,造成燃烧速度下降,同时由于排气门开启不足,不能及时排气,发动机在下一个工作循环进气门开启时,气缸内未及时排出的废气便从进气门倒流,进入进气歧管,将其内部的可燃混合气体点燃,产生高速回火故障。

因此,该车的真正故障依然是配气正时(相位)错误。

## 四、拓展学习(资源2-7)

资源2-7　正时皮带拆装

# 学习任务三
## 汽油机燃料供给系统检修

 工作情境描述

某辆行驶里程为 6 万 km 的轿车，配备自动变速器，客户感觉汽车发动机工作时，踏下加速踏板，发动机转速不能迅速提高，有迟滞现象，加速反应缓慢或在加速过程中发动机转速有轻微的波动。请完成发动机加速不良的检修。

 学习目标

通过本任务学习，应能：
1. 诊断发动机加速不良故障，并分析故障原因。
2. 确定合适的诊断程序。
3. 运用检测和诊断设备获取发动机数据信息，判断发动机加速不良故障。
4. 参阅维修手册，制定发动机加速不良故障的维修作业。

## 一、知识准备

### （一）汽油机燃料供给系统检修概述

**1. 使用注意事项**

当前，汽油机燃料供给系统几乎全部采用电子控制的燃油喷射系统，使用过程中的不正确操作往往会影响发动机的使用性能，甚至会造成发动机的损坏。以下几点在使用中应加以注意：

① 掌握仪表盘上各开关、显示灯、仪表等的作用和功能，弄清仪表盘上英文缩写的含义。

② 必须使用规定的机油、优质冷却液和规定容量的蓄电池。

③ 在起动发动机（包括冷车）时，无须踩下加速踏板。因为电控燃油喷射系统都具有冷起动混合气加浓、自动冷车快怠速等功能，能保证发动机不论在冷车或热车时都能顺利起动。若在起动时节气门开度太大，控制系统将会进入断油控制状态，反而使发动机无法起动。

④ 在起动发动机之前和起动过程中，反复快速踩加速踏板来增加喷油量的做法是无效的。电控发动机的加速踏板只能操纵节气门的开度，喷油量完全由 ECU 根据进气量等参数

来决定。

⑤ 不可在缺油的状态下强行运转发动机。当仪表盘上的燃油警告灯点亮时，应尽快加油，因为电动燃油泵是依靠流过燃油泵的燃油进行冷却的，缺油运转会使电动燃油泵因过热而烧毁。

⑥ 不可在发动机运转时拔下任何传感器的插头，这样会使 ECU 中出现人为造成的不实故障码，进而影响维修人员正确地判断、排除真实的故障，同时产生的反向电压也容易造成 ECU 的损坏。

⑦ 知道"故障指示灯"工作情况，当仪表盘上的故障警告灯点亮时，说明发动机控制系统出现故障，应及时将汽车送到修理厂检修，以防长期带故障运行造成更大的损坏。

⑧ 为使 ECU 不受干扰，不要在汽车上装大功率的移动式无线电话系统。

⑨ 电控燃油喷射系统对燃油的清洁度要求很高，必须使用无铅汽油，并定期更换燃油滤清器。

⑩ 检查线束是否有油污、潮湿、松动，保持连接器清洁、连接可靠。

**2. 检修注意事项**

（1）电控系统检修的注意事项

① 注意检查搭铁线的状况，其电阻值应<10 Ω。不能用指针式万用表测试 ECU 及传感器，应使用高阻抗数字式万用表进行测试。禁止通过"试火法"检查晶体管电路的通、断状况。不要用试灯去测试任何与 ECU 相连接的电器装置，以防止晶体管损坏，脉冲电路应采用 LED 灯或示波器检查。

② 传感器电路应采用 LED 灯或高阻抗电表（如数字式万用表）检查。在拆卸或安装电感性传感器时应将点火开关断开（OFF），以防止其自感电动势损伤 ECU 和产生新的故障。

③ ECU 和传感器必须防止受潮。不允许将 ECU 或传感器的密封装置损坏，更不允许用水冲洗，必须防止 ECU 受剧烈振动。

④ 由于工作环境恶劣和磨损等原因，在电控系统中，电动燃油泵、怠速空气控制（IAC）阀、节气门位置传感器、氧传感器和水温传感器的损坏率较高。

⑤ 在电控系统中，故障多的不是 ECU、传感器和执行部件，而是连接器。连接器常会因松旷、脱焊、烧蚀、锈蚀和脏污而接触不良或瞬时短路。因此当出现故障时不要轻易地更换电子器件，而应首先检查连接器的连接状况。

⑥ 电控发动机检查的基本内容仍是油路、电路和密封性（特别是进气系统的密封性）的检验，故障码反映的是电控系统的故障及其对工作有影响的部件的故障，所以机理分析和有关的实际参数是判断故障的依据。

⑦ 出现氧传感器故障码的原因较多，通常有：电动燃油泵油压异常，喷油器、燃油滤清器和空气滤清器脏堵，燃油品质差，碳化物和铅化物覆盖了氧传感器表面，排气管漏气，点火异常（缺火、断火、交叉点火）等。

⑧ 蓄电池搭铁极性切不可接错，必须负极搭铁。严禁在发动机高速转动时将蓄电池从电路中断开，以防产生瞬时过电压将 ECU 和传感器损坏。

⑨ 在车身上进行电弧焊时，应先断开 ECU 电源。在靠近 ECU 或传感器的地方进行车身修理作业时，更应特别注意。

⑩ 当诊断出故障原因，对电控系统进行检修时，应先将点火开关关掉，并将蓄电池搭铁线拆下。如果只检查电控系统，则只需关闭点火开关即可。跨接起动其他车辆或用其他车辆跨接本车时，须先断开点火开关后才能拆装跨接线。

（2）空气供给系统检修注意事项

在电控汽油喷射系统中，ECU 主要根据空气流量传感器测得的空气流量信号或进气压力传感器测得的进气歧管压力信号来控制喷油量，因此空气供给系统若因密封不严而漏气将给发动机工作带来严重影响。为此在检修时应注意以下几点。

① 发动机机油尺、机油加油口盖、连接软管等的脱落均会引起发动机工作异常。

② 空气流量传感器以后的进气系统零件、管件的松脱或开裂均可吸入空气，导致发动机工作失调。检修时应对上述部位是否漏气进行认真检查。

③ 空气流量传感器和进气压力传感器是精密部件，对发动机工作性能影响很大，在拆下检修时要稳拿轻放，不要解体，以免损坏或影响其检测精度。清洁时，切勿用水或清洗液冲洗。

④ 要注意检修真空助力器管路和曲轴箱通风 PCV 阀是否有漏气现象，否则将导致发动机怠速不良。

（3）燃油供给系统检修注意事项

① 拆卸油管前，为防止在拆卸油管过程中大量汽油漏出，要进行油管卸压。

② 安装油管接头时应注意以下几点。

a. 安装螺栓型油管接头时必须使用新垫片。先用手将接头螺栓拧上后，再把螺栓拧到规定力矩，不能用力过大，以防螺栓损坏。

b. 安装螺母型油管接头时，应注意在喇叭口处涂上一层润滑油，先用手将螺母带正拧紧，再用工具拧到规定的力矩。

③ 拆装喷油器时应注意下列问题。

a. 切勿重复使用 O 形密封圈。

b. 往喷油器上安装 O 形密封圈时，应小心不要损坏。安装前，用汽油润滑 O 形密封圈，切勿采用润滑油、齿轮油或制动油来润滑。

④ 在检查喷油器喷油性能时，一定要清楚喷油器是高电阻型还是低电阻型。高电阻型的电阻一般为 13~18 Ω，可以直接连接蓄电池来进行喷油器喷油性能试验，但低电阻型喷油器其电磁线圈的电阻一般只有 2~4 Ω，直接连接蓄电池会因电流过大而烧坏喷油器，须采用专用连接器与蓄电池连接。若采用普通导线，则需要串联一个 8~10 Ω 的电阻。

⑤ 喷油器安装到输油总管和进气歧管上后，应检查整个管路系统有无漏油现象，其方法如下。

a. 在发动机停机的情况下，将点火开关旋至"ON"位置。

b. 利用汽车故障诊断仪测试执行元件，燃油泵即进行强制工作运转。

c. 用钳子将回油管夹住（回油管应缠上棉纱或软布），供油管路的油压将升到 392 kPa 左右，此时，燃油管路各处不得漏油。注意只能夹住软管，但不可弯折软管。

**3. 故障诊断基本程序**

（1）向用户调查：向用户询问故障发生的时间、征兆、条件、过程，是否已检修过，动过什么部位等。

(2) 外部检查：系统各部机件是否齐全；线路连接器及配线是否有松动、脱接；电线、软管有无接错。

(3) 读取故障码：利用汽车故障诊断仪读取故障代码，若故障代码显示正常，但故障征兆仍然存在，可按常见故障的诊断方法来诊断故障。

故障诊断的基本程序如图3-1所示。

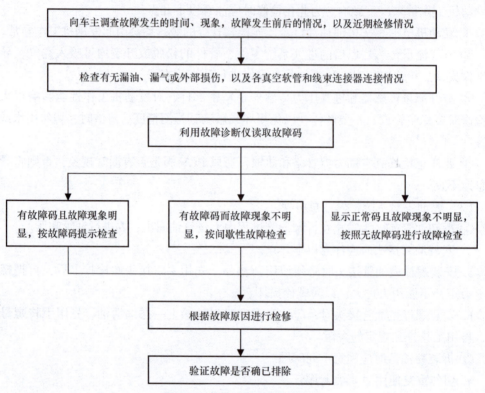

图3-1 故障诊断的基本程序

**4. 故障征兆的模拟检测与诊断**

在发动机电控系统的故障检测与诊断过程中，往往遇到所谓的隐性故障，即存在故障但没有明显的故障征兆。遇此情况，必须进行全面的故障分析，然后模拟车辆出现故障时相同或相似的条件和环境进行试验，以便找出故障之所在。

在故障征兆的模拟试验中，不仅要对故障征兆进行验证，而且应找出故障的部位或零部件。因此，在试验前必须把可能发生故障的电路范围尽可能缩小，然后进行故障征兆的模拟试验，判断被测试的电路是否正常，同时也验证了故障征兆。

故障征兆的模拟试验方法主要有以下四种。

(1) 振动法

当振动可能是引起故障的原因时，即可用振动法进行试验。基本方法如下：

① 连接器。在垂直和水平方向上轻轻摇动连接器，如图3-2（a）所示。

② 配线。在垂直和水平方向上轻轻摆动配线，如图3-2（b）所示。连接器的接头、支架和穿过开口的连接器体等部位的配线都应仔细检查。

③ 零部件和传感器。用手轻拍装有传感器的零部件，如图3-2（c）所示，检查是否失灵。但不可用力拍打继电器，否则易使继电器断路。

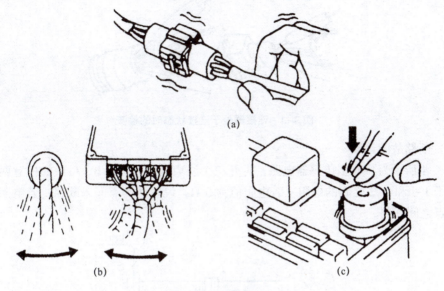

图 3-2 振动试验方法
（a）轻轻摇动；（b）轻轻摆动；（c）轻轻拍打

（2）加热法

如有些故障只是在热车时出现，可能是因有关零部件或传感器受热而引起的。可用电吹风或类似加热工具加热可能引起故障的零部件或传感器，加热后再检查是否出现故障。但必须注意：加热温度不得高于60 ℃（温度限制在不致损坏电子元器件的范围内），不可直接加热计算机中的元器件。

（3）水淋法

当有些故障是在雨天或高湿度的环境下产生时，可以用水喷淋在车辆上，检查是否发生故障。但应注意：不可将水直接喷淋在发动机零部件上，只能喷淋在散热器前面或发动机室盖上，间接改变温度和湿度；更不可以将水直接喷淋到电子器件上面，尤其应该防止水渗漏到ECU的内部。

（4）电器全接通法

当怀疑故障可能是因用电负荷过大而引起时，可接通车上的全部电器设备（包括加热器、鼓风机、前照灯、后窗去雾器等），检查是否发生故障。

**5. 电路故障诊断**

电控系统电路常见故障是断路或短路，诊断时，应使用高阻抗数字万用表的电阻挡或电压挡。

（1）选择测点

需要把线束连接器端子作为测点时，应拆开线束连接器。

如果必须在线束连接器处于插接状态时测量参数（如传感器输出信号电压），则应先将线束连接器上的橡胶防水套向后脱出，将万用表测量表笔从后端以适当角度插入并触及端子，进行检查，如图 3-3 所示。

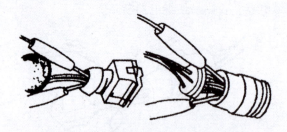

图 3-3　连接器处于连接状态时的检查

（2）断路故障诊断

图 3-4 所示为一典型传感器电路，拆开三个线束连接器 A、B、C 中的任意两个，分别测量端子 1-1 和 2-2 之间的电阻。若电阻值为 0 Ω，说明两测点间未断路；若电阻为 ∞，说明两测点之间断路。

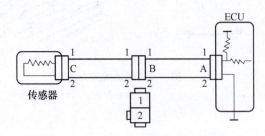

图 3-4　举例用的断路检查线路

（3）短路故障诊断

电路短路故障可通过测量连接器端子与车身或搭铁线之间是否导通（电阻为 0 Ω）来检查。

**6. 电控系统元件故障诊断**

不同元件或其电路发生故障时，会产生不同的故障现象。电控系统主要元件故障与发动机故障现象之间的对应关系见表 3-1。

表 3-1　电控系统主要元件故障与发动机故障现象之间的对应关系

| 序号 | 元件名称 | 发动机故障现象 |
| --- | --- | --- |
| 1 | ECU | 发动机不能起动，发动机性能失常 |
| 2 | 空气流量计 | 发动机起动困难，发动机性能失常，怠速不稳，加速时回火、放炮，油耗大，爆燃 |
| 3 | 进气压力传感器 | 发动机起动困难，发动机性能失常，怠速不稳，油耗大 |
| 4 | 节气门位置传感器 | 发动机起动困难，怠速不稳，发动机性能不良，易熄火 |
| 5 | 进气温度传感器 | 怠速不稳，发动机性能不良，易熄火，油耗大，混合气过浓 |
| 6 | 冷却液温度传感器 | 发动机起动困难，怠速不稳，发动机性能不良，易熄火 |

续表

| 序号 | 元件名称 | 发动机故障现象 |
|---|---|---|
| 7 | 急速控制阀 | 发动机起动困难,急速不稳,发动机失速 |
| 8 | P/N、A/C 开关 | 发动机不能起动,急速不稳,易熄火 |
| 9 | 发动机转速和曲轴位置传感器 | 发动机不能起动,加速不良,急速不稳,间歇性熄火 |
| 10 | 喷油器 | 发动机起动困难,发动机工作不良,急速不稳,易熄火 |
| 11 | 燃油泵 | 发动机不能起动,加速不良,发动机运转中熄火 |
| 12 | 燃油压力调节器 | 发动机起动困难,发动机性能不良,急速不稳,易熄火 |
| 13 | 燃油滤清器 | 发动机不能起动,发动机运转不稳 |
| 14 | 节气门 | 发动机不能起动或起动困难,发动机性能不良 |
| 15 | 氧传感器 | 发动机性能不良,急速不稳,油耗大,排放污染增加,空燃比失常 |
| 16 | 曲轴箱通风阀 | 发动机不能起动或起动困难,急速不稳或无急速,加速不良,油耗大 |
| 17 | EGR 阀 | 发动机过热,发动机不能起动或起动困难,发动机动力不足,减速熄火,爆燃,油耗大 |
| 18 | 活性碳罐电磁阀 | 发动机性能不良,急速不稳,空燃比失常 |
| 19 | 爆震传感器 | 爆震,点火正时失准,急速不稳,空燃比失常 |
| 20 | 点火线圈 | 发动机不能起动,无高压火花,次级电压过低 |
| 21 | 点火控制器 | 发动机不能起动,无高压火花,次级电压过低,急速不良 |
| 22 | 点火信号发生器 | 发动机不能起动,发动机工作不稳,急速不稳,易熄火 |
| 23 | 可变配气相位电磁阀 | 发动机抖动,爆燃,急速不稳,发动机动力不足,三元催化转换器损坏 |

## (二)空气供给系统主要部件检修

空气供给系统的主要部件工作可靠性高,一般很少发生故障。但在汽车检修时,应该注意空气滤清器滤芯是否脏污,必要时,用压缩空气吹净或更换。检查进气系统是否漏气,连接部位连接是否可靠,密封垫是否完好。进气系统检修在学习任务五中再加以讲述。

### 1. 节气门体检修

(1)节气门体脏污检修

检查节气门体内腔的积垢和结胶情况,必要时用清洗剂清洗。绝不允许用砂纸或刮刀等清理积垢和结胶,以免损伤节气门内腔,导致节气门关闭不严或改变急速空气道尺寸,影响发动机正常工作。

(2)节气门开闭不灵活检修

踩下加速踏板,发动机转速上不来,或不用力踩加速踏板,发动机不能发出足够功率等情况，大多是因为钢丝绳拉力不足引起的。解决方法如下。

① 旋下空气滤清器，固定螺栓螺母，打开滤清器盖并取出滤清器，便可看清钢丝绳牵动节气门开闭的情况。如果钢丝绳弯曲量极小，说明钢丝绳很紧，即使驾驶员轻松抬起加速踏板，节气门也不能完全关闭，导致怠速过高。

② 另外还有一种检查方法，就是一脚踏下加速踏板，然后观察节气门是否能够处于直立，即全开状态来判断故障。

（3）节气门体基本设置

① 在阅读数据流时会发现，当节气门变脏后，发动机在怠速时节气门开度会增大。这是因为节流阀体变脏后，在相同的开度下，进气量会减少，将不足以维持发动机的额定转速，节气门会增大（怠速控制阀）；清洗节气门后，怠速时节气门的开度会减少。这说明ECU具有学习功能，不但能够检查到元件参数的变化，还能够适应这种变化。但ECU是如何知道该元件的初始参数的呢？

这就需要基本设置，在未做基本设置之前，假如ECU收到一个节气门怠速位置的电压信号，但并不知道其开启角度，这是因为ECU还不知道节气门最小怠速位置、最大怠速位置的电压值等基本参数。如果ECU知道了节气门的最小怠速位置、最大怠速位置，就知道了怠速节气门电位计的电压范围；如果ECU知道了怠速节气门电位计的几个中间位置的电压值，就知道了怠速节气门电位计的特性。这样，当ECU接收到任一位置的信号电压时，就能判断出节气门的开度。基本设置就是让ECU了解节流阀体的基本特性、基本参数，这样才会在以后的运行过程中自动地调整它与节气门的动作。

② 在清洗或更换节气门体，以及在更换发动机或者ECU后，都要对节气门体进行基本设置。

③ 基本设置条件。ECU没有故障码存储，蓄电池电压不低于11.5 V，关闭所有附件，节气门体应在怠速点位置。

④ 基本设置的方法及步骤。打开点火开关，但不要起动发动机，连接汽车故障诊断仪，选择"发动机系统"→选择读取故障码→确认没有故障码储存，选择"系统基本调整"，输入通道号"060"或"098"，还有一些车型是在"001"通道。当屏幕显示区显示"AD-POK"（自适应正常）时，即基本设置完成，按"退出"键完成设置。

⑤ 基本设置的通道。基本设置是指人为地创造一个特定的初始状态，即用故障诊断仪命令ECU做一次基本设置的过程，它由ECU控制进行，不能人工干扰。利用相同的仪器进行基本设置时，不同车型基本设置的通道也不同，原来基本设置这一功能取决于仪器，但是基本设置的通道取决于电控系统所采用的软件。首先打开点火开关，不起动发动机，然后选择"发动机系统"，再选择"自适应调整"，输入相应通道号。

a．"098"通道，时代超人1.8GSi、Passat B5 1.8GSi或1.8T、捷达（5阀）、Audi1.8T等。

b．"060"通道，捷达前卫（2阀）、POLO、宝来等。

c．"001"通道，红旗、Passat B4、Audi100、Audi200等。

有些轿车，如别克、赛欧、欧宝、大宇等，打开或关闭点火开关就会完成自我校验，根本不需要进行基本设置。

⑥ 基本设置时元件的动作。

进行基本设置时，节流阀体发出"嗒嗒"的声音，可以看到节气门在抖动。这是节气门在节流阀体内怠速电动机的驱动下做的动作,即:首先从初始位置关闭到最小位置,然后再从最小位置开启到最大位置,最后重新回到初始位置。此时,ECU 会把最大、最小和最大与最小之间的三等分位置记录下来。这样,ECU 就识别了节流阀体的特性。

### 2. 热膜式空气流量计(MAF)检修

① 保持空气流量计和 ECU 间的连接状态,点火开关置 "ON",用电压表可测得 2 号脚对地电压为 12 V。如没有电压,则应检查燃油泵继电器、发动机 ECU 的电源电压和相关配线。热膜式空气流量计电路如图 3-5 所示,其各号脚测量部位标准电压见表 3-2。

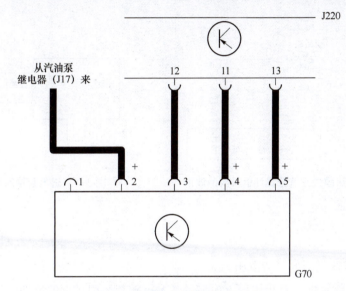

图 3-5 热膜式空气流量计电路

表 3-2 各号脚测量部位标准电压

| 测量部位 | 标准值/V |
| --- | --- |
| 2 号脚对地电压 | 12 |
| 3 号脚接 ECU 12 号脚,为信号线负线 | 0 |
| ECU 11 号脚向传感器供给的参考电压 | 5 |
| 5 号脚接 ECU 13 号脚,为信号线正线 | 0.5~4.5 |

② 空气流量计的波形。连接好示波器与空气流量计的电路,检测出在发动机怠速、缓加速、急加速和减速时的波形,并从维修资料中找出该传感器信号电压参考值,通过将参考值与波形图显示数据进行比较,观察信号变化趋势及其稳定性和响应性来判断传感器的性能,如图 3-6 所示。

### 3. 进气管绝对压力传感器(MAPS)检修

(1) 进气管绝对压力传感器输出电压的检查

拆下进气管压力传感器的线束插头,打开点火开关,但不起动发动机。测量线束插头上电源端子和接地端子之间的电压,其值应符合表 3-3 的规定,如图 3-7 所示。

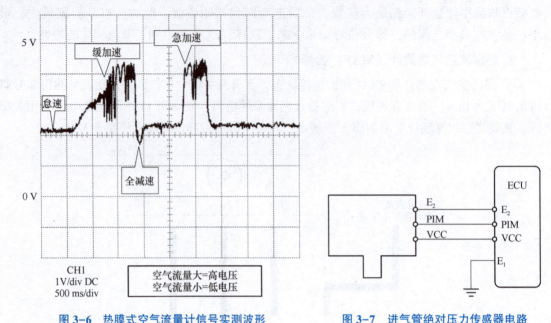

图 3-6　热膜式空气流量计信号实测波形　　图 3-7　进气管绝对压力传感器电路

VCC 向传感器供给的参考电压为 5 V。

PIM 为信号线正线,输出电压 (0.5~4.5 V) 随节气门开度的增加、发动机转速的升高而上升,或用真空泵连接传感器,随真空度的增加,PIM 电压信号升高。

$E_2$ 为信号线负线,其值为 0 V。

表 3-3　真空度(负压)与 PIM 信号电压的关系

| 真空度/kPa | 13.3 | 26.7 | 40.0 | 53.5 | 66.7 |
|---|---|---|---|---|---|
| PIM—$E_2$ 电压/V | 0.3~0.5 | 0.7~0.9 | 1.1~1.3 | 1.5~1.7 | 1.9~2.1 |

如果信号电压不符合上述要求,说明传感器已经损坏,需要更换。

(2) 进气管绝对压力传感器的波形

进气管绝对压力传感器的信号实测波形如图 3-8 所示。

关闭所有附属电气设备,起动发动机,并使其怠速运转,怠速稳定后,检查怠速输出信号电压(图 3-8 中左侧波形)。做加速和减速试验,应有类似于图中的波形出现。通过观察信号变化趋势及其稳定性和响应性来判断传感器的性能。

**4. 节气门位置传感器 (TPS) 检修**

不同车系的节气门位置传感器均有差异,早期的日本车型和美国车型使用开关量节气门位置传感器。现在多采用线性量节气门位置传感器,包括三线式和四线式两种形式。

（1）三线式线性量节气门位置传感器电路

三线式线性量节气门位置传感器电路如图 3-9 所示。

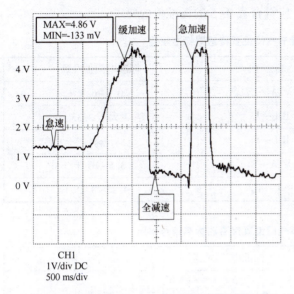

图 3-8　进气管绝对压力传感器信号实测波形

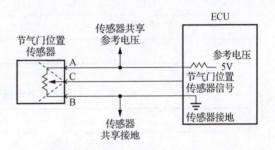

图 3-9　三线式线性量节气门位置传感器电路

① 拔下节气门位置传感器的插头，接通点火开关，测量线束 A 端子电压，从 ECU 输出的开路电压是 5 V。传感器线束 B 端子搭铁，测量电阻应小于 1 Ω。缓慢打开节气门，测量节气门位置传感器 B、C 端子的电压值，应连续变化，不能有突变、断路或短路。

② 关闭点火开关，接上节气门位置传感器插头，再接通点火开关，测量 B、C 端子的电压值。当节气门关闭时，信号电压为 0.5 V；当节气门全开时，信号电压为 4.5 V。慢加速时，信号电压在 0.5~1.5 V 变化；急加速时，信号电压在 0.5~4.5 V 变化。信号电压应该连续变化，不能有突变、断路或短路。不同车系的信号电压范围不完全相同。

（2）四线式线性量节气门位置传感器电路

四线式线性量节气门位置传感器电路如图 3-10 所示。

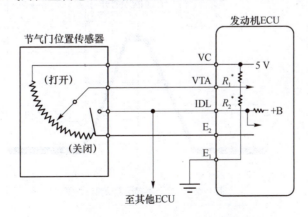

图 3-10　四线式线性量节气门位置传感器电路

四线式比三线式增加一个怠速触点的闭合信号。用塞尺控制止动杆与调整螺钉之间的间隙，测量节气门旁边节气门位置传感器的电阻值，应符合表 3-4 中标准值的要求。接通点火开关，检查节气门位置传感器的电压值，应符合表 3-5 的标准值的要求。

表 3-4　四线式线性量节气门位置传感器标准阻值

| 止动杆与调整螺钉之间的间隙/mm | 端子 | 标准电阻值/kΩ |
| --- | --- | --- |
| 0 | VTA—$E_2$ | 0.3~6.3 |
| 0.60 | IDL—$E_2$ | 不大于 2.33 |
| 1.05 | IDL—$E_2$ | ∞ |
| 节气门全开 | VTA—$E_2$ | 3.5~10.3 |
| — | VC—$E_2$ | 4.25~8.25 |

表 3-5　四线式线性量节气门位置传感器标准信号电压

| 端子 | 条件 | 标准电压/V | 说明 |
| --- | --- | --- | --- |
| IDL—$E_2$ | 节气门全闭 | 0 | 怠速触点 |
| IDL—$E_2$ | 节气门开 | 12 | 怠速触点 |
| VC—$E_2$ | — | 4.0~5.5 | 工作电压 |
| VTA—$E_2$ | 节气门全闭 | 0.3~0.8 | 信号电压 |
| VTA—$E_2$ | 节气门全开 | 3.2~4.9 | 信号电压 |

（3）线性量节气门位置传感器的波形

① 实测波形。输出信号电压随节气门开度的增大而增大；传感器的电压应从怠速时的低于 1 V 到节气门全开时的低于 5 V，如图 3-11 所示。

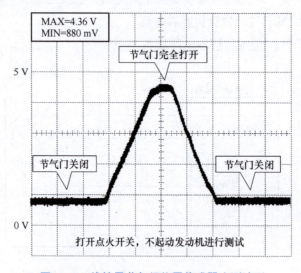

图 3-11　线性量节气门位置传感器实测波形

② 典型故障波形。波形上有断裂、对地尖峰或大跌落；传感器前 1/8～1/3 的炭膜通常首先磨损，如图 3-12 所示。

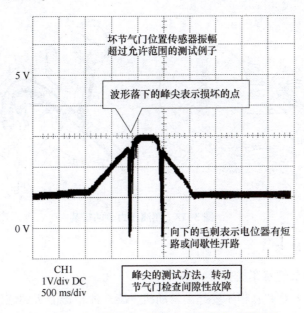

图 3-12　典型故障车型的节气门位置传感器波形

### （三）燃油供给系统主要部件检修

在进行燃油供给系统的检修时，首先检查燃油管及接头处是否有破裂、挤伤、渗漏等现象；其次检测系统燃油压力；再次，根据实际情况，对电动燃油泵、燃油滤清器、燃油脉动阻尼器、燃油压力调节器和喷油器等主要部件进行检修。

**1. 燃油系统压力测试**

① 检查燃油，释放燃油系统压力。点火开关置"OFF"，拔下油泵继电器（或者油泵保险、电动燃油泵电源接线），起动发动机，维持怠速运转至发动机熄火。再使发动机起动 2～3 次，即可完全释放燃油系统压力。

② 关闭点火开关，检查蓄电池，拆下负极搭铁线，装上油泵继电器或电动燃油泵电源接线。

③ 将专用燃油压力表接在进油管接头处，如图 3-13 所示。擦干漏出的燃油，重新装上蓄电池负极搭铁线，起动发动机，使其维持怠速运转。也可以不起动发动机，直接连接汽车故障诊断仪，通过测试执行元件，使油泵工作。

检查燃油压力表指示的压力，应为 0.20～0.30 MPa。若油压过高，应检查油压调节器；若油压过低，应检查电动燃油泵、燃油滤清器和油压调节器等。系统油压过高或过低，会使混合气过浓或过稀。

④ 拔下燃油压力调节器上的真空软管，用手堵住进气管一侧，检查燃油压力表指示的压力，应上升约 0.05 MPa。接上真空软管，燃油压力表的指示应有所下降（约为 0.05 MPa）。

⑤ 将发动机熄火，等待 5 min 后观察压力表的残余压力，应不低于 0.147 MPa。若熄火

后系统残余压力保持不住，则将造成汽车起动困难。

⑥ 检查完毕后，应释放系统压力，拆下燃油压力表，装复燃油系统。

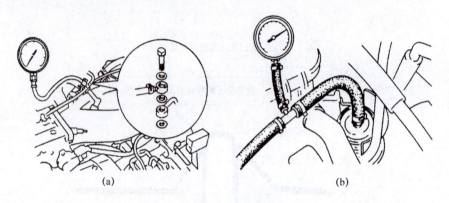

图 3-13　燃油压力表的安装

**2. 电动燃油泵检修**

（1）电动燃油泵的就车检查

① 点火开关置"ON"，但不要起动发动机。旋开油箱盖能听到燃油泵工作 3~5 s 的声音（有的轿车在驾驶室内也能听到油泵工作时的响声），或者用手捏进油软管应感觉有压力。

② 若听不到燃油泵工作的声音或进油管无压力，应检修或更换燃油泵。

③ 若有燃油泵不工作故障，且上述检查正常，应检查燃油泵电路导线、继电器和保险丝有无断路。

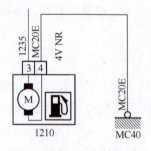

图 3-14　燃油泵的电路

（2）电动燃油泵的检修

① 电动燃油泵电压的检测。

拔下电动燃油泵的导线连接器，打开点火开关，在燃油泵继电器工作的情况下，燃油泵 3# 端子对地电压为 12 V。如电压值不符，则检查供电线路或者燃油泵的保险丝，如图 3-14 所示。

② 电动燃油泵电阻的检测。

用万用表欧姆挡测量电动燃油泵上两个接线端子间的电阻，即为电动燃油泵直流电动机线圈的电阻，其阻值应为 2~3 Ω（20 ℃时）。4# 端子对地电阻值应小于 1 Ω，否则更换燃油泵。

（3）电动汽油泵工作状态的检查

将电动汽油泵尽量远离蓄电池，每次接通不超过 10 s（时间过长会烧坏电动汽油泵电动机的线圈）。如电动汽油泵不转动，则应予以更换。

**3. 燃油滤清器检修**

汽车每行驶 2 万~4 万 km（1~2 年），或者燃油滤清器脏污堵塞，将使管路中的燃油压力下降，造成发动机起动困难，当发动机功率降低时，应更换燃油滤清器，如图 3-15 所示。安装时注意燃油流动方向的箭头，不得装反。

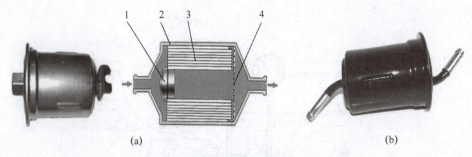

图 3-15 燃油滤清器

1—油塞；2—壳体；3—滤芯；4—滤网

**4. 燃油脉动阻尼器检修**

如燃油脉动阻尼器中的膜片出现裂纹而漏油，或者油路中油压波动变化较大，则应更换燃油脉动阻尼器。目前，燃油脉动阻尼器在汽车上应用较少。

**5. 燃油压力调节器检修**

（1）安装在燃油分配管末端的燃油压力调节器（有回油管）

燃油总管、喷油器及燃油压力调节器组合件如图 3-16 所示。

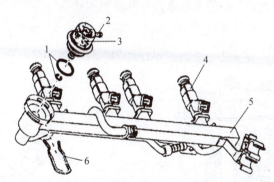

图 3-16 燃油总管、喷油器及燃油压力调节器组合件

1—O 形圈；2—与进气歧管连接；3—燃油压力调节器；4—喷油器；5—燃油总管；6—卡簧

① 燃油压力调节器的就车检查。

a. 燃油压力调节器工作情况的检查。检查时，用油压表先测量发动机怠速运转时的燃油压力，随后拆下调节器上的真空软管，如图 3-17 所示，这时燃油压力应升高 50 kPa 左右，否则应予以更换。

b. 燃油压力调节器保持压力的检查。检查时，将油压表接入燃油管路，打开点火开关，让电动燃油泵运转 10 s，然后关闭点火开关，取下导线；接着将燃油压力调节器的回油管夹紧，5 min 后观察油压，该油压即为燃油压力调节器保持压力。若该油压上升，则表明调节器有泄露，应更换。

② 燃油压力调节器的拆卸检查。

检查时拆下燃油压力调节器的进油管和真空软管，这时两者之间应不相通；若相通，则表明有泄漏，应更换；否则将导致混合气过浓、耗油量增加、排气管冒黑烟，而且有生油气味。

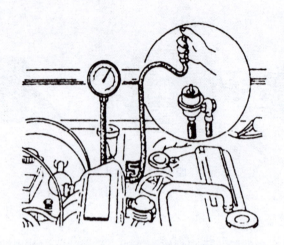

图 3-17 测量拔下油压调节器真空软管后的燃油压力

（2）与燃油泵一起安装在油箱内部的燃油压力调节器（无回油管）

燃油压力调节器安装在燃油泵上。燃油管道中的压力为 350 kPa，如图 3-18 所示。

**6. 喷油器检修**

（1）通过检查喷油器工作的声音来判断其是否工作

① 发动机工作时，可用手指触摸喷油器，应有振动感，如图 3-19 所示。用听诊器听喷油器，应能听到清脆的"嗒嗒"声（为电磁阀的动作声）。

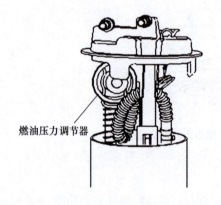

图 3-18 安装在燃油泵上的燃油压力调节器

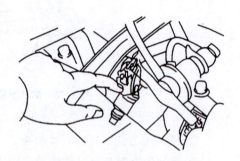

图 3-19 用手指触摸喷油器

② 使用汽车故障诊断仪，用测试执行元件的方法进行测试，也可听到喷油器电磁阀动作的响声。

若用手触摸没有振动感或听不到电磁阀动作的声音，说明该喷油器不工作。

（2）喷油器控制电路的检查

① 拔下喷油器连接器插头，接通点火开关，但不要起动发动机。

② 测量喷油器控制线连接器插头上电源线的电压，2#端子与搭铁间的电压应为 12 V，1#端子电压为 5 V，如图 3-20 所示。若没有电压，则应检查点火开关及保险、主继电器及线路。

(3) 喷油器电阻的检查

关闭点火开关，拔下喷油器连接器插头，如图3-21所示，用万用表测量喷油器电磁线圈1#与2#端子之间的电阻值。按阻值喷油器可分为低阻和高阻两种，低阻为2~3 Ω，高阻为13~18 Ω。若电阻超出标准电阻值范围，则应更换喷油器。

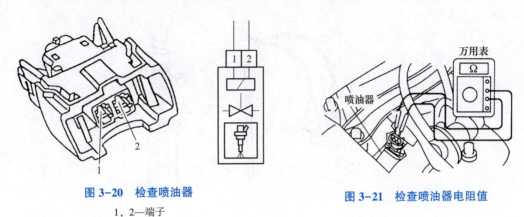

图3-20 检查喷油器
1，2—端子

图3-21 检查喷油器电阻值

(4) 喷油器的波形

若所测波形有异常，则应更换喷油器，如图3-22所示。

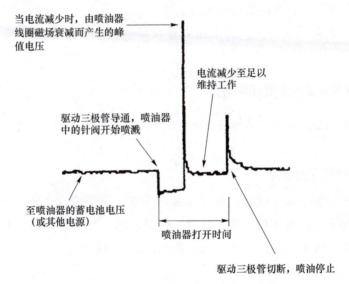

图3-22 喷油器的波形

(5) 喷油器喷油质量的检查

喷油器喷油质量的检查主要包括喷油量、雾化质量和泄漏的检查。

此项检查可在专用的喷油器试验台上进行。若无专用试验台，可就车将油压调节器、喷油器用软管及其接头接于发动机的燃油管路中，并将喷油器置于一个量筒上，如图3-23所示。

用导线将喷油器负端与蓄电池负极连接，正端用导线连接好，但暂时不要接蓄电池正极。上述工作做完后，可进行如下检查。

① 接通点火开关，但不要起动发动机。采取措施，使燃油泵强制进入运转。

② 将喷油器正端连接线与蓄电池正极连接 15 s，喷油器喷油 15 s。观察喷油器雾化质量，测量并记录每 15 s 的喷油量（每个喷油器重复测量 3 次）。

标准喷油量一般为每 15 s 喷射 55~70 mL，喷油量误差应小于 10 mL，否则应更换喷油器。

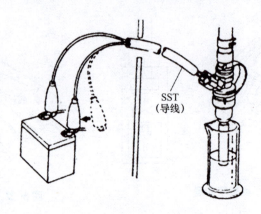

图 3-23　喷油器就车检查方法

③ 在燃油泵运转而喷油器不工作的条件下，可检查喷油器的泄漏情况，在 3 min 内，泄漏 1 滴或更少为正常，否则应更换喷油器。

试验结束，关闭点火开关，卸下所有连接导线及软管，将油压调节器、喷油器装复原位。

### （四）电子控制系统主要部件检修

发动机电子控制系统主要部件的检修：电子控制单元的检修、各类传感器的检修和执行器的检修。

**1. 电子控制单元的检修**

发动机电子控制单元（ECU）本身及线路不良，会造成发动机起动困难或不能起动、怠速不稳甚至熄火、加速不良、排气管冒黑烟等故障。其主要原因是 ECU 线路接触不良、接头氧化或脱落；外来水分进入造成 ECU 损坏；维修时操作不当而烧坏 ECU。

（1）ECU 的检查

ECU 及其控制线路故障可用该车型的 ECU 检测仪或通用于各车型的汽车 ECU 解码器来检查。如果没有这些仪器，也可利用万用表测量 ECU 一侧插座上各端子的电压或电阻，以判断 ECU 及其控制线路有无故障。用这种方法检测 ECU 及控制线路的故障，必须以被测车型的详细维修技术资料为依据。这些资料包括：该车型 ECU 线束插头中各端子与控制系统中的哪些传感器、执行器相连接；各端子在发动机不同工作状态下的标准电压值。检测时如发现异常，表明有故障：与执行器连接部分异常，表明 ECU 有故障；与传感器连接部分异常，可能是传感器线路有故障。

（2）电压测量法

按照ECU插接件图及ECU各接线点正常电压数据及测量条件，用高阻抗数字式万用表进行检查。

① 蓄电池电压应在11 V以上。

② 拆下ECU线束连接器，但应使连接器保持在连接状态下对其进行电压检查。

③ 点火开关置"ON"。

④ 应使数字万用表从线束连接器侧向插入或用大头针插入，测量ECU各端子与搭铁间的电压。输入电压为12 V，向部分传感器输出的电压为5 V。所测蓄电池电压或与蓄电池之间的电压差不应大于0.5 V。

⑤ 测量结果应与标准值比较，若实测无电压或差值超过0.5 V，与标准值差别很大，说明ECU或控制线束存有故障，即接线或ECU有故障。

（3）电阻测量法

① 拔下ECU线插头，对照插接件图及ECU各接线点正常电阻值进行测量。

② 采用高阻抗数字式万用表，并尽量用高欧姆挡测量，以防测量电流损坏ECU内部元件，使故障扩大。

③ 各种车型的ECU插接件图均不一样，但使用的符号在同一车系中具有互通性。

**2. 发动机转速与曲轴位置传感器检修**

发动机转速与曲轴位置传感器主要有电磁感应式、霍尔感应式和光电感应式传感器等，下面以应用最为广泛的电磁感应式传感器为例讲述。

（1）电阻值的检测

点火开关置"OFF"，拔下传感器的接线，用电阻表可测得1#和2#端子之间的电阻值在480~1 000 Ω，若与规定值不符，则应更换传感器，如图3-24所示。

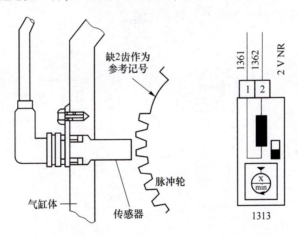

图3-24　电磁感应式发动机转速与曲轴位置传感器及电路

（2）电压值的检测

传感器2#端子接ECU，为信号线正线；1#端子为信号线负线。点火开关置"OFF"，拔下传感器的接线，起动发动机，用数字万用表的交流电压挡测量，电压值应大于0.15 V。连接传感器的接线，起动发动机，测量的电压值应为4 V。

（3）波形的检查

用示波器测 1# 和 2# 端子之间的波形，如图 3-25 所示，若有异常，可更换传感器或检修清洁脉冲轮。

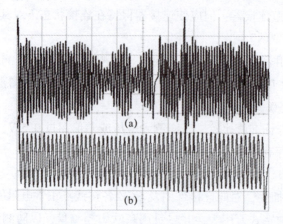

图 3-25　电磁感应式发动机转速与曲轴位置传感器波形

（a）不良；（b）良好

### 3. 霍尔式凸轮轴位置传感器检修

（1）凸轮轴位置传感器的检测

拔下传感器的接线，点火开关置"ON"，用电压挡测得 ECU 向传感器 1# 端子输入参考电压 5 V。传感器的 3# 端子通过 ECU 搭铁。传感器的 2# 端子是信号线，间隙为 1 mm± 0.2 mm。

如图 3-26 所示，保持 ECU 和传感器间的连接状态，点火开关置"ON"，人工转动曲轴带轮，用电压表可测得 1# 和 2# 端子之间变化的信号值。

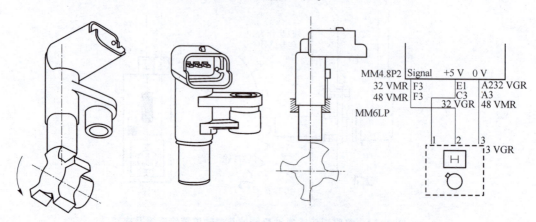

图 3-26　霍尔式凸轮轴位置传感器及电路

（2）凸轮轴位置传感器的波形

用示波器测 1# 和 2# 端子间波形，如图 3-27 所示，若波形异常，可检修或更换传感器。

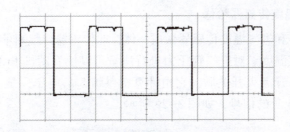

图 3-27 凸轮轴位置传感器的波形

### 4. 冷却液温度传感器检修

水垢是造成冷却液温度传感器失准的主要原因。冷却液温度传感器失准又造成空燃比（A/F）失准，因此会造成冷起动困难、怠速不稳、加速不良或排气管冒黑烟（浪费油）。冷却液温度传感器的精密度对喷油量有很大的影响，当混合气过浓或过稀时，应拆检冷却液温度传感器。其检测方法如下。

（1）电阻值的检测

点火开关置"OFF"，拔下传感器的接线，并拆下冷却液温度传感器，在不同温度条件下，用万用表电阻挡测量 1# 和 2# 端子之间的电阻，正常范围是：在 20 ℃ 时为 2~3 kΩ；在 80 ℃ 时为 0.2~0.4 kΩ。冷却液温度传感器特性曲线如图 3-28（a）所示，负温度系数的热敏电阻随冷却液温度的升高而降低。传感器 2# 端子搭铁，其对地电阻小于 1 Ω。如不符，则应更换传感器。

（2）电压值的检测

点火开关置"OFF"，拔下传感器的插接器。点火开关置"ON"，用电压表可测得传感器 1# 端子参考电压为 5 V。保持传感器和发动机 ECU 间的连接，点火开关置"ON"，用电压表可测得传感器 1# 和 3# 端子输出电压在 0.5~4.5 V 变化（与温度有关），如图 3-28（b）所示。

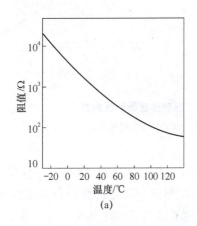
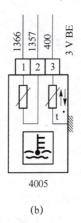

图 3-28 冷却液温度传感器特性曲线

（a）冷却液温度传感器特性曲线；(b) 冷却液温度传感器

### 5. 进气压力、温度传感器检修

进气压力传感器和进气温度传感器做成一体，此传感器持续测量进气管路中的压力，同时测量发动机的进气温度。对进气管压力进行测量可以使发动机 ECU 得到进入到发动机的空气量信息。每次打开点火开关后，它由计算机供给 5 V 电压，是一种压电—电阻式传感器，可以发送在 0~5 V 的信号，如图 3-29 所示。

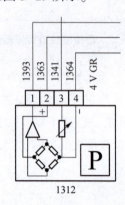

图 3-29 进气压力、温度传感器

压力传感器发出与所测进气压力成比例的电压，属于压敏电阻型，其电阻值随压力变化，如图 3-30 所示。进气压力温度传感器的 4# 端子搭铁，对地电阻值小于 1 Ω。

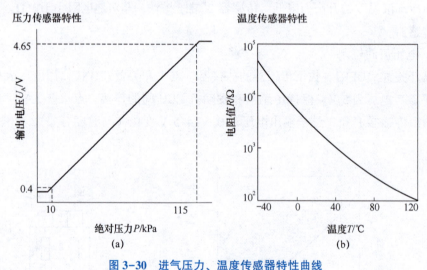

图 3-30 进气压力、温度传感器特性曲线
（a）压力传感器特性曲线；（b）温度传感器特性曲线

（1）进气压力

点火开关置 "OFF"，拔下传感器的插接器。点火开关置 "ON"，用电压表可测得传感器 2# 端子参考电压为 5 V。1# 端子为进气压力信号线，保持传感器和发动机 ECU 间的连接，起动发动机，用电压表可测得传感器 1# 和 4# 端子输出电压在 0.5~4.5 V 变化。

（2）进气温度

点火开关置 "OFF"，拔下传感器的插接器。点火开关置 "ON"，用电压表可测得传感器 4# 端子参考电压为 5 V。用欧姆表测量 3# 与 4# 端子的电阻值，20 ℃ 时为 2.2~2.7 kΩ，30 ℃ 时为

1.4~1.9 kΩ，40 ℃时为 1.1~1.4 kΩ。负温度系数的热敏电阻值随进气温度的升高而下降。

保持传感器和发动机 ECU 间的连接，起动发动机，用电压表可测得传感器信号线 3#和 4#端子输出电压在 0.5~4.5 V 变化；否则应更换进气压力温度传感器。

（3）如果通过汽车故障诊断仪读取到进气（或冷却液）温度传感器是-48℃，则说明温度传感器供电线路、搭铁线路或传感器本身可能存在故障，如图 3-31 所示。

图 3-31　进气压力温度传感器存在故障时的读数

**6. 加速踏板位置传感器检修**

加速踏板位置传感器是霍尔式传感器，如图 3-32 所示。2#端子搭铁，对地电阻值小于 1 Ω。4#端子基准电压为 5 V，1#和 3#端子分别连接传感器的两个位置信号线 S1 和 S2，两信号电压相差 1 倍。

保持传感器和发动机 ECU 间的连接，点火开关置"ON"，随着加速踏板位置的变化，用电压表可测得传感器 1#和 2#端子输出电压在 0.5~3.8 V 变化，3#和 2#端子输出电压在 0.25~1.9 V 变化。

**7. 电子节气门检修**

在使用电子节气门过程中，常出现脏污，在保养时要用清洗剂进行清洗，否则会出现怠速不稳或者发动机抖动现象。

（1）怠速电机

1#端子搭铁，对地电阻小于 1 Ω；2#端子从 ECU 输入 5 V 的基准电压。

（2）节气门位置传感器

发动机 ECU（1320）管理电子节气门的电机产生非连续性电流。为了使节气门位置传感器能够满足发动机计算器的要求，输出信号电压互补（两个信号），并成反比例。

如图 3-33 所示，3#端子搭铁，对地电阻小于 1 Ω；5#端子从 ECU 输入 5 V 的基准电压；4#与 6#端子输出两个信号电压，保持传感器和发动机 ECU 间的连接，起动发动机，用电压表可测得传感器 4#和 3#端子、6#和 3#端子输出电压在 0.15~4.5 V 变化。否则应更换电子节气门。

**8. 爆震传感器检修**

（1）电压检测

点火开关置"OFF"，拔下爆震传感器连接器。起动发动机，测量传感器 1#和 2#端子的交流电压在 0.3~1.4 V，如图 3-34 所示。

（2）电阻检测

点火开关置"OFF"，拔下爆震传感器连接器。测量传感器 1#和 2#端子之间的电阻应为 ∞（不导通），若电阻值为 0（导通），则应更换传感器。

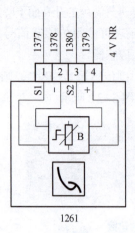 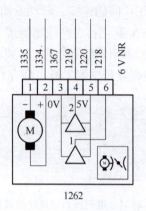 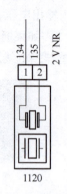

图 3-32　加速踏板位置传感器　　图 3-33　节气门位置传感器（直动式）　　图 3-34　爆震传感器

若爆震传感器出现故障，各缸都相应推迟点火提前角约 15°，发动机输出功率明显下降。

（3）传感器信号

爆震传感器的信号如图 3-35 所示。

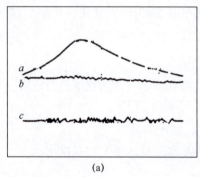 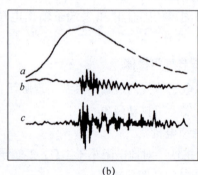

(a)　　　　　　　　　　　　　　(b)

图 3-35　爆震传感器的信号

(a) 无爆震；(b) 有爆震

$a$—气缸压力曲线；$b$—经滤波后的信号曲线；$c$—爆震传感器信号曲线

在收到爆震信号后，计算机会减小点火提前角。在减小点火提前角的同时，计算机调节混合气浓度，避免排气温度过高。

（4）安装注意事项

① 在安装时，应注意传感器金属表面须与测量部位直接接触，不能使用任何类型的垫圈。

② 不要让机油、冷却液、制动液等液体长时间接触传感器。

③ 传感器电缆布线时应注意禁止电缆发生共振，以免断裂。

④ 避免在传感器 1、2 引脚间接通高压电，以免损坏压电元件。

**9. 氧传感器检修**

氧传感器分为上游氧传感器和下游氧传感器，如图 3-36 所示。

（1）上游氧传感器（1350）

该传感器置于排气歧管上催化器入口处，它持续向计算机发出电压信号，该信号代表排放气体的氧含量，如图3-37所示。计算机分析这个电压值，并据此调整喷射时间。

① 浓混合气：传感器电压为 0.6~0.9 V。

② 稀混合气：传感器电压为 0.1~0.3 V。

内部再加热电阻可使氧传感器快速达到工作温度，通常情况下为 350 ℃以上，该温度可在 15 s 内达到。加热电阻是由发动机计算机通过氧传感器温度控制端来进行控制的。

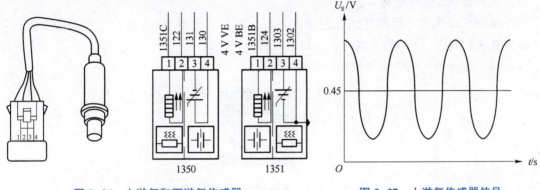

图 3-36　上游氧和下游氧传感器　　　　图 3-37　上游氧传感器信号

（2）下游氧传感器（1351）

该传感器位于催化器之后，并用于校核催化器的效能。下游氧传感器的各项特性及其再加热装置与上游氧传感器相同。计算机负责分析由下游氧传感器发出的电压信号，如图3-38所示，这个电压值反映了从催化器出口排出气体中的氧含量。

上游氧传感器和下游氧传感器发出的电压信号有所错开，因为排放气体在抵达下游氧传感器之前要通过催化器。

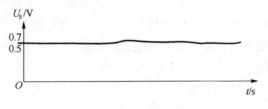

图 3-38　下游氧传感器信号

对于一个新的催化器，其化学反应在理论上是完全充分的，氧在化学反应中被充分利用，而从催化器出口排出的微量氧转换成电压值在 0.5~0.7 V 之间作为下游氧传感器临界值，这也是发动机热态时的值。实际情况是：尽管催化器状态良好，其表现出的信号仍会有轻度波动，之后随时间推移，催化器功能下降。根据该电压信号计算机分析催化器的功效和燃烧质量，以此推断是否需要调整混合气来改善上述情况。

(3) 氧传感器检修

氧传感器信号异常将引起发动机油耗增高。氧传感器信号线路必须接触良好且绝缘良好,因为其输出电源微弱、能量极小。检查方法如下。

① 电阻值的检测。点火开关置"OFF",拔出氧传感器接线插接器,用欧姆挡测量 1# 和 2# 端子之间的电阻,其阻值应在 $0.5 \sim 20\ \Omega$(与温度相关)。

② 电压值的检测。点火开关置"ON",蓄电池经燃油泵继电器向传感器 1# 端子供给 12 V 电压,2# 端子经 ECU 搭铁,并在发动机排气温度达到氧传感器正常工作温度时,由 ECU 断开加热器供电电路。

保持 ECU 与传感器的连接,起动发动机,测量氧传感器 3# 与 4# 端子之间的电压应在 $0.1 \sim 0.9\ V$ 变化;如不符合规定,应更换氧传感器。

(4) 宽频型 6 线传感器检修(资源 3-1)

资源 3-1　宽频型 6 线氧传感器检修

## 二、任务实施

### 项目 1　汽油机燃料供给系统维护

**1. 项目说明**

汽车行驶一定里程,汽油机燃料供给系统会出现漏油、加速不良、怠速不稳等故障,从而使发动机的功率下降,燃料消耗明显增加,发动机排放变差。因此,应按技术标准对发动机燃料供给系统进行维护,以恢复发动机的技术状况。

**2. 技术要求与标准**

① 学员需在 30 min 内完成此项目。

② 汽油机燃料供给系统技术标准见表 3-6。

表 3-6　汽油机燃料供给系统技术标准

| 检修项目 | 技术标准 | 检测结果 |
| --- | --- | --- |
| 燃油管路 | 无泄漏 | |
| 工作状态下仪表故障灯 | 不常亮 | |
| 读取故障码 | 无故障码 | |

**3. 设备器材**

① 东风雪铁龙(配备 EP8 发动机)或上汽大众轿车(配备 Passat 1.8T 发动机)一辆。

② 博世 KT600 汽车故障诊断仪一台。
③ 汽车专用万用表一只。
④ 常用工具一套。
⑤ 吸油棉纱、油盘等。

**4. 作业准备**

① 爱丽舍轿车准备。　　　　　　　　　　□ 任务完成
② 举升器准备。　　　　　　　　　　　　□ 任务完成
③ 检测仪器准备。　　　　　　　　　　　□ 任务完成
④ 常用工具准备。　　　　　　　　　　　□ 任务完成
⑤ 记录单准备。　　　　　　　　　　　　□ 任务完成

**5. 操作步骤**

（1）常规检查与维护

① 操作要领做到：一指、二边、三到。

a. 一指：维护操作每一步骤中，如发现有问题，应通过服务顾问向用户指出，并在派工单上注明。

b. 二边：要边检查、边记录。

c. 三到：目视检查的部位要做到眼到、手到、嘴到。

② 准备灭火器等消防器材，挂上 P 挡，拉紧驻车制动器，如图 3-39 所示。

图 3-39　维护前准备

③ 点火开关置"ON"，起动发动机，分别检查各仪表工作状况；运转发动机至正常工作温度（95 ℃~105 ℃），如图 3-40 所示。检查各仪表工作状况（资源 3-2）。

资源 3-2　检查各仪表工作状况

图 3-40　检查各仪表工作状况

④ 用压缩空气分别清洁发动机体和油箱盖周围，如图 3-41 所示。

图 3-41　清洁发动机机体和油箱盖周围

⑤ 点火开关置"OFF"，拔下油泵保险，起动发动机直至熄火，再次起动发动机 2~3 次，进行燃油管路泄压，如图 3-42 所示。

图 3-42　拔下油泵保险进行燃油管路泄压

⑥ 更换新的燃油滤清器，用棉纱擦干净泄漏的燃油，更换时要注意燃油滤清器的安装方向，如图 3-43 所示。

⑦ 检查蓄电池极柱应清洁无锈蚀、无烧损；蓄电池无破损、不漏液；在车辆静止状态下测量蓄电池电压应不小于 12.4 V；起动发动机，使转速稳定在 2 000 r/min，常温下 14~14.8 V 为合格。关闭点火开关，拆下蓄电池负极搭铁线，如图 3-44 所示。

图 3-43 更换燃油滤清器

图 3-44 检查蓄电池性能

⑧ 检查各线束接头，应无松动、无干涉，管路无渗漏，如图 3-45 所示。

图 3-45 检查各线束、管路

⑨ 保持各线束、燃油管、蓄电池的正常连接。起动发动机，检查发动机怠速、慢加速、急加速时的工作状况。再次检查各仪表灯是否有常亮现象（拉紧驻车制动，驻车灯亮是正常的），如图 3-46 所示。检查各仪表灯是否正常（资源 3-3）。

图 3-46 检查各仪表灯是否常亮

资源 3-3 检查仪表灯是否正常

（2）读取故障码和数据流

① 打开故障诊断座盖板，选取博世 KT600 汽车故障诊断仪，如图 3-47 所示。

 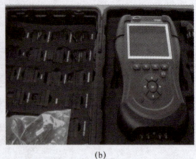

(a)　　　　　　　　　　　　　(b)

图 3-47　故障诊断座、博世 KT600 汽车故障诊断仪

(a) 诊断座；(b) 诊断仪

② 选取诊断仪 OBD-Ⅱ 测试端子和数据线，如图 3-48 所示。

图 3-48　OBD-Ⅱ 测试端子、数据线

③ 连接诊断仪，如图 3-49 所示。

图 3-49　诊断仪的连接

④ 连接诊断座，如图 3-50 所示。

图 3-50　连接诊断座

⑤ 打开仪器开关,进入诊断系统,如图 3-51 所示。

图 3-51 打开仪器开关,进入诊断系统

⑥ 选取大众专用菜单,进入系统,如图 3-52 所示。

图 3-52 选取大众专用菜单,进入系统

⑦ 选取系统,如图 3-53 所示。

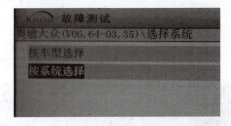

图 3-53 选取系统

⑧ 读取故障码,如图 3-54 所示,如果有故障码,则通过元件执行测试,以做进一步分析。

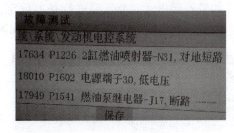

图 3-54 读取故障码

(3) 元件控制测试，如图 3-55 所示。

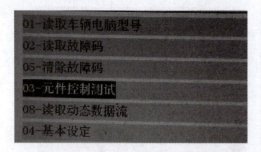

图 3-55　元件控制测试

(4) 分别输入组号 1、2、3、4 并读取数据流，如图 3-56 所示，判断发动机的工作状况。

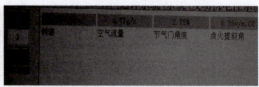
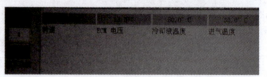

图 3-56　读取数据流

(5) 对节气门进行基本设定

① 清洗或更换节气门体后，输入组号 60，对节气门进行基本设定，如图 3-57 所示。

图 3-57　基本设定

② 如果不能正常对节气门进行基本设定，则可以读取故障并排除后再次对节气门进行基本设定，直到显示"调校正常"为止，如图 3-58 所示。

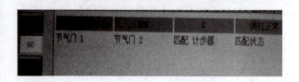

图 3-58　节气门的调校

**注意：** 此操作不可缺少，是提升维护保养技术的必要手段。

（6）轿车保养初始化（资源3-4）

资源3-4　轿车的保养初始化

**6. 记录与分析**

汽油机燃料供给系统维护作业表见表3-7。

表3-7　汽油机燃料供给系统维护作业表

| 学生姓名 | | 发动机型号 | |
|---|---|---|---|
| 项　目 | 作业记录 | 项目实施情况 | 备　注 |
| 维护保养里程或时间 | | | |
| 前期准备与安全检查 | | | |
| 发动机及燃料供给系统的清洁 | | | |
| 发动机静态下仪表灯的检查 | | | |
| 燃油管路的泄压 | | | |
| 燃油滤清器的更换 | | | |
| 蓄电池的维护 | | | |
| 燃料供给系线束接头、管路的检查 | | | |
| 发动机各工况的检查 | | | |
| 发动机工作状态下各仪表灯的检查 | | | |
| 汽车故障诊断仪的使用 | | | |
| 读取故障码 | | | |
| 读取数据流 | | | |
| 保养初始化 | | | |
| 场地清洁整理 | | | |
| 处理意见 | | | |

## 项目2　发动机起动困难检修

**1. 项目说明**

一辆配备自动变速器的轿车接通点火开关起动挡时，起动机能带动发动机正常运转，但发动机不能起动，且无着车征兆。服务顾问试车后，初步确定发动机起动困难。因此，应按技术标准对发动机起动困难进行检修，以恢复发动机的技术状况。

**2. 技术要求与标准**

① 学员需在30 min内完成此项目。

② 发动机起动技术标准见表3-8。

表3-8 发动机起动技术标准

| 检修项目 | 技术标准 | 实测值 |
|---|---|---|
| 燃油泵供电电压/V | 12 | |
| 燃油泵电阻值/Ω | 2~3 | |
| 喷油器供电电压/V | 12 | |
| 喷油器电阻值/Ω | 13~18 | |
| 燃油压力/MPa | 0.20~0.30 | |
| 气缸压力/kPa | 1 079~1 177 | |

**3. 设备器材**

① 东风雪铁龙（配备EP8发动机）或上汽大众（配备Passat 1.8T发动机）轿车一辆。
② 博世KT600汽车故障诊断仪一台。
③ 汽车专用万用表一只。
④ 燃油压力表、气缸压力表各一只。
⑤ 常用工具一套。
⑥ 吸油棉纱、油盘等。

**4. 作业准备**

① 爱丽舍轿车准备。　　　　　　　　　□ 任务完成
② 举升器准备。　　　　　　　　　　　□ 任务完成
③ 检测仪器准备。　　　　　　　　　　□ 任务完成
④ 常用工具准备。　　　　　　　　　　□ 任务完成
⑤ 记录单准备。　　　　　　　　　　　□ 任务完成

**5. 操作步骤**

（1）空气供给系统
检查进气管是否漏气、空气滤清器是否堵塞、起动时节气门是否全开。
① 检查进气歧管、曲轴箱通风管是否漏气，如图3-59所示。

图3-59 检查进气系统

② 检查真空助力器接头是否漏气，如图 3-60 所示。

图 3-60　检查真空助力器接头是否漏气

③ 检查空气滤清器是否堵塞，如已堵塞，则加以清洁，如图 3-61 所示。

图 3-61　检查并清洁空气滤清器

④ 起动发动机，检查加速踏板位置传感器是否有动作、节气门是否全开，如图 3-62 所示。

图 3-62　检查加速踏板位置传感器及节气门

（2）燃油供给系统

检查是否存在燃油箱无油、电动燃油泵不工作、燃油压力过低、喷油器不工作、喷油控制系统有故障等问题。

① 打开点火开关，不起动发动机，看电动燃油泵是否运转 3~5 s；观察燃油表，检查燃油量的油量指示，若燃油不足，则先加注燃油，如图 3-63 所示。

② 电动燃油泵检修。

a. 若燃油泵不工作，首先检查双密封继电器和燃油泵保险丝，如图 3-64 所示。

b. 取下并检查燃油泵保险丝，如图 3-65 所示。

c. 拆下后排座椅及护板，点火开关置"OFF"，拔下燃油泵插接器，如图 3-66 所示。

图 3-63　检查燃油表的油量

图 3-64　检查双密封继电器和燃油泵保险丝

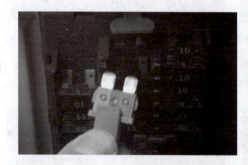

图 3-65　检查燃油泵保险丝

图 3-66　拔下燃油泵插接器

d. 如图 3-67 所示，检查燃油泵的 4# 搭铁端子，对地电阻值小于 1 Ω；测量燃油泵的 3# 和 4# 端子之间的电阻值应为 2~3 Ω，否则应更换燃油泵。点火开关置 "ON"，在燃油泵继电器工作的情况下，燃油泵供电电压为 12 V；如不符合规定，应检修燃油泵的供电线路。

③ 检查燃油压力，如图 3-68 所示。

图 3-67　检查燃油泵电阻值及供电电压

a. 取下真空软管，燃油压力上升约 50 kPa，说明压力调节器正常。

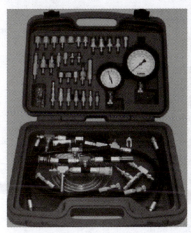

图 3-68　检查燃油压力　　　　　　　　　资源 3-5　燃油压力检测

b. 直喷式发动机，低压系统中电动燃油泵给高压泵供应压力约为 6 bar① 的燃油；高压系统中燃油压力为 40~110 bar，不能使用燃油压力表测量。例如一汽大众的迈腾 1.8T 发动机可以通过汽车故障诊断仪，通过输入组号 106 直接测量燃油压力，如图 3-69 所示。

图 3-69　直喷式发动机燃油压力测量

---

①　1 bar=0.1MPa。

④ 喷油器检修。

a. 使用汽车故障诊断仪元件控制测试，关闭发动机，打开点火开关，如图 3-70 所示。

图 3-70 测试执行元件

b. 对喷油器动作进行测试，如图 3-71 所示，应能听到喷油器电磁阀开、关的"嗒嗒"声，否则说明该喷油器不工作。

图 3-71 对喷油器动作进行测试

c. 关闭点火开关，拆下喷油器连接器插头。接通点火开关时，不起动发动机，测量喷油器 1# 端子电压应为 0~+B，2# 端子电压应为 0~5V，如图 3-72 所示。用万用表测量喷油器电磁线圈 1# 与 2# 端之间的电阻值，应为 12~18Ω，如图 3-73 所示。

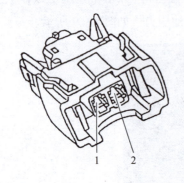

图 3-72 检查喷油器的供电电压

d. 上海大众 Passat 1.8T 发动机喷油器的电路及波形如图 3-74 所示。

e. 直喷式发动机，例如，一汽大众的迈腾 1.8T 发动机喷油器的电路及波形如图 3-75 所示。

图 3-73 检查喷油器的电阻

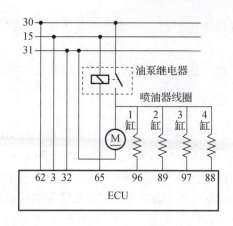
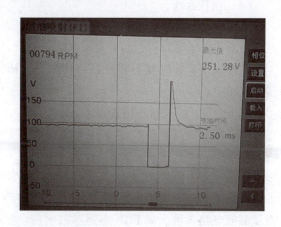

图 3-74 喷油器的电路及波形

图 3-75 迈腾 1.8T 发动机喷油器的电路及波形

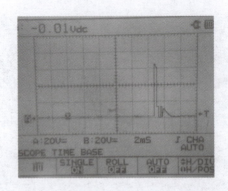

图 3-75　迈腾 1.8T 发动机喷油器的电路及波形（续）

（3）点火系统

点火正时不正确、高压无火或火花太弱的检修，具体在学习任务七讲述。

（4）电控系统

主要检修电控单元 ECU、曲轴位置与发动机转速传感器、冷却液温度传感器、进气压力与温度传感器等。

电控发动机的故障大部分是由传感器、ECU 及其连线的故障引起的，应重点检测传感器及其线路。

① 电控单元 ECU 的检修。

ECU 与控制线路的故障可用故障诊断仪检查。若无仪器，可用万用表检查。检测时先将 ECU 连同其线束一起从车上拆下，不要拆下线束插头。用高阻抗万用表测量 ECU 一侧插座上各端子的电路参数（电压），判断 ECU 及其控制线路有无故障。ECU 线束插头中各端子与控制系统中的哪些传感器、执行器相连接；各端子在发动机规定工作状态下的标准电压值及其他电路参数。如 ECU 电路参数不符合标准，而线束无故障，则表明 ECU 有故障。如图 3-76 所示。

图 3-76　电控单元 ECU 的检修

② 曲轴位置与发动机转速传感器检修。

a. 利用故障诊断仪读取故障，如图 3-77 所示。

P0336　曲轴位置传感器外部设置范围

图 3-77　利用故障诊断仪读取故障

b. 点火开关置"OFF"，拔下传感器的接线，用电阻表可测得 1# 和 2# 端子之间的电阻值，若不在 480~1 000Ω 之间，则应更换传感器。如图 3-78 所示。

图 3-78　检测曲轴位置与发动机转速传感器电阻

③ 冷却液温度传感器检修。

a. 点火开关置"ON"，用电压表可测得传感器 1# 端子参考电压为 5V。点火开关置"OFF"，拆下冷却液温度传感器，如图 3-79 所示。

图 3-79　拆下冷却液温度传感器

b. 在不同温度条件下，用电阻挡测量 1# 和 2# 端子之间的电阻，正常范围为：在 20℃ 时为 2~3kΩ；在 80℃ 时为 0.2~0.4kΩ。如图 3-80 所示。如不符，则应更换传感器。

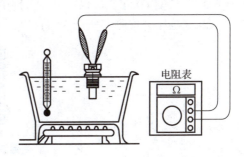

图 3-80　检测冷却液温度传感器

④ 进气压力与温度传感器检修。

a. 点火开关置"OFF"，拔下传感器的插接器，如图 3-81 所示。

图 3-81 拔下传感器的插接器

b. 点火开关置"ON",用电压表可测得到传感器 2# 端子、4# 端子参考电压都是 5V。用欧姆表测量 3# 与 4# 之间的电阻值,20℃ 时为 2.2~2.7kΩ,30℃ 时为 1.4~1.9kΩ,40℃ 时为 1.1~1.4kΩ,随进气温度的升高而下降。否则,检修线路或更换进气压力与温度传感器。如图 3-82 所示。

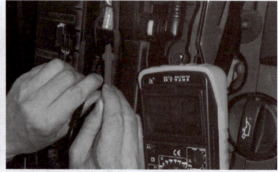

图 3-82 检测进气压力与温度传感器

(5) 气缸压力检测

① 气缸压力过低将造成发动机起动困难,为保证测量数据准确,在实际测量气缸压力时,每个气缸应重复测量 2~3 次,依次测量各缸。气缸压力测量的操作方法在学习任务 1 中讲述。东风雪铁龙发动机气缸压力标准值为 1.1~1.2MPa,否则应检修发动机机械部分。

② 气缸压力检测(资源 3-6)。

资源 3-6 气缸压力检测

**6. 记录与分析**

发动机起动困难检修作业表见表 3-9。

表 3-9　发动机起动困难检修作业表

| 学生姓名 | | 发动机型号 | |
|---|---|---|---|
| 项目 | 作业记录 | 项目实施情况 | 备注 |
| 汽车行驶里程或时间 | | | |
| 前期准备与安全检查 | | | |
| 进气歧管、曲轴箱通风管检查 | | | |
| 真空助力器接头、空气滤清器检查 | | | |
| 读取故障码与数据流 | | | |
| 加速踏板位置传感器与电子节气门检查 | | | |
| 检查燃油压力 | | | |
| 电动燃油泵检修 | | | |
| 喷油器检修 | | | |
| 电控单元 ECU 检修 | | | |
| 曲轴位置与发动机转速传感器检修 | | | |
| 冷却液温度传感器检修 | | | |
| 进气压力与温度传感器检修 | | | |
| 气缸压力检查 | | | |
| 场地清洁整理 | | | |
| 处理意见 | | | |

## 项目 3　发动机怠速不良检修

### 1. 项目说明

一辆轿车，发动机起动正常，但无论是冷车还是热车，其怠速均不稳定，且怠速转速过低，容易熄火。服务顾问试车后，初步确定发动机怠速不良，因此应按技术标准对发动机怠速不良进行检修，以恢复发动机的技术状况。

### 2. 技术要求与标准

① 学员需在 30 min 内完成此项目。
② 发动机怠速技术标准见表 3-10。

表 3-10　发动机怠速技术标准

| 检修项目 | 技术标准 | 实测结果 |
|---|---|---|
| 进气系统 | 不漏气 | |
| 空气滤清器 | 无堵塞 | |
| 燃油压力/MPa | 0.20~0.30 | |
| 喷油器雾化 | 良好 | |
| 电子节气门 | 清洗，初始化 | |
| 气缸压力/kPa | 1 079~1 177 | |

**3. 设备器材**

① 东风雪铁龙（配备 EP8 发动机）或上汽大众（Passat 1.8T 发动机）轿车一辆。
② 博世 KT600 汽车故障诊断仪一台。
③ 汽车专用万用表、燃油压力表、气缸压力表各一只。
④ 辉煌 H9601A 型汽油机喷油器清洗测试仪一台。
⑤ 常用工具一套。
⑥ 吸油棉纱、油盘等。

**4. 作业准备**

① 轿车准备。　　　　　　　　　　　　☐ 任务完成
② 举升器准备。　　　　　　　　　　　☐ 任务完成
③ 检测仪器准备。　　　　　　　　　　☐ 任务完成
④ 常用工具准备。　　　　　　　　　　☐ 任务完成
⑤ 记录单准备。　　　　　　　　　　　☐ 任务完成

**5. 操作步骤**

（1）空气供给系统检修

检查进气管是否漏气、空气滤清器是否堵塞、进气压力与温度传感器是否有故障，清洗电子节气门体，并对其进行初始化。

① 检查进气歧管、曲轴箱通风管是否漏气，空气滤清器是否堵塞，进气压力与温度传感器是否有故障。

② 清洗电子节气门体。

a. 点火开关置"OFF"，拔下电子节气门线束连接器，拆下电子节气门体，如图 3-83 所示。

图 3-83　拆下电子节气门体

b. 使用专用清洗剂对电子节气门体进行清洗，使节气门轴转动灵活、无卡滞，然后进行装复，如图 3-84 所示。

③ 在进行以下操作之后要进行节气门位置初始化。

a. 更换计算机。

b. 因故障对电子节气门进行修理。

c. 对计算机进行加载。

图 3-84　清洗电子节气门体

d. 更换电子节气门。

e. 对计算机进行编程。

④ 为使系统良好运行，有必要对电子节气门进行初始化程序。初始化程序旨在读取节气门的最大开度和关闭位置。电子节气门初始化的操作如下：

a. 各处的线束连接正确。

b. 打开点火开关，并保持至少 10 s（此期间不要关闭点火开关，不要踏加速踏板）。

c. 关闭点火开关，并保持 15 s，发动机计算机用电可擦写只读存储器（EEPROM）录入电子节气门初始化的各项参数，此段时间是电力支持阶段（POWER LATCH）（延时供电）。

**注意**：在上述 15 s 期间不要打开点火开关。

(2) 燃油压力过低

① 检查燃油滤清器是否堵塞、燃油管是否凹陷，如图 3-85 所示。

图 3-85　检查燃油滤清器及燃油管

② 检查燃油泵是否工作不良、滤网是否堵塞，如图 3-86 所示。

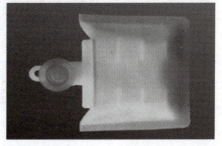

图 3-86　检查燃油泵及滤网

(3)喷油器雾化不良

喷油器雾化不良,可能有漏油或堵塞现象。

① 先进行超声波清洗,利用汽油机喷油器清洗测试仪进行系统清洗,如图3-87所示。

图3-87 清洗喷油器

② 对喷油器进行检漏及喷雾测试,如图3-88所示。

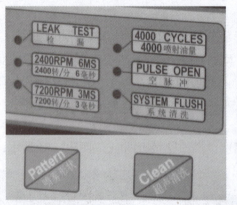

图3-88 对喷油器进行检漏及喷雾测试

(4)气缸压力过低

气缸压力的检测方法,参考学习任务一中的图1-38。

(5)火花塞工作不良

① 用压缩空气清洁气缸盖,并拆下火花塞,如图3-89所示。

图3-89 清洁气缸盖并拆下火花塞

② 清洁火花塞积炭,检查火花塞间隙,如图3-90所示。

③ 检查火花塞烧蚀是否严重,如严重,则予以更换,如图3-91所示。

图 3-90  清洁火花塞积炭，检查火花塞间隙

图 3-91  火花塞烧蚀严重，更换新件

## 6. 记录与分析

发动机怠速不良检修作业表见表 3-11。

表 3-11  发动机怠速不良检修作业表

| 学生姓名 | | 发动机型号 | | |
|---|---|---|---|---|
| 项目 | 作业记录 | 项目实施情况 | | 备注 |
| 汽车行驶里程或时间 | | | | |
| 前期准备与安全检查 | | | | |
| 进气系统检查 | | | | |
| 进气压力与温度传感器检查 | | | | |
| 清洗电子节气门体 | | | | |
| 电子节气门初始化操作 | | | | |
| 燃油滤清器、燃油管检修 | | | | |
| 电动燃油泵检修 | | | | |
| 喷油器检修 | | | | |
| 气缸压力检查 | | | | |
| 火花塞外观检查 | | | | |
| 火花塞间隙检查与调整 | | | | |
| 场地清洁整理 | | | | |
| 处理意见 | | | | |

## 项目 4　发动机加速不良检修

**1. 项目说明**

一辆轿车,在发动机工作时,踏下加速踏板后发动机转速不能迅速提高,有迟滞现象,加速反应缓慢或在加速过程中发动机转速有轻微的波动。服务顾问试车后,初步确定发动机加速不良,按技术标准对发动机加速不良进行检修,以恢复发动机的技术状况。

**2. 技术要求与标准**

① 学员需在 30 min 内完成此项目。

② 发动机加速技术标准见表 3-12。

表 3-12　发动机加速技术标准

| 检修项目 | 技术标准 | 实测结果 |
|---|---|---|
| 点火提前角/(°) | 4 | |
| 进气系统 | 不漏气 | |
| 燃油压力/MPa | 0.20~0.30 | |
| 油门踏板位置传感器 | 初始化 | |
| 排气管 | 畅通 | |

**3. 设备器材**

① 东风雪铁龙(配备 EP8 发动机)或上汽大众(配备 Passat 1.8T 发动机)轿车一辆。

② 汽车故障诊断仪一台。

③ 汽车专用万用表一只。

④ 燃油压力表一只。

⑤ 常用工具一套。

⑥ 吸油棉纱、油盘等。

**4. 作业准备**

① 爱丽舍轿车准备。　　　　　　　　　　　□ 任务完成

② 举升器准备。　　　　　　　　　　　　　□ 任务完成

③ 检测仪器准备。　　　　　　　　　　　　□ 任务完成

④ 常用工具准备。　　　　　　　　　　　　□ 任务完成

⑤ 记录单准备。　　　　　　　　　　　　　□ 任务完成

**5. 操作步骤**

① 检查进气歧管是否漏气、空气滤清器有无堵塞,如图 3-92 所示。

图 3-92 检查进气歧管与空气滤清器

② 利用汽车故障诊断仪读取点火提前角,检查点火提前角(资源 3-7)。

资源 3-7 读取点火提前角

a. 东风雪铁龙 EP8 发动机:读取点火提前角,如图 3-93 所示。

图 3-93 读取点火提前角

b. 上汽大众 Passat1.8T 发动机:输入组号 03,读取点火提前角,如图 3-94 所示。

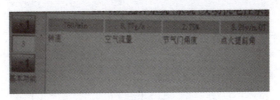

图 3-94 读取点火提前角

③ 检查燃油压力是否过低。
④ 检查喷油器工作是否良好。
⑤ 检修加速踏板位置传感器。

a. 在采用电子节气门控制的进气系统中,加速踏板位置传感器安装在发动机舱或驾驶舱内,通过一根拉索接在加速踏板或直接作用在传感器上,可用于检测加速踏板的运动行程,向发动机计算机反映驾驶员驾驶意图的信息,如图 3-95 所示。

图 3-95 加速踏板位置传感器

b. 霍尔式加速踏板位置传感器把驾驶员的要求传递给发动机计算机，从而可以决定节气门的开闭程度，并确定喷油时间和点火提前角。

c. 加速踏板位置传感器有两路输出信号 S1 和 S2，一路信号电压是另一路的 2 倍，这两路信号均成线性变化。$4^\#$ 端子基准电压为 5 V，点火开关置"ON"，随着加速踏板位置的变化，传感器 $1^\#$ 和 $2^\#$ 端子、$3^\#$ 和 $2^\#$ 端子之间输出电压在 0.5~4.5 V 变化。

d. 初始化加速踏板位置传感器。没有进行初始化，计算机就不能准确知道加速踏板位置传感器停止位与加速踏板停止位的关系，以及最大踏板传感器行程位置。

e. 初始化程序要知道：加速踏板位置传感器的停止位，以便了解加速踏板的停止位；加速踏板位置传感器的最大位置，以便了解加速踏板踩到底时的位置。

f. 以下情况需进行加速踏板初始化：更换计算机，维修、更换加速踏板位置传感器，计算机下载，计算机远程编码。

g. 加速踏板位置初始化操作方法：

（a）不踩加速踏板；

（b）打开点火钥匙到 M 位；

（c）将加速踏板踩到底；

（d）松开加速踏板；

（e）不踩加速踏板，起动发动机，初始化完成。

⑥ 加速踏板位置传感器（6 线式）检修。

a. 加速踏板位置传感器电路如图 3-96 所示。

图 3-96 加速踏板位置传感器电路

b. 用汽车故障诊断仪读取加速踏板位置传感器故障，如图 3-97 所示。

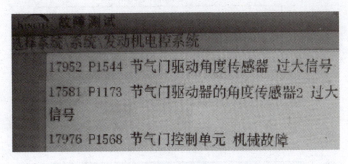

图 3-97 读取加速位置传感器故障

c. 检测加速踏板位置传感器端，相关端子对地电压见表 3-13。

表 3-13 加速踏板位置传感器端的相关端子对地电压　　　　　　　　　V

| 状态＼端子号 | 1# | 2# | 3# | 4# | 5# | 6# |
|---|---|---|---|---|---|---|
| 标准描述 | 5 | 5 | 小于 0.1 | 0.73~1.3 | 小于 0.1 | 0.36~0.8 |
| 点火开关"ON" | | | | | | |
| 踩加速踏板 | | | | | | |
| 检测结果 | | | | | | |

⑦ 电子节气门检修。

a. 检测东风雪铁龙车型的电子节气门，如图 3-98 所示。

图 3-98 检测电子节气门体

测量 3# 端子对地电阻小于 1 Ω，5# 端子对地电压为 5 V；保持传感器和发动机 ECU 间的连接，起动发动机，随节气门开度的变化，可测得传感器 4# 和 3# 端子、6# 和 3# 端子之间输出电压在 0.15~4.5 V 变化。

b. 检测上汽大众 Passat 1.8T 发动机电子节气门。

（a）节气门位置传感器电路，如图 3-99 所示。

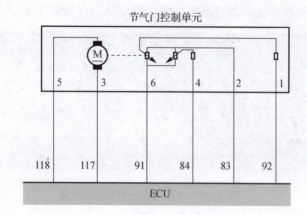

图 3-99 节气门位置传感器电路

(b) 检测节气门传感器端,相关端子对地电压见表 3-14。

表 3-14 节气门传感器端的相关端子对地电压　　　　　　　　　　　V

| 端子号<br>状态 | 1# | 2# | 3# | 4# | 5# | 6# |
|---|---|---|---|---|---|---|
| 标准描述 | 0~5 | 5 | 0~+B | 5~0 | 0~+B | 小于0.1 |
| 点火开关"ON" | | | | | | |
| 踩加速踏板 | | | | | | |
| 检测结果 | | | | | | |

⑧ 排气管检修。

排气管上装有三元催化转化器,如图 3-100 所示。

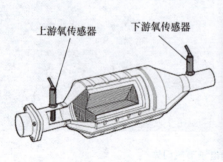

图 3-100 三元催化转化器

常用铂(Pt)、钯(Pd)、铑(Rh)等贵金属作为主催化剂,但 Pd 易受 Pb(铅)的侵蚀,而 Rh 易受热劣化,催化剂的蜂窝载体易造成排气管堵塞,使发动机加速不良、行驶无力,如图 3-101 所示。三元催化转化器催化剂的蜂窝载体堵塞(资源 3-8)。

应避免未燃烧的混合气进入三元催化转化器,未燃烧的混合

资源 3-8　三元催化转化器催化剂的蜂窝载体堵塞

气中含有大量的 HC、CO，进入转化器后，会产生过度的氧化反应，氧化反应产生的热量会使转化器温度过高而损坏。通过红外线温度测量仪检测三元催化转化器前后的温度差来初步判断其是否堵塞，如图 3-102 所示。

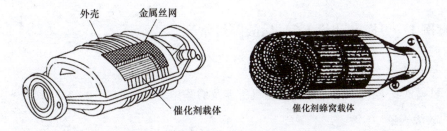

图 3-101　催化剂的蜂窝载体易造成排气管堵塞

图 3-102　检测三元催化转化器前后的温度差

## 6. 记录与分析

发动机加速不良检修作业表见表 3-15。

表 3-15　发动机加速不良检修作业表

| 学生姓名 | | 发动机型号 | |
|---|---|---|---|
| 项目 | 作业记录 | 项目实施情况 | 备注 |
| 汽车行驶里程或时间 | | | |
| 前期准备与安全检查 | | | |
| 进气系统检修 | | | |
| 读取数据流检查点火提前角 | | | |
| 检查燃油压力 | | | |
| 喷油器检修 | | | |
| 加速踏板位置传感器检修 | | | |
| 加速踏板位置初始化操作 | | | |
| 电子节气门检修 | | | |
| 排气系统检修 | | | |
| 场地清洁整理 | | | |
| 处理意见 | | | |

## 三、故障案例

### 案例1　更换发动机 ECU 后故障灯常亮

**1. 涉及车型**

东风雪铁龙 EW10A、EW12 发动机所涉及的车型。

**2. 故障现象**

发动机故障灯点亮，车辆运行正常，可正常加速，不降级。

**3. 读取故障**

无故障记录。

**4. 故障处理**

① 使用动力总成中的"配置"功能，选择"INTERNET 配置"。
② 配置成功后，拔掉钥匙，遥控锁门，等待 5 min。
注意：手工配置是无法配置的，选项不可见。

### 案例2　节气门体脏污，引起发动机怠速时抖动、熄火

**1. 涉及车型**

东风雪铁龙所有车型。

**2. 故障现象**

因车辆长期低速行驶会造成节气门产生积炭和油泥，导致节气门工作不良，发动机怠速时抖动、熄火，从而影响发动机正常运行。

**3. 解决措施**

① 从新车交付开始，每隔 15 000 km 对发动机节气门进行检查与清洗。
② 具体操作步骤如下：

a. 打开发动机罩，拆下蓄电池电源。
b. 拆卸进气管、空气滤清器和节气门的固定螺栓，取下节气门。
c. 使用清洗剂，清洗节气门上的积炭和油泥，如图 3-103 所示。
d. 清洗干净后，重新紧固节气门，安装空气滤清器和进气管。
e. 连接蓄电池电源。
f. 最后用故障诊断仪执行节气门自学习工艺（节气门匹配），同时删除因此次操作导致的临时

图 3-103　清洗发动机节气门体

故障码。

**4. 涉及备件**

清洁剂备件号：997950。

### 案例 3　活性碳罐及其管路堵塞，引起发动机工作不良

**1. 涉及车型**

东风雪铁龙 C5 轿车发动机的燃油蒸发控制系统（碳罐、碳罐电磁阀等）。

**2. 故障现象**

① 行驶或熄火停驶后，车辆会有"嘭嘭"的不规则声音。

② 行驶中突然熄火，发动机无法起动。

**3. 故障诊断**

① 油箱变形，经检查为碳罐通气孔堵塞。

② 碳罐堵塞。

**4. 解决措施**

更换碳罐及相关失效备件，故障排除。

**5. 燃油蒸发控制系统结构原理**

燃油蒸发控制系统结构简图如图 3-104 所示。

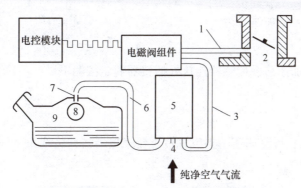

图 3-104　燃油蒸发控制系统结构简图

1—管路；2—节气门体；3—管路；4—空气入口；5—碳罐；6—卡油箱管路；7—油箱阻尼器；8—TPCV 阀；9—油箱

① 在汽车行驶过程中，随着油箱内温度的升高以及车辆所处海拔的影响，油箱内汽油不断挥发，会使压力升高，油箱充满汽油蒸气，当压力过高时会产生危险，这就需要燃油蒸发控制系统将汽油蒸气处理掉。

② 汽油蒸气被碳罐中的活性炭吸附，储存在碳罐中。受发动机 ECU 的控制，碳罐电磁阀会以不同程度开启，开启后，由于进气歧管内压力小，碳罐内的汽油蒸气就会随着通过碳罐的纯净空气气流（从通气软管空气入口进入）一同流入进气歧管，从而进入气缸燃烧，最终达到消耗汽油蒸气的目的。

### 6. 故障分析

① 如果因灰尘等原因，碳罐在空气入口处即通气软管处被堵塞，那么就会造成在碳罐电磁阀打开后，在进气歧管的负压下，油箱会被吸变形，如果通气孔处堵塞不严重，那么仍会有空气再次进入碳罐，油箱也会因此而恢复原状，在这样"变形—恢复"的循环中，就会使车辆在行驶或熄火停驶后产生"嘭嘭"的不规则响声。

② 如果碳罐堵塞严重，油箱很有可能最终无法恢复原状，同时在变形与恢复的过程中，还可能将燃油泵的线路磨破，从而导致线路短路，造成发动机熄火，且无法起动。

### 7. 延伸分析

① 如果碳罐电磁阀常开，发动机进气管道的混合气就一直处在加浓状态，而同时发动机 ECU 由于此时还没有控制碳罐电磁阀工作，也就不会发出降低喷油量的指令，这样便会造成热车时混合气过浓而引起发动机熄火。

② 如果碳罐电磁阀常闭，碳罐内的汽油蒸气会越聚越多，最终充满整个碳罐，其余的汽油蒸气只能逸入大气中，污染环境，浪费燃油。

## 案例 4　油门踏板插接器损坏引起发动机加速无力

### 1. 涉及车型

装备 1.6 L 16 V TU5JP4 发动机的东风雪铁龙、东风标致轿车。

### 2. 故障现象

发动机故障灯亮，加速无力。

### 3. 故障诊断

发动机线束和加速踏板传感器连接处插接器偶尔接触不良，用诊断仪读取故障：加速踏板传感器信号 1 和 2 不一致。

### 4. 采取措施

① 断开蓄电池，拆除加速踏板位置传感器连接器，并将线束从波纹管中拉出，如图 3-105 所示。

图 3-105　将线束从波纹管中拉出

② 如图 3-106 所示，取出线束备件包（线束备件的连接器 PIN 角编号如图 3-106 所

示），对比备件线束的长度，将原车插接器剪断。

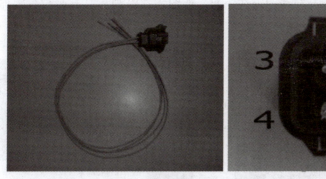

图 3-106　取出线束备件包

③ 依次剥开原车线束绝缘层（剥线长度应为 7~10 mm，不得小于 5 mm），如图 3-107 所示，使用压线钳将两端线束用压接端子进行压接，注意线束在压接端子内要推到位。压接完成后应检查一次，确认压接牢固。同时接线时必须将铰接点分别错开 15 mm 以上。

图 3-107　剥开线束绝缘层

④ 使用热风枪对压接端子进行加热密封处理，如图 3-108 所示，必须保证压接端子两端有胶溢出。

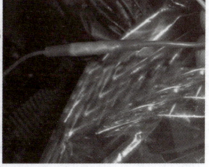

图 3-108　对线束加热密封处理

⑤ 按照上述方法，继续处理其余线束。

⑥ 将线束装入波纹管，并用胶布从距连接器尾部 30~40 mm 处开始绑扎，如图 3-109

所示。

⑦ 使用一个扎带将线束与拉线固定在一起,如图 3-110 所示,扎带位置距加速踏板位置传感器连接器尾部 150~170 mm。

图 3-109　用胶布绑扎线束

图 3-110　用扎带将线束与拉线固定

⑧ 删除故障记录,恢复车辆,试车,故障排除。

**5. 涉及的备件和工具**

备件名称:加速踏板维修线束包,备件号:ZQ92343780。

工具名称:密封插接器维修工具(内装剥线钳、压线钳、热风枪),工具号:ZX9001-T。

## 案例 5　喷油器堵塞引起发动机怠速抖动、加速不良

**1. 涉及车型**

发动机排量为 1.6 L 的东风雪铁龙轿车。

**2. 故障现象**

发动机怠速抖动,加速无力,急加速时排气管放炮。行驶里程:62 422 km。

**3. 故障诊断**

① 仪表显示燃油充足。

② 读取故障,用 KT600 发动机故障诊断仪检查有氧传感器故障,清除故障码,故障未排除。

③ 更换火花塞,清洗节气门体后故障仍未排除。

④ 拆检喷油器,发现喷油器出口处黏结了胶脂、积炭等杂物,测量四个喷油器的喷油量,3 000 次喷油量分别是 60 mL、80 mL、75 mL 和 72 mL,各缸喷油量不均匀,喷射雾化状况也不良。

⑤ 检查汽油滤清器,发现有胶脂,油质差。清洁油箱,更换汽油和汽油滤清器。

⑥ 在喷油器清洗仪上,用超声波清洁四个喷油器,又进行喷油量测试,3 000 次喷油量都接近于 90 mL,喷油量无泄漏,喷射雾化状况也恢复正常。安装清洗后的喷油器,更换氧传感器,故障排除。

**4. 故障分析**

此故障为汽油油质差,引起喷油器堵塞,使喷油器的喷油量减少,导致汽车怠速状况和

加速性能变差。燃油雾化变差，也会使发动机燃烧不良，导致氧传感器过早地损坏。

## 四、拓展学习（资源3-9）

资源3-9 拓展学习

# 学习任务四

## 进、排气系统及排气净化装置检修

一辆某型轿车进厂维修，客户反映该车起动后怠速不稳，特别是在打开空调、前照灯时，故障现象更加明显，经维修技师检查，怀疑是进气系统故障，需要对进、排气系统进行检修。

通过本任务学习，应能：
1. 编制发动机进、排气系统的检修程序，分析进、排气系统发生故障的主要原因。
2. 参阅维修手册，制定进、排气系统修理项目。
3. 使用专用工具检测进、排气系统主要部件。
4. 参阅维修手册制定进、排气系统主要组件的修复方法。
5. 进行进、排气系统维护保养项目。
6. 安全规范地进行操作。

## 一、知识准备

### （一）进气系统检修

**1. 进气增压控制系统检修**

以电控可变进气系统的检测为例进行介绍。

① 进气增压控制阀和膜片式执行器的检测。用三通接头把真空表接入进气增压控制阀的真空管路中。起动发动机，怠速时真空表无变化。迅速将节气门全开，真空表指针在 53.3 kPa 位置处左右摆动，并且膜片式执行器的拉杆也缩回，这说明进气增压控制阀在工作，膜片式执行器也没问题，如图 4-1 所示。

② 电磁真空通道阀的检测。电磁真空通道阀电路如图 4-2 所示，检查电磁真空通道阀线圈有无断路、短路或搭铁现象。在 20 ℃时，两端子 1 和 2 之间的电阻值应为 38.5~44.45 Ω。

检查电磁真空通道阀的工作情况。如图 4-3 所示，当电磁真空通道阀不通电时，空气应能从通道 E 进入，但只能从空气滤清器排出；当电磁真空通道阀接通蓄电池电压时，空气应能从通道 E 进入，但只能从 F 口排出。

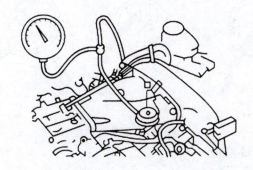

图 4-1 进气增压控制阀和膜片式执行器的检测

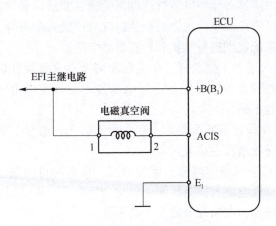

图 4-2 电磁真空通道阀电路

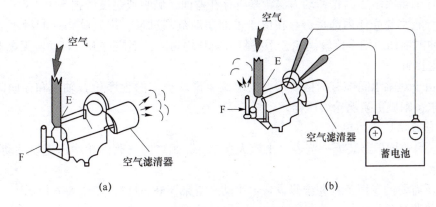

图 4-3 检查电磁真空通道阀的工作情况
(a) 断电时；(b) 通电时

③ 真空罐的检测。空气应能从真空罐 A 口向 B 口流动，如图 4-4 (a) 所示；但不能从 B 口向 A 口流动，如图 4-4 (b) 所示。用手指封住 B 口，向 A 口施加 53.3 kPa 的真空度，在 1 min 内真空度应无变化，如图 4-4 (c) 所示，否则应更换真空罐。

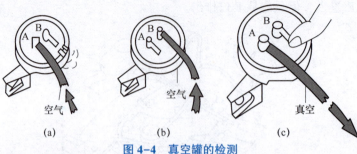

图 4-4 真空罐的检测

**2. 废气涡轮增压系统检查**

涡轮增压系统出现故障可能会造成很多问题，如发动机功率不足，排气冒蓝烟或黑烟，机油消耗过大，涡轮增压器有噪声，压气机或涡轮密封润滑油漏洞等。引起涡轮增压器故障的主要因素有机油不足、机油中混入杂质和从进气口中吸入杂质等。为了防止这些故障的出现，对废气涡轮增压系统定期进行维护和检查是必要的。

① 首先检查发动机基本工作条件、压缩和泄漏及点火系统和燃油供给系统。如果供油量和压力都正常，则再检查点火系统的击穿电压是否足以点燃由涡轮增压产生的高压混合气，以及点火时刻是否正确。

② 目测软管、垫片和管道装配是否正确，有无损伤、磨蚀。如破损或变质，将使涡轮装置不能正常工作，导致增压过高或过低。

③ 检查进气负压或空气滤清器真空泄漏情况。检查时可向进气系统注入丙烷，观察发动机转速和空气滤清器真空度，同时检测碳氢化合物水平。丙烷通过漏气处，空气滤清器真空度和发动机转速会增加，碳氢化合物水平会下降。

④ 检查涡轮增压器。

a. 仔细观察增压涡轮和动力涡轮是否存在弯曲、破裂或过度磨损现象。

b. 检查涡轮壳体内部是否存在由于轴的摆动范围过量、进入脏物或润滑不当而造成的磨损或冲击损伤。用手旋转涡轮，手感阻力应是均匀的，不应过大，转动应无黏滞感，无擦伤或任何接触。

c. 由于对轴承间隙有严格要求，故应按生产厂规定的程序检查轴向和径向间隙，若不符合要求，则应更换涡轮增压器。

⑤ 检查增压压力单元。

废气涡轮增压器装配一览表（上汽大众 2.0L 四缸四气阀涡轮增压直喷发动机），如图 4-5 所示。

a. 所需要的专用工具和维修设备：手动真空泵 VAS 6213，如图 4-6 所示。

b. 检测条件。

从废气涡轮增压器经过增压压力限制电磁阀 N75 连接到压力单元的软管必须是导通的；增压压力限制电磁阀 N75 正常。

c. 将手动真空泵 VAS 6213 连接至压力单元（箭头），如图 4-7 所示。

d. 将手动真空泵 VAS 6213 的固定环置于"压力"位置（箭头 B），如图 4-8 所示。

**注意**：压力不允许超出 750mbar。如果超压，则可能损坏压力单元。

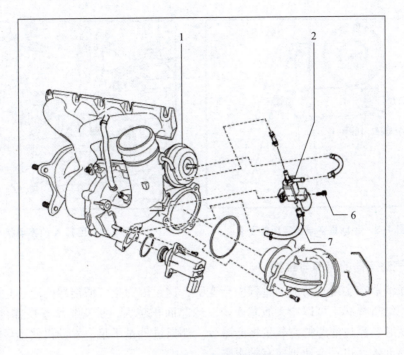

图 4-5　废气涡轮增压器装配一览表
1—增压压力调节单元；2—增压压力限制电磁阀 N75

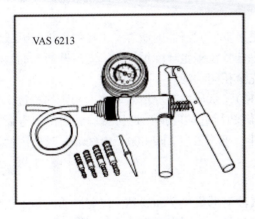

图 4-6　手动真空泵

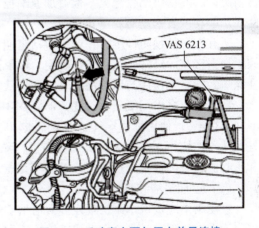

图 4-7　手动真空泵与压力单元连接

e. 多次操纵手动真空泵 VAS 6213，并同时注意连杆 A。举升车辆，从车辆底部观察连杆 A 的移动状况。

f. 连杆 A 必须在约 300mbar 以上运动并在约 700mbar 时停止在限位挡块位置。连杆的行程约为 10mm，如图 4-9 所示。

提示：如果使用手动真空泵 VAS 6213 无法生成压力或压力立即重新下降，则检查手动真空泵 VAS 6213 和连接软管是否有泄漏。如果未发现故障，则更换压力单元。

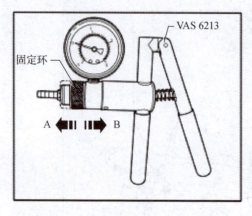
图 4-8 手动真空泵固定环位于 B

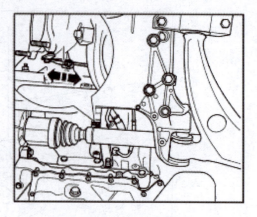
图 4-9 连杆 A 的移动状况

### 3. 空气滤清器的保养与维护

空气滤清器在实现其功能的过程中会变脏，这是因为空气滤清器的滤芯是由褶状滤纸制成的。将滤纸折叠起来可以增大滤芯面积，滤芯面积越大，被灰尘堵塞所需的时间就越长。随着滤芯变脏，流过滤芯的空气量将会减少。如果进气量不足，发动机就不可能产生应有的功率，其燃油效率也不会达到应有的水平。

当发动机的空气滤清器被堵塞时，会导致汽车加速缓慢或者不能达到其巡航速度。在通常情况下，发动机不会熄火，但对加速踏板不产生反应。当滤清器被严重堵塞时，发动机可能无法起动或者起动后就停止运转。

所有汽车的预防性维护作业都包括定期更换空气滤清器的滤芯，更换的里程间隔或时间间隔根据汽车的经常性使用条件确定，如果汽车常在多尘环境里使用，滤清器滤芯的寿命就会缩短。一定要换用与原装滤芯尺寸和形状完全相同的滤芯。

现代汽车多采用纸质空气滤清器（图 4-10）。纸质滤芯滤清效率高，灰尘的透过率仅有 0.1%~0.4%。使用纸质空气滤清器能减轻气缸和活塞的磨损，延长发动机的使用寿命。空气滤清器在使用 4 000~8 000km 时应进行除尘，通常在使用 2 000~25 000km 时应更换滤芯和密封圈，滤清器在维护时应注意以下几点。

（1）定期清洁和更换滤芯

在使用中应按汽车维护规定经常清洁空气滤清器集尘室和滤芯，以免滤芯上黏附灰尘过多而增大进气阻力，降低发动机功率，增加耗油量。按厂家规定的更换周期更换滤芯，如滤芯破损应及时更换。一般使用 5 000km 时应清洁一次滤芯，使用 20 000km 时应更换滤芯。

（2）正确安装

检查维护时，滤芯上的密封垫必须正确安装在原位，以防止空气不经滤清器进入气缸。橡胶密封垫圈易脱落、老化变形，空气易从密封垫缝隙流过，把大量灰尘带进气缸。如密封垫老化变形、断裂，应更换新品。纸质滤芯抗压能力低，不能装得过紧，否则易把纸质滤芯压坏，影响滤清效果，如图 4-11 所示。

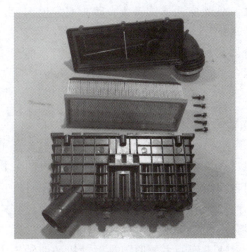

图4-10 空气滤清器总成分解图

图4-11 空气滤清器的正确安装

(3) 滤芯的选择

一般可从外包装和外观上识别优质滤芯(图4-12)与劣质滤芯,也可在安装后检验,如装上新滤芯后汽车排放的CO超标,而不装滤芯时排放的CO达标,则表示该滤芯透气性差,是不合格的滤芯。

(4) 纸质滤芯的特点及清洁方法

纸质滤芯采用微孔滤纸,表面经过树脂处理,在发动机工作时,滤芯周围黏附着一层灰尘,清洁时不能用水或油,以防止油水浸染滤芯。常用的清洁方法有两种:一种是轻拍法,即将滤芯从壳中取出,轻轻拍打纸质滤芯端面,使灰尘脱落,但不得敲打滤芯外表面,防止损坏滤纸,降低滤清效果;另一种是吹洗法(图4-13),即用压缩空气从滤芯内部向外吹,将灰尘吹净,但压缩空气的压力不得超过294~600 kPa,以防止损坏滤芯。

图4-12 优质滤芯

图4-13 纸质滤芯的吹洗

**注意:**

① 更换空气滤清器时,应使用合格品,使用不符合规格的空气滤清器会使发动机内部及传感器发生故障。

② 即使发动机内部吸入少量的灰尘,也会磨损发动机并缩短它的寿命。因此,对于滤清器,应随时检查并根据其状态进行更换。

③检查并确认滤清器和滤清器罩垫的损坏程度，盖好空气滤清器盖，防止灰尘进入。拆卸空气滤清器后驾驶车辆，发动机可能会着火。

④检查及维修空气滤清器时，要避免空气滤清器受到冲击或进入灰尘及异物。分离空气滤清器时，应防止灰尘或杂物进到吸气口。

**4. 节气门体的保养与维护**

每使用 30 000~40 000km 清洗一次节气门体或怠速稳定阀。

图 4-14　节气门体总成

电喷汽油发动机使用一定的里程后，在节气门（图 4-14）或怠速稳定阀处的表面会积累很多油泥，出现怠速不稳，特别是在打开空调、前照灯时更加明显，严重时在行走过程中可能会出现熄火现象。

怠速不稳的主要原因是发动机的曲轴箱内废气（含有油质）都要经过节气门或怠速稳定阀后才能进入进气歧管，然后进入气缸被燃烧掉；同时，经过空气滤清器后，空气中仍然含有少量的细微颗粒物（以尘土为主），这部分细微颗粒物在经过节气门或怠速稳定阀时，极易和曲轴箱来的废气中的蒸汽结合，附着在节气门或怠速稳定阀的表面，发动机的工作时间越长，积累的脏物越多，积累到一定的程度时就会直接影响到怠速，导致怠速不稳，同时也会增加油耗。

除了出现怠速不稳时需要清洗节气门或怠速稳定阀外，未出现故障前也应同正常维护一样，定期进行清洗。如果车辆所在的使用环境比较恶劣，尘土较多，建议每 20 000 km 清洗一次；如果使用环境比较清洁，可以每 30 000~40 000 km 清洗一次。

**5. 进气歧管的维修**

进气歧管一般不需要更换。密封表面需要用直尺和厚薄规来检查其平整度，如果密封表面只有轻微的不平整，可以用打磨法取平，如果损伤严重，则需要直接更换。

冷却液和机油通常也会在进气歧管衬垫处发生泄漏，此时就需要移出进气歧管，并且检查密封表面，以更换进气歧管衬垫。

**（二）排气系统及排气净化装置检修**

**1. 曲轴箱强制通风系统的测试**

若曲轴箱强制通风（PCV）系统工作不正常，则会加速零件磨损，缩短发动机的寿命，还会引起发动机不易起动、怠速不稳、加速无力或耗机油等故障。因此，当汽车出现上述故障时，需对 PCV 系统进行测试，为故障诊断提供依据。

测试 PCV 系统工作是否正常，一般可用转速下降法或真空测试法。

（1）转速下降法

接上转速表，使发动机达到正常工作温度，在怠速情况下，夹住 PCV 阀与真空源之间的管路，发动机转速应下降 50 r/min 或更多。否则，要检查 PCV 阀和管路是否堵塞，必要时进行清洗或更换。

(2) 真空测试法

① 使发动机在正常工作温度下怠速运转，将 PCV 阀从气门室盖上拔下。拔下 PCV 阀后，应能听到空气流过时产生的"咝咝"声。手指放在 PCV 阀的进气口上，应感到很强的真空吸力。

② 装好 PCV 阀，将曲轴箱通风孔或机油加油口盖取下。在发动机处于怠速运转时，将一张轻薄的硬纸轻轻放在开口上，在 60 s 内，应能感觉到真空将纸吸附在开口上。

③ 熄灭发动机，取下 PCV 阀，摇动 PCV 阀应听到"咯咯"声，否则更换该 PCV 阀。

上述测试结果如果都正确，则说明 PCV 系统工作正常；若任一项测试结果不正确，则需要更换相应元件并重新测试。

**2. 燃油蒸发控制系统检修**

(1) 一般诊断方法

检查各连接管路是否破损、漏气、堵塞或连接松动，必要时更换连接软管；检查系统电路连接是否松动、接线端是否腐蚀、绝缘部分是否磨损，若碳罐电磁阀和相关电路有故障，系统会提示故障码；检查活性碳罐壳体有无裂纹、底部进气滤芯是否脏污，必要时更换碳罐或滤芯，一般汽车每行驶 20 000 km，应更换活性碳罐底部的进气滤芯。

(2) 就车检测

① 将发动机预热至正常工作温度，并使之怠速运转。

② 拔下蒸气回收罐上的真空软管，检查软管内有无真空吸力。若燃油蒸发控制系统工作正常，在发动机怠速运转中电磁阀应关闭、真空软管内无真空吸力。如果此时真空软管内有真空吸力，则用万用表电压挡检查电磁阀线束连接器端子上是否有电压。若有电压，说明 ECU 有故障；若无电压，则说明电磁阀有故障。

③ 踩下加速踏板，当发动机转速大于 2 000 r/min 时，检查上述真空软管内有无真空吸力。若真空软管内有真空吸力，则说明该系统工作正常；若真空软管内无真空吸力，则用万用表电压挡检查电磁阀线束连接器端子上是否有电压。若电压正常，说明电磁阀有故障；若电压异常，则说明 ECU 或控制线路有故障。

(3) 真空控制阀的检查

如图 4-15 所示，从活性碳罐上拆下真空控制阀，用手动真空泵由真空管接头给真空控制阀施加约 5 kPa 真空度时，从活性碳罐侧孔吹入空气应畅通；不施加真空度时，吹入空气则不通。若不符合上述要求，应更换该真空控制阀。

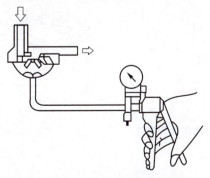

图 4-15　真空控制阀的检查

(4) 控制电磁阀的检查

发动机不工作时,拆开控制电磁阀线束连接器,测量的控制电磁阀两端子间电阻值应符合维修手册规定值;或者拆开控制电磁阀进气管一侧的软管,用手动真空泵由软管接头给控制电磁阀施加一定真空度,控制电磁阀不通电时应能保持真空度,若令控制电磁阀接通蓄电池电压,真空度应释放。若不符合上述要求,则应更换该控制电磁阀。

(5) 检查活性碳罐并清洁滤清器

使用手动真空泵,将低压空气吹入油箱接管,空气应无阻碍地从其他管子中流出。将低压空气吹入排污接管,空气应不能从其他接管中流出,如图 4-16 所示。若有问题,则需更换活性碳罐。

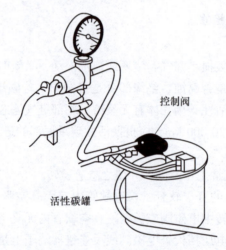

图 4-16 活性碳罐的检查

活性碳罐滤清器的清洁可按照图 4-17 所示的方式来进行,先堵塞排污管,然后将 294 kPa 的压缩空气吹入油箱接管即可。若活性碳罐滤清器沾有油污、沙粒、灰尘并发生脏堵,则应及时更换滤芯,方法如图 4-18 所示。

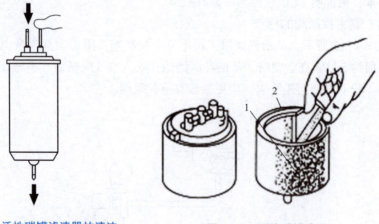

图 4-17 活性碳罐滤清器的清洁　　　图 4-18 更换碳罐滤芯

1—罐底;2—滤芯

① 拆下活性碳罐。

② 卸下罐底的卡环及托杆，拉出旧的滤芯。

③ 更换新滤芯，装复罐底。

④ 用卡箍将活性碳罐固定。

⑤ 正确连接好全部软管。

**3. 废气再循环控制系统的检修**

（1）一般检查

在冷机起动后，立即拆下 EGR 电磁阀（即废气再循环真空电磁阀）上的真空软管，发动机转速应无变化，用手触试真空软管口应无真空吸力；发动机温度达到正常工作温度，发动机怠速运转时按上述方法检查，其结果应与冷机时相同；发动机在正常工作温度下，若将转速提高到 2 500 r/min 左右，折弯真空软管并从 EGR 电磁阀上拆下软管，发动机转速应有明显提高（因中断废气再循环）。若不符合上述要求，说明 EGR 电磁阀控制系统工作不正常，应查明故障原因，予以排除。

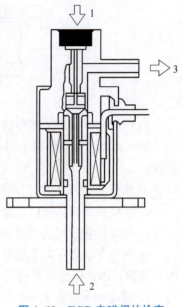

（2）EGR 电磁阀电阻值的检查

在常温下测量 EGR 电磁阀的电阻值，一般应为 33～39 Ω。如图 4-19 所示，EGR 电磁阀不通电时，从进气管软管接头吹入空气应畅通，从通大气滤网处吹入空气应不通。当给 EGR 电磁阀接通蓄电池电源电压时，吹气通畅情况应与上述相反。若不符合上述要求，则应更换该 EGR 电磁阀。

**图 4-19　EGR 电磁阀的检查**

1—通大气滤网；2—进气管软管接头；
3—EGR 电磁阀软管接头

（3）用手动真空泵检查 EGR 电磁阀

EGR 电磁阀的结构如图 4-20 所示，通过特殊通道使排气歧管连通，其真空管上方的真空度由 EGR 电磁阀控制。ECU 根据转速、空气流量、进气压力以及温度信号，控制真空 EGR 电磁阀的占空比，从而控制 EGR 的开度来改变废气再循环率。EGR 电磁阀的检查如图 4-21 所示，用手动真空泵给 EGR 电磁阀膜片上方施加约为 15 kPa 的压力。

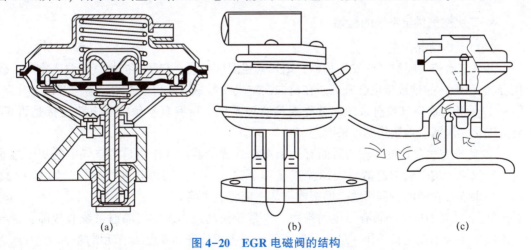

(a)　　　　　　　(b)　　　　　　　(c)

**图 4-20　EGR 电磁阀的结构**

（a）剖面图；（b）外形图；（c）气流走向

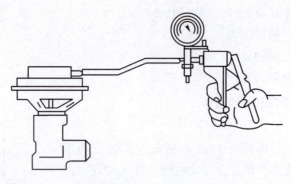

图 4-21 EGR 电磁阀的检查

(4) 废气再循环装置检修

废气再循环装置故障会导致发动机怠速不稳或污染排放物增加。在检修时可遵循以下步骤：

① 废气再循环装置工作状态检查。

a. 起动发动机，并以怠速运转。

b. 用手按住废气再循环阀膜片，检查 EGR 电磁阀有无动作。

c. 在冷车状态下踩下加速踏板，使发动机转速上升至 2 000 r/min 左右，此时 EGR 电磁阀未开启，因此应感觉不到膜片的动作。

d. 当冷却水温高于 500 ℃时，踩下加速踏板，使发动机转速上升至 2 000 r/min 左右，此时电磁阀已开启，因此应能感觉到膜片的动作。

若电磁阀不能按照上述规律动作，则说明该装置有故障。

② 废气再循环阀的检查。

a. 起动发动机，使其怠速运转。

b. 拔下连接电磁阀和废气调整阀的真空软管。

c. 用手动真空泵对废气再循环膜片室施加约 19.95 kPa 的真空度，此时，若发动机怠速性能变差，甚至熄火，说明电磁阀工作正常；若发动机运转性能无变化，说明电磁阀损坏，应更换。

**4. 二次空气供给系统的检修**

(1) 工作情况检查

如果二次空气喷射系统发生故障，则发动机温度升高，它便不向排气口泵入空气，碳氢化合物（HC）的排放量也会升高。在对二次空气喷射系统进行检查时，需注意以下几点。

① 诊断二次空气喷射系统，首先要检查该系统上所有真空软管和电路连接是否正常，有无老化、泄漏、连接松动等情况。

② 此外空气泵在皮带轮的后面有一个离心式滤清器，其作用是将空气中的灰尘过滤后送入空气泵。皮带轮与滤清器用螺栓连接在泵轴上，可分别对其进行检修，如图 4-22 所示。如果皮带轮或滤清器弯曲、磨损或损坏，应将其更换。

③ 空气泵的皮带必须有一定的张力。皮带轮松动或二次空气喷射系统有故障，会导致二次喷射系统不能正常工作，最终导致废气中有害成分升高或燃油消耗增加。

④ 二次空气喷射系统泄压阀的作用是在系统堵塞或阻力过大时释放压力，以防止空气

泵压力过高。泄压阀通常连接在旁通阀和分流阀上，也有的连接在空气泵上。如果泄压阀卡在开启位置，来自空气泵的空气流将通过该阀连续排出，导致有害气体的排放量增加。

⑤ 如果二次空气喷射系统中的软管有烧坏的迹象（这是高温排气进入造成的），则说明单向阀有泄漏故障。

⑥ 空气歧管和管道的泄漏会导致废气漏出，并产生大量噪声。

⑦ 发动机低温起动后，拆下空气滤清器盖，应能听到舌簧阀发出的"嗡嗡"声。

⑧ 从空气滤清器上拆下二次空气供给软管，用手指盖住软管口检查，应符合下列要求：发动机在 18 ℃ ~ 63 ℃ 急速运转时，有真空吸力；发动机温度在 63 ℃ 以上，起动后 70 s 内应有真空吸力，起动 70 s 后应无真空吸力；发动机转速从 4 000 r/min 急减速时，应有真空吸力。检查结果若与上述不符，说明二次空气供给系统工作不正常，应进一步检查。

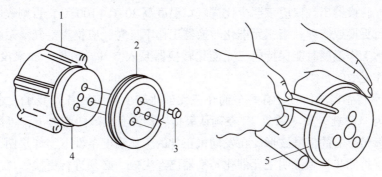

图 4-22　空气泵皮带轮与离心式滤清器

1—空气泵；2—皮带轮；3—带轮螺栓；4, 5—滤清器

（2）检查二次空气控制阀

拆下二次空气控制阀，从空气滤清器侧软管接头吹入空气应不漏气；用手动真空泵从真空管接头施加 20 kPa 的真空度，从空气滤清器侧软管接头吹入空气应通畅。若不符合上述要求，说明膜片阀工作不良，应检修或更换。用手动真空泵从真空管接头施加 20 kPa 的真空度，从排气管接头吹入空气应不漏气，否则说明舌簧阀密封不良，应更换。

（3）检查二次空气电磁阀

测量二次空气电磁阀电阻值，正常值应为 36 ~ 44 Ω。拆开二次空气电磁阀上的软管，电磁阀不通电时，从进气管侧软管接头吹入空气应不通，从通大气的滤网处吹入空气应畅通。当给电磁阀接通蓄电池电源电压时，吹气通畅情况应与上述相反。若不符合上述要求，则应更换该二次空气电磁阀。

**5. 三元催化转换器、氧传感器的检修**

（1）三元催化转换器的检修

三元催化转换器（简称 TWC）一般不需要定期维护，但装有三元催化转换器的车辆要长久地保持良好的排放就必须按要求使用。尤其注意严禁使用含铅汽油，以防止因催化剂"铅中毒"而失效；TWC 固定不牢或汽车在不平路面上行驶时的颠簸，容易导致 TWC 中的催化剂载体损坏；装用蜂巢型 TWC 的汽车，一般每行驶 80 000 km 应更换 TWC 芯体；装用颗粒形 TWC 的汽车，当其颗粒形催化剂的重量低于规定值时，应全部更换。

① 三元催化转换器的外观检查。三元催化转换器若出现破裂、碰伤、失效或堵塞，将

造成发动机动力性下降、燃油消耗量增大、排放性能恶化等现象。在对三元催化转换器进行检查时，首先要将汽车升起，观察催化转换器是否有隆起、变形、泄漏、裂纹，以及各连接件是否牢固，拍打并晃动催化转换器，听其内部是否有物体移动的声音、排气管是否有颗粒状物质排出，若有，则说明催化器内部载体破碎，需要更换催化器。若催化器表面有凹陷，则说明其载体可能受到损伤。若三元催化转换器外壳上有严重的褪色斑点或略有青色或紫色的痕迹，隔热罩上有明显的暗灰斑点，则说明其曾处于过热状态，应做进一步检查。

② 三元催化转换器的测试。若检查三元催化转换器的外观没有问题，则可用以下三种方法对其进行测试。

a. 测试三元催化转换器进气口和出气口的温度。三元催化转换器工作过程中的氧化反应会产生大量的热，因此可以通过检测其进气口和出气口的温度差来判断其性能的好坏。正常情况下三元转换器出气口应该至少比进气口温度高 30 ℃～100 ℃，否则表明该转换器工作不良，应进行更换或修理。当三元催化转换器工作不良时，应检查空气泵系统，以确保在发动机处于正常工作温度时能保持向三元催化转换器泵入空气。另外，如果没有出现空气流，也会使其工作无效。

b. 测试氧传感器的信号。有些车辆在三元催化转换器前后各安装了一个加热型氧传感器，分别称为"前氧"和"后氧"。在确认氧传感器没有故障的前提下，可以用双通道示波器获取两个氧传感器的信号波形。在发动机正常的工作温度条件下，如果两个氧传感器的信号波形变化保持同步，则说明三元催化转换器已经失效，必须进行更换。

c. 测试尾气排放。某些汽车在三元催化转换器前的排气系统中，有一个可插入废气分析仪探测头的连接装置。当发动机怠速运转、变速器在空挡时，把分析仪的探测头插入排气尾管，通过检测三元催化转换器前、后废气中的有害气体量，来判断催化转换器的有效性。若三元催化转换器前、后测得的读数相同，则说明催化转换器已失效，应进一步查明原因，然后再进行维修或更换；或者直接将读数与维修手册中的数据进行对比，若在允许的范围内，则说明三元催化转换器仍在工作，若一个或两个（HC 和 CO）读数超过规定，则说明三元催化转换器可能已经失效。

（2）氧传感器的检修

氧传感器的失效原因主要有两种：一是已过使用期限；二是铅中毒、二氧化硅中毒或积炭等。对氧传感器通常做以下两项检查。

① 热型氧传感器加热器电阻的检查。对于热型氧传感器，拔下线束插头，用万用表电阻挡测量加热器接线柱与搭铁接线柱之间的电阻值，应符合维修手册规定；若不符合，则应更换该氧传感器。例如：丰田凌志 LS400 轿车氧传感器加热器线圈，在 20 ℃ 时电阻值应为 5.1～6.3 Ω。

② 氧传感器输出信号检查。连接好氧传感器线束连接器，使发动机以较高转速运转，将氧传感器工作温度加热到 400 ℃ 以上时再维持怠速运转。然后反复踩动加速踏板，并测量氧传感器输出信号电压。在加速工况时，应输出高电压信号（0.75～0.90 V）；而在减速工况时，则应输出低电压信号（0.10～0.40 V）。若不符合上述要求，则需更换该氧传感器。

**6. 排气系统检查**

排气系统的大多数部件，特别是前排气管、消声器和尾管都会发生锈蚀、腐蚀和裂纹，卡箍和悬吊的破坏与松动将使部件脱离或在汽车行驶时撞击地面。

**注意**：如果发动机一直运转着，排气系统各部件会非常热。检查和维修排气系统时，一定要戴上安全眼镜。

排放的气体中含有CO，它能使人窒息，从而导致疾病和死亡。排气系统泄漏对消费者和技术人员是极其危险的。

检查中要注意倾听是否有排气系统泄漏发出的声音。将汽车举升起来，检查排气系统是否存在以下损坏：

① 穿孔，排气管路损伤、连接脱离，消声器焊缝鼓胀。
② 扭曲和凹陷。
③ 变色、生锈、腐蚀软化等。
④ 撕裂、破裂或悬吊和卡箍丢失。
⑤ 尾管或其他部件丢失。
⑥ 催化转换器因过热使壳体变成蓝色或褐色。

### 7. 更换排气系统部件

对排气系统进行作业之前，一定要确定排气系统已经冷却到可以接触的程度。有些技师在开始作业之前不会拆开蓄电池的负极电缆，以防电路系统发生短路。用好的渗透油浸润生锈的螺栓、螺母和其他需要拆卸的部件，最后检查将要安装部件的空间是否合适。

排气系统作业的主要内容是更换部件，在更换部件时，一定要使用与原来部件尺寸一样的新部件，确保安装正确及对正，并确保噪声水平符合有关规范的规定。

### 8. 排气歧管的维修

排气歧管自身很少出现问题，只是偶尔会由于过热而出现变形，可用直尺和厚薄规检查排气歧管的机械加工面。

裂纹是由于发动机温度过高导致的，经常在车辆通过大的水坑或向排气歧管高温表面溅水后出现。如果排气歧管的变形超过厂家的规定或者出现裂纹，就必须更换排气歧管。此外，还要检查排气歧管是否存在塌陷迹象，如果存在，则要进行修理（应按照汽车维修手册的指导进行修理）。

**注意**：如果在排气歧管中装配有热氧传感器，若排气歧管有裂缝，会使少量空气进入排气歧管，该空气会影响氧传感器信号，并导致控制模块输出空燃比过浓。

### 9. 更换排气系统泄漏衬垫和密封垫

最有可能发生泄漏的部件是位于排气歧管和排气管之间的衬垫与密封垫，如图4-23所示。安装排气衬垫时，要认真按照衬垫包装标签说明书上的要求进行，在开始安装之前要通读每一步安装说明，应重视原厂家维修手册中关于影响发动机密封的建议和要求。如果在排气歧管很热时就进行拆卸，则很容易使之变形，而且金属受热膨胀后将使固定螺栓很难拆卸，容易损坏。

为了更换排气歧管衬垫，应先按相反的顺序拧松各个螺栓，再重复以上顺序拆卸螺栓，将部件发生变形的可能性降到最低。排气歧管的螺柱和螺母由于高热经常会生锈（图4-24），为了避免损坏气缸盖上的螺柱，在拆卸时应对其进行加热。

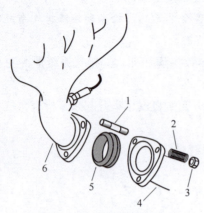

图 4-23 前排气歧管及其衬垫
1—螺柱；2—弹簧；3—螺母；4—前尾管；
5—衬垫；6—排气歧管

图 4-24 加热即将拧松的生锈螺柱

任何遗留在密封表面的旧衬垫残留物都会增大泄漏的可能性，好的衬垫拆卸装置能够快速用刮刀和钢丝刷去掉旧衬垫软化后的残留物和附着物。从铝制部件表面去掉衬垫材料时，一定要使用非金属刮刀。

检查排气歧管是否存在会引起泄漏的沟槽、刮伤或裂缝，如果存在裂缝或严重变形，应更换排气歧管。将排气歧管接合面上的不平整处辗平，保证密封良好。

由于受到高温的影响，故需要修整所有的螺纹孔、螺柱和紧固螺栓，以保证拧紧，并能平衡作用在衬垫上的夹紧力。用抗高温防胶合剂润滑螺纹，用少量的黏合剂将衬垫固定在安装位置，在黏合剂干透之前将衬垫对正，在干透后安装进气歧管。

用手装上螺栓，按照维修手册或衬垫说明书上规定的拧紧力矩分三步拧紧螺栓，第一步拧紧到规定力矩的一半，第二步拧紧到 3/4，第三步完全拧紧。拧紧的顺序应从排气歧管中央开始，按照对角顺序向外逐个拧紧。

更换损坏的前排气管时，先将催化转换器支撑好，以免掉落。如果有氧传感器，应小心地将其拆下。拆卸将排气管固定在车架上的所有悬吊或卡箍，再将排气管和排气歧管的固定螺栓卸下。拆排气管时，应检查是否有衬垫，如果有，将其丢弃并更换新的衬垫。一旦将排气管和排气歧管分离，衬垫就失效了。

大多数排气系统采用凸缘或插接器连接，并用卡箍将排气管和消声器固定，而很少采用焊接连接。如果汽车的排气系统是焊接连接的，则用钢锯或割管器将排气管接合处割断，并将新排气管焊接到消声器上，可以使用合适的接管将排气管和消声器连接起来，接管插入消声器的长度至少为 50.8 mm。

**注意**：操作者要戴上护眼罩以保护眼睛，戴上工作手套以防锈蚀部件划伤手。

更换排气系统的部件时，可能会遇到部件锈蚀在一起的情况，这在一段排气管插接到另一段排气管或消声器中时是经常遇到的问题。如果想要再利用部分旧管，则在用冷凿或錾子（图 4-25）处理锈蚀在一起的外管时要特别谨慎，否则很容易损坏内管。另外必须很好地恢复内管的圆度，以使其能够与新管很好地密封。

将新管插在旧管上，使排气系统的其余部分就位，将新、旧管件插入一定深度并对正，

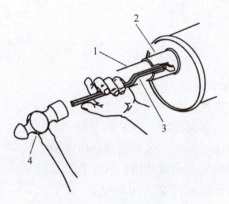

图 4-25 使用排气管錾子
1—内管；2—外管；3—錾子；4—榔头

然后在新管（外管）上装上 U 形卡箍，使其连接得更加牢固。

**注意**：一定不要让排气系统的部件与车身、燃油管、燃油箱或制动管的任何部分直接接触，否则会发出"咔嗒咔嗒"的噪声或者损坏其他部件。

## 二、任务实施

### 项目1　进气系统维护

**1. 项目说明**

进气系统工作的好坏直接影响着发动机的工作状况，我们都知道发动机做功是靠燃油在气缸中燃烧来实现的，而要达到充分的燃烧效果，燃油和空气的比例一定要配比好，这就是我们常说的空燃比。如果进气系统保养维护得不好，会对进气起到一定的阻碍作用，使空气不能充分地进入气缸，空燃比就会偏离理论空燃比，导致发动机怠速不稳、喘抖、加速不畅、油耗及排放增加等。因此，技术人员要定期对发动机进气系统进行维护和保养。

**2. 技术要求与标准**

① 学员需在 45 min 内完成此项目。

② 技术标准如下。

a. 按汽车使用手册要求对进气系统进行维护和保养。

b. 每 30 000 km 要更换空气滤清器滤芯和座舱空气滤清器滤芯。

**3. 设备器材**

① TU5JP4 发动机汽车一辆。

② 空气滤芯。

③ 常用工具一套。

④ 棉纱等。

**4. 作业准备**

① 汽车准备。　　　　　　　　　　　　　　　□ 任务完成

② 工具准备。　　　　　　　　　　　□ 任务完成
③ 仪器准备。　　　　　　　　　　　□ 任务完成
④ 记录单准备。　　　　　　　　　　□ 任务完成

**5. 操作步骤**

（1）清洁曲轴箱通风装置

① 拆下曲轴箱通风管、金属滤网、PCV 阀。

② 用化油器清洗剂清洗通风管、金属滤网、PCV 阀。

③ 用压缩空气吹干通风管、金属滤网、PCV 阀。

④ 安装金属滤网和曲轴箱通风管、PCV 阀。

（2）清洁进气压力传感器集油罐（TU3JP/K、TU5JP/K 车型）

① 拆下进气压力传感器集油罐和管路。

② 用化油器清洗剂进行清洁。

③ 用压缩空气吹干。

④ 安装进气压力传感器集油罐和管路。

（3）清洁空气滤清器

① 打开机舱盖，如图 4-26 所示。

图 4-26　打开机舱盖

② 清洁空气滤清器及发动机上部的灰尘，如图 4-27 所示。

图 4-27　清洁机舱盖及发动机上的灰尘

③ 拆卸进气管，如图 4-28 所示。

④ 卸下空气滤清器盖上部的固定螺栓，如图 4-29 所示。

图 4-28 拆卸进气管

图 4-29 拆卸空气滤清器盖上部固定螺栓

⑤ 拆卸滤清器盖，取出空气滤芯，如图 4-30 所示。

⑥ 仔细清洗空气滤清器内部，取出砂粒、杂物和废屑。检查滤清器内是否有裂缝、裂孔或损坏，如图 4-31 所示。

图 4-30 拆卸空气滤芯

图 4-31 检查空气滤清器

⑦ 清洗空气滤芯，用压缩空气从滤芯内部向外吹，将灰尘吹净，如图 4-32 所示。

⑧ 正确安装空气滤芯、空气滤清器盖，并拧紧固定卡圈、螺钉等，如图 4-33～图 4-35 所示。

图 4-32 清洗并吹干空气滤芯

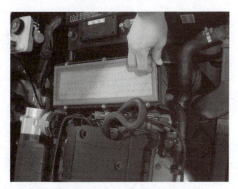
图 4-33 安装空气滤芯

图 4-34 安装空气滤清器盖

图 4-35 拧紧空气滤清器

(4) 清洁座舱空气滤清器（依车型而定）
① 清洁座舱空气滤清器外部和集风口格栅。
② 拆下座舱空气滤清器。
③ 清洁座舱空气滤清器座和座舱空气滤清器滤芯（用压缩空气）。
④ 装上座舱空气滤清器。

**注意**：压缩空气吹气方向与进气方向相反。

(5) 更换空气滤清器滤芯
① 打开机舱盖，如图 4-26 所示。
② 清洁空气滤清器及发动机上部的灰尘，如图 4-27 所示。
③ 拆卸进气管，如图 4-28 所示。
④ 卸下空气滤清器盖上部的固定螺栓，如图 4-29 所示。
⑤ 拆卸滤清器盖，取出空气滤芯，如图 4-30 所示。
⑥ 仔细清洗空气滤清器内部，取出砂粒、杂物和废屑。检查滤清器内是否有裂缝、裂孔或损坏，如图 4-31 所示。
⑦ 更换新的空气滤芯，正确安装空气滤芯、空气滤清器盖，并拧紧固定卡圈、螺钉等，如图 4-33～图 4-35 所示。

(6) 更换座舱空气滤清器（依车型而定）
① 清洁空气滤清器外壳。
② 拆下座舱空气滤清器。
③ 清洁座舱空气滤清器座和集风口格栅。
④ 装上新的座舱空气滤清器。

**注意**：更换空气滤清器时，应使用合格品，使用不符合规格的空气滤清器会使发动机内部及传感器发生故障。

即使发动机内部吸入少量的灰尘，也会磨损发动机并缩短它的寿命。因此，应随时检查滤清器并根据其状态决定是否更换。

检查并确认滤清器和滤清器罩垫的损坏程度，盖好空气滤清器盖，防止灰尘进入。

拆卸空气滤清器后驾驶车辆，发动机可能会着火。

检查及维修空气滤清器时，要避免空气滤清器受到冲击或进入灰尘及异物。

分离空气滤清器时,防止灰尘或杂物进到吸气口。

**6. 记录与分析**

进气系统维护作业表见表 4-1。

表 4-1 进气系统维护作业表

| 学生姓名 | | 发动机型号 | |
|---|---|---|---|
| 项　　目 | 作业记录 | 项目实施情况 | 备　　注 |
| 曲轴箱通风装置检查及清洁 | | | |
| 进气压力传感器检查及清洁 | | | |
| 空气滤清器清洁 | | | |
| 座舱空气滤清器清洁 | | | |
| 更换空气滤芯 | | | |
| 更换座舱空气滤芯 | | | |
| 处理意见 | | | |

## 项目2　排气系统维护

**1. 项目说明**

随着世界各国对保护生态环境的日趋重视,由汽车所造成的环境污染越来越引起人们的普遍关注,各国的废气排放标准也更加严格,这导致人们在制造和使用汽车的过程中更加注重废气排放标准。排气系统工作的好坏不仅直接影响着发动机的工作状况,而且还关系到废气排放的好坏。因此,技术人员要定期对发动机进气系统进行维护和保养。

**2. 技术要求与标准**

① 学员需在 45 min 内完成此项目。
② 技术标准。按汽车使用手册要求和汽车维护标准对排气系统进行维护和保养。

**3. 设备器材**

① 东风雪铁龙汽车一辆。
② 温度计一只。
③ 常用工具一套。
④ 棉纱等。

**4. 作业准备**

① 汽车准备。　　　　　　　　　　　□ 任务完成
② 工具准备。　　　　　　　　　　　□ 任务完成
③ 仪器准备。　　　　　　　　　　　□ 任务完成

④ 记录单准备。　　　　　　　　　　　　　　　□ 任务完成

**5. 操作步骤**

（1）曲轴箱通风装置的维护

要定期检查曲轴箱通风装置的连接软管是否老化或产生裂纹，若损坏，应在紧固连接处更换。二级维护时要使用煤油彻底清洗通风阀（PCV 阀）及油气分离器或更换滤芯，确保发动机通风顺畅、工作正常。

若在曲轴箱通风的管路上装有单向阀（即通常说的 PCV 阀），则它在更新曲轴箱内气体和降低机油消耗方面有重要作用。

① 强制式曲轴箱通风系统检查。

a. 从强制式曲轴箱通风阀上拆下通气软管，如图 4-36 所示。

b. 起动发动机，怠速运转。

c. 将手指压在曲轴箱通风阀开口，依感觉确认进气管真空度（手指是否受到吸引作用），如图 4-37 所示。

图 4-36　拆卸通气软管

图 4-37　用手感受进气管真空度

**注意**：此时曲轴箱通风阀的柱塞会前后移动。

e. 如果未感觉到真空，应清洁或更换曲轴箱通风阀。

② 强制式曲轴箱通风阀的检查。

a. 在如图 4-38 所示（从摇臂盖安装侧）的位置插入细棒到通风阀，前后移动细棒以检查柱塞的移动状况。

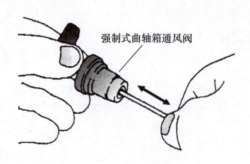
图 4-38　检查柱塞移动情况

b. 如果柱塞未移动，则表示通风阀有阻塞，应清洁或更换通风阀。

（2）三元催化转换器的维护

① 三元催化转换器的外观检查。

在对三元催化转换器进行检查时，首先要将汽车升起，观察三元催化转换器是否有隆起、变形、泄漏、裂纹，以及各连接件是否牢固；拍打并晃动三元催化转换器，听其内部是否有物体移动的声音，排气管是否有颗粒状物质排出，若有，则说明其内部载体破碎，需要更换催化器，如图4-39和图4-40所示。

 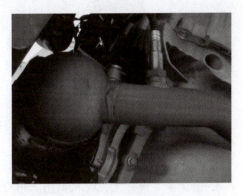

图4-39 检查三元催化器外观（一）　　图4-40 检查三元催化器外观（二）

② 三元催化转换器的测试。若检查三元催化转换器的外观没有问题，则可以测试三元催化转换器进气口和出气口的温度。正常情况下三元催化转换器出气口应该至少比进气口温度高30℃~100℃，否则表明该转换器工作不良，应进行更换或修理，如图4-41和图4-42所示。

图4-41 检查进气口温度　　图4-42 检查出气口温度

（3）排气管的维护

① 应定期清除排气管内部的积炭和胶质。可用钢丝刷或钝口刮刀刮除，再用压缩空气吹干净，如图4-43所示。

② 排气管如有裂纹、缺口，应焊修。检查排气管与气缸盖接合表面的变形情况，不平度不得超过0.10 mm，否则应予以修磨。

③ 排气管拆装与检修要点如下。

a. 拆卸排气管防护罩，如图 4-44 所示。

图 4-43 清除排气管积炭和胶质

图 4-44 排气管防护罩

**注意**：排放系统的任何维护工作都要在其冷却后着手进行，以免烫伤。

b. 拆卸排气管。

c. 拆卸排气管衬垫，如图 4-45 所示。

d. 检查排气管有无裂纹和损伤。用直尺和千分尺测量接触面平面度，规定值小于 0.15 mm，极限值为 0.30 mm。

e. 安装衬垫和排气管，拧紧螺栓力矩为 25~30 N·m。

f. 安装防护罩。

（4）氧传感器的检测（氧化锆式）

① 测量加热电阻：检测氧传感器线束插头中加热器接线柱与搭铁接线柱之间的电阻，如图 4-46 所示。

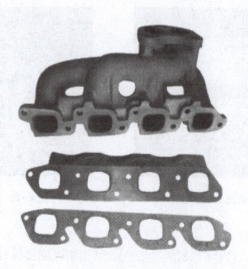
图 4-45 排气管及衬垫

② 测量电源电压，如图 4-47 所示。

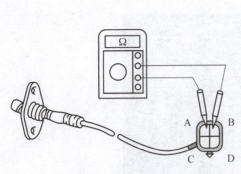
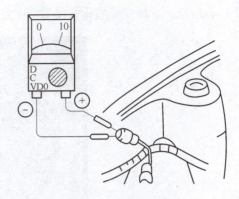

图 4-46　测量加热电阻　　　　　图 4-47　测量电源电压

③ 测量氧传感器的反馈电压：起动发动机，检测氧传感器反馈输出端的电压。

**6. 记录与分析**

排气系统维护作业表见表 4-2。

表 4-2　排气系统维护作业表

| 学生姓名 | | 发动机型号 | |
|---|---|---|---|
| 项　目 | 作业记录 | 项目实施情况 | 备　注 |
| 曲轴箱通风系统检查 | | | |
| 曲轴箱通风系统测试 | | | |
| 三元催化转换器检查 | | | |
| 三元催化转换器测试 | | | |
| 排气管的检查 | | | |
| 氧传感器的检查 | | | |
| 氧传感器的测试 | | | |
| 处理意见 | | | |

## 三、故障案例

### 案例 1　三元催化转换器堵塞，造成发动机加速不良，行驶无力

**1. 涉及车型**

东风雪铁龙世嘉轿车。

**2. 故障现象**

发动机加速不良，行驶无力，故障灯不点亮。

**3. 故障诊断**

拆卸排气管（带三元催化转换器），发现三元催化转换器的蜂窝载体有堵塞现象，如

图4-48所示。更换三元催化转换器后，故障不再出现。

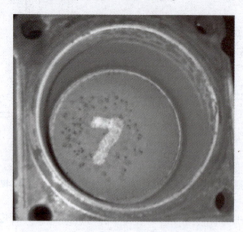

图4-48　堵塞后的三元催化转换器

**4. 故障分析**

三元催化转换器堵塞是一个很普遍的问题，特别是针对道路拥堵城市的车辆。

（1）内在因素

三元催化转换器载体上的贵金属催化剂对硫、磷、一氧化碳、未完全燃烧物及铅、锰等分子有强烈的吸附作用，很容易形成成分复杂的化学络合物。同时贵金属催化剂的强烈氧化催化作用，使吸附的汽油不完全燃烧物更容易氧化、缩聚、聚合形成胶质和积炭，造成三元催化转换器堵塞。

（2）外在因素

① 汽油：汽油含硫量高，容易在三元催化转换器内形成化学络合物造成堵塞；油质差、胶质多的汽油，容易造成三元催化转换器堵塞。

使用含铅、锰抗爆剂的汽油，容易引起积炭、结焦，堵塞三元催化转换器。使用乙醇汽油容易在燃烧室形成积炭，同时乙醇汽油对进气系统、燃烧系统的胶质和积炭有冲洗作用，冲洗下来的胶质和积炭很容易在三元催化转换器内形成堵塞。

② 机油：长期使用含硫、磷抗氧剂的机油容易导致三元催化转换器堵塞。

③ 道路：由于汽车在加速、减速状况下产生不完全燃烧物最多，因此，长期在拥堵道路上行驶容易造成三元催化转换器堵塞。

④ 喷油嘴、进气道免拆清洗养护：由于在清洗过程中会冲洗下来大量的胶质和积炭，因此很容易造成三元催化转换器堵塞，这也是有些车辆在进行"喷油嘴、进气道免拆清洗养护"后油耗增加的原因。

⑤ 涡轮增压：带涡轮增压的车辆容易发生三元催化转换器堵塞。

（3）三元催化转换器的常见故障

三元催化转换器性能恶化：三元催化转换器芯子堵塞后排气不畅，产生过高的排气背压，使废气倒流到发动机内。包括以下现象：

① 炭灰积聚、污染。含铅汽油燃烧后会使三元催化转换器很快受到损害；机油窜入气缸燃烧后，机油中的磷和锌等物质也会污染三元催化转换器。

② 陶瓷芯子破损。热循环的长期作用、外部碰撞和挤压，都有可能使陶瓷芯子破损。

③ 陶瓷芯子熔化。三元催化转换器正常工作时，其内部的温度一般可达 500 ℃ ~ 800 ℃，出口处温度比进口处温度高 30 ℃ ~ 100 ℃。但是，混合气过浓或燃烧不完全时会使排气中的 CO、HC 浓度过高，这将加重三元催化转换器的负担，使其温度升高过多，时间过长后将导致三元催化转换器的性能恶化，甚至熔化载体。

### 案例 2　活性碳罐电磁阀故障，造成发动机起动困难

**1. 涉及车型**

东风雪铁龙爱丽舍轿车。

**2. 故障现象**

一辆东风雪铁龙爱丽舍轿车，发动机热车有时不好起动，有时需要踩加速踏板才能很困难地起动车辆，同时感觉有异味，起动后发动机转速不稳定，需要踩几脚加速踏板后才正常，冷起动一切正常。司机先到一家 4S 店维修，在该店试车时故障并没有再现，于是该 4S 店根据司机的叙述认为故障的原因是混合气偏浓，清洗了节气门体和喷油器。司机接车后，开始几天车辆状况比较正常，但过了几天故障又再次出现。

**3. 故障诊断与分析**

首先进行试车，故障没有再次出现，发动机运行良好，热车起动也非常顺利。初步推断这是一个软件故障，于是连接 V.A.G1552 故障诊断仪，调取发动机系统的故障码，有两个故障码：燃油蒸发控制系统碳罐油气流量不正确和混合气自适应过稀/偶发。清除故障码后再次试车，故障码没有再次出现。可能的原因：燃油蒸发控制系统碳罐电磁阀 N80 故障/阻塞；燃油蒸发控制系统碳罐电磁阀 N115 故障/阻塞；燃油蒸发控制系统碳罐密封故障；碳罐到节气门体之间的管路泄漏/阻塞。

连接诊断仪。进入 01-08-033 通道读取前氧传感器数据，发现在热车怠速时（水温 95 ℃，进气温度 55 ℃，发动机转速 760~800 r/min）氧传感器电压值一直在 1.54~1.58 V，相对应的短期修正也在 2%~9%，这说明此时混合气亦有可能处于一种比较稀的状态。

再进入 01-08-030 通道，查看怠速和负荷状态下的长期修正值都是 0，这说明混合气稀的程度并不是很严重，还没有到需要进行长期修正的必要。

查看空气流量计的数据，在热车怠速时为 2.6 g/s，数据处于正常值的下限，再看此时的节气门位置为 12%、87%，数据正常。

测量发动机在热车怠速时的真空度为 18.5 ~ 19 inHg（62.6 ~ 64.3 kPa），空负荷 2 000 r/min 时真空度没有下降。从真空度数据看，发动机进气系统好像没有漏气的地方。

检查碳罐电磁阀 N80 的功能。使用诊断仪，进入 01-03 通道对发动机执行器进行驱动试验。首先，驱动碳罐电磁阀 N80，此时可以听到由于燃油泵供油而出现的油流动的声音，这是因为 N80 的供电是由燃油泵继电器负责的，检测 N80 功能时燃油泵继电器自然要参与工作。但此时 N80 并没有发出期望的"嗒嗒"声，于是将 N80 的插头拆下，直接用试灯（最好用车灯泡做的试灯，不要用二极管试灯）将接线端的两个插脚短接，再次进行驱动试验，此时试灯一闪一闪，说明 N80 供电及驱动电路功能正常，问题出在 N80 上。将 N80 电磁阀拆下，用嘴吹气发现电磁阀的两端是通的，这说明 N80 电磁阀卡在了开启位置。

**4. 故障排除**

换活性碳罐电磁阀。

**5. 故障分析**

发动机之所以会报出"燃油蒸发控制系统碳罐油气流量不正确"这个故障码,就是因为 N80 长期处于打开位置。而此车由于没有进气歧管绝对压力传感器,因而发动机计算机对碳罐电磁阀性能的检测方式应该是采用以下两种方法中的一种:一是在一定条件下让碳罐电磁阀正常工作一段时间后,再让碳罐电磁阀短时间停止工作,此时通过氧传感器读数的变化来进行识别;二是通过碳罐电磁阀进入工作状态时空气流量计读数的变化来判断碳罐电磁阀的流量。

### 案例 3  废气再循环(EGR)系统故障,造成发动机抖动、熄火

**1. 涉及车型**

排量为 4.2 L 的奥迪 A6 轿车。

**2. 故障现象**

一辆奥迪 A6 轿车,用户反映,该车在行驶中经常出现松开加速踏板后发动机剧烈抖动或马上熄火的现象,车辆正常行驶时并无其他不良状况,为此该车已在多家修理厂进行过维修,但故障始终未得到解决。

**3. 故障诊断**

根据用户反映的情况,首先连接故障诊断仪 V.A.G1551 检测了发动机电控系统,但系统中无故障码存储。为了明确故障原因,又利用诊断仪读取了各传感器和各执行器的动态数据流,发现相关的一些技术参数均在规定范围内。通过以上的检查,表明故障出在发动机电控系统方面的可能性不大。

故障检查进行到此,对该车的故障做进一步的分析。一般能造成发动机怠速熄火的原因很多,如进气系统某气阀或管接头漏气,燃油系统压力不足或系统因某种原因脏堵,点火系统漏电或电火花能量不足,燃油蒸发排放控制系统漏气,以及废气再循环(EGR)系统工作不正常等。

由于该车曾在多家修理厂维修过,而各修理厂的水平又参差不齐,因此必须对很多环节加以注意,以免被一些人为因素所干扰。经过讨论,决定对以上怀疑的地方逐项进行检查。为此,先测量进气系统的真空度,测量结果在正常范围之内,说明进气系统密封正常。然后,连接油压表测量发动机在怠速工况和急加速时的燃油压力,也未发现异常,证明燃油系统应该没有什么问题。为了排除燃油蒸发排放系统出故障的可能性,暂时将燃油蒸气通道隔断,但故障依旧,至此也可以排除该系统出故障的可能性。接下来,将检测重点放到了EGR 系统上,将其切断,结果发动机马上就恢复正常了,故该车的故障就是由 EGR 系统工作异常所致。

**4. 故障排除**

根据该车 EGR 系统结构特点分析,产生故障的可能原因有两个:一是电磁阀关闭不严,从而使得进气管的真空度不受电磁阀控制而进入 EGR 阀的真空膜室将 EGR 阀打开,导致废气进入气缸参与燃烧;二是 EGR 阀关闭不严,导致废气不受 EGR 阀的控制直接进入气缸参

与燃烧。为此,首先切断电磁阀与 EGR 阀之间的真空通道,结果故障依旧,证明是 EGR 阀关闭不严。拆下 EGR 阀检查,阀门漏气,且阀门和阀座上均有积炭,正是这些积炭导致阀门关闭不严而漏气。清除 EGR 阀门及阀座上的积炭,并用研磨膏研磨,确认不漏气后装复试车,故障排除。

### 5. 故障分析

众所周知,EGR 系统的工作是受发动机控制单元控制的,发动机控制单元根据发动机转速、负荷(节气门开度)、温度、进气流量及排气温度信号,通过控制电磁阀适时的打开,使排气系统中的少部分废气经 EGR 阀进入进气系统,与混合气混合后进入气缸参与燃烧。少部分废气进入气缸参与混合气的燃烧后,降低了燃烧室中的温度,因 $NO_x$ 是在高温富氧条件下生成的,故抑制了 $NO_x$ 的生成,从而降低了废气中 $NO_x$ 的含量。

当发动机在怠速、低速小负荷及冷机工况时,发动机控制单元控制废气不参与再循环,以避免发动机性能受到影响;当发动机超过一定的转速、负荷且达到一定的温度时,发动机控制单元控制少部分废气参与再循环,且参与再循环的废气量能够根据发动机转速、负荷、温度及废气温度的不同而改变,以使废气中的 $NO_x$ 含量达到最低。一旦发动机的 EGR 系统出现故障,使得过多的废气参与再循环,将会影响发动机混合气的正常燃烧,从而影响发动机的动力性。特别是在发动机怠速、低速、小负荷及冷机工况时,这种影响尤为明显。

## 四、拓展学习

### (一)电控柴油机进、排气系统日常维护注意事项(资源 4-1)

资源 4-1 电控柴油机进排气系统日常维护注意事项

### (二)发动机的气波增压系统(资源 4-2)

资源 4-2 发动机的气波增压系统

### (三）柴油机废气微粒过滤器（资源 4-3）

资源 4-3　柴油机废气微粒过滤器

### (四）降低柴油机排气污染控制技术之采用代用燃料（资源 4-4）

资源 4-4　降低柴油机排气污染控制技术之采用代用燃料

### (五）排气净化与排放控制的措施（资源 4-5）

资源 4-5　排气净化与排放控制的措施

# 学习任务五
## 冷却系统检修

一辆某型轿车,在行驶过程中车主发现仪表盘水温指示灯点亮报警,已将车开到4S店,请你分析并解决本车故障。

通过本任务学习,应能:
1. 正确描述冷却系统主要机件的检测方法及技术要求。
2. 对冷却系统主要机件进行拆卸、检验和调整。
3. 做冷却系统维护作业。
4. 解决冷却系统的一般故障。

### ❂ 一、知识准备

#### (一) 发动机冷却系统主要部件检修

发动机冷却系统零部件功能、故障及故障现象见表5-1。

表5-1 发动机冷却系统零部件功能、故障及故障现象

| 零部件名称 | 功　能 | 零部件常见故障 | 车辆故障现象 |
| --- | --- | --- | --- |
| 散热器 | 增大散热面积,加速水的冷却 | 泄漏、堵塞 | 发动机过热 |
| 副水箱 | 承接、补充散热器内的冷却液 | 泄漏 | 发动机过热、冷却液不足 |
| 散热风扇系统 | 提高通过散热器芯的空气流速,加速冷却液的冷却 | 风扇不转、风扇转速慢、风扇叶变形或断裂 | 发动机过热 |
| 冷却水套 | 发动机内部的冷却液通道 | 气缸体裂纹、气缸垫泄漏 | 发动机过热、冷却液不足 |
| 水泵 | 对冷却水加压,加速冷却水的循环流动,保证冷却可靠 | 泄漏、泵水能力下降 | 发动机过热 |

续表

| 零部件名称 | 功能 | 零部件常见故障 | 车辆故障现象 |
| --- | --- | --- | --- |
| 水管 | 冷却液在散热器与发动机气缸体之间的通道 | 泄漏 | 发动机过热、冷却液不足 |
| 节温器 | 改变冷却液的循环流量和循环范围 | 阀门卡滞 | 发动机过热、升温慢 |

冷却系统的主要故障是发动机过热，过热现象主要有：冷却液充足但发动机过热，冷却液不足引起发动机过热，发动机突然过热等。造成这些过热现象的原因有很多，有的是由冷却系统本身造成的，有的可能是由其他系统造成的。所以，在检修的过程中，应注意区分排除。

冷却系统本身因素造成的发动机过热主要表现在：风扇传动带打滑（发动机驱动式风扇）、散热器漏水或堵塞、散热器盖阀门失效、风扇或硅油离合器损坏、节温器损坏、水泵损坏、气缸套及冷却水管漏水等。

### 1. 冷却水泵的检修

① 水泵轴承的检查。将发动机运转，察听水泵轴承有无异响；再让发动机停转，用手扳动风扇叶片，检查轴承有无松旷。若松旷量较大，说明轴承间隙已超过标准，应更换轴承。

② 水泵水封的检查。在发动机停转或运转状态下，观察水泵的泄水孔，若有冷却液泄漏现象，说明水泵水封损坏或密封不严，应予以更换。

### 2. 电动风扇的检修

当风扇叶片出现破损、弯曲变形后，应及时更换。由于风扇连接板强度不足或其他原因使风扇叶片弯曲或扭曲变形，破坏了风扇叶片原设计的角度，使其丧失平衡性能，不但会影响通过散热器的空气流速和流量，降低散热器的冷却能力，甚至会损坏散热器加速水泵轴承和水封，还会大幅度地增加风扇的噪声。

双速式电动风扇的检测内容主要为低速、高速时的打开及切断温度是否符合要求。低速挡的切断温度为 357 K~366 K（84 ℃~93 ℃）。在发动机熄火后，如散热器的温度仍高于切断温度，风扇继续运转是正常的；如果温度低于 357 K（84 ℃），风扇继续运转则是不正常的，应先检查温控开关。高速挡的切断温度为 366 K~371 K（93 ℃~98 ℃）。通过直接连接温控开关接插件内的 12 V 电源线和电机两接线，可判断出温控开关的好坏。若将这两接线头连接后风扇便开始运转，而在高温时接上温控开关接插件后风扇却不转，则为温控开关损坏，应换用新件。若将这两接线头连接后风扇仍不转，则应检查散热风扇电动机及其熔断丝等。

### 3. 散热器和散热器盖的检修（资源 5-1）

散热器在使用过程中，会因腐蚀和积垢等原因影响冷却效果。清洗散热器、去除水垢，是恢复散热器散热能力的有效方法。清洗水垢采用化学法，即利用酸或碱类物质与水垢的化学反应，生成可溶于水的物质将水垢清除。清洗时，最好采用循环法，即先用酸性溶液洗涤，再用碱性溶液冲洗中和。清洗时，除垢剂以一定的压力（一般为 10 kPa）在气缸体水套或散热器内循环，一般经 3~5 min 后即可清洗完毕。

资源 5-1 汽车发动机散热器的检修方法

发动机停止运转时，在散热器注入口装上散热器压力检测器，如图 5-1 所示。在散热器内充入 100 kPa 以上压力的压缩空气，观察压力检测器的压力下降值，若 2 min 内压力下降超过 150 kPa，则散热器盖泄漏。

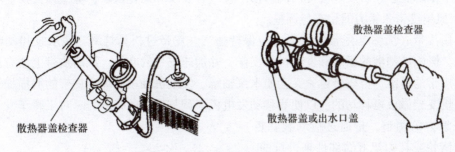

图 5-1　检查散热器盖

蒸汽阀的开启压力应在 73~103 kPa 的范围内，空气阀的开启压力应在 9.8~11.8 MPa。散热器长期使用后会产生积垢，造成散热器芯管堵塞。当散热器所有的芯管中有 1/3 堵塞时，就会对冷却液的流动造成显著影响，使发动机过热。当散热器芯管有堵塞时，可以通过对散热器进行反向冲洗将其疏通。反向冲洗需要特制的冲洗枪，将自来水管和压缩空气管（气压应小于 500 kPa）接在冲洗枪上，拆下散热器的进、出水管，把冲洗枪接在散热器的出水管上，打开水枪，将散热器内的污物从上部进水管中冲出，如图 5-2 所示。

若在冲洗之后仍不能改善散热器芯管的堵塞问题，必须拆下散热器将其送到专门的散热器维修店进行分解清洗，或更换散热器。

**4. 节温器的检查（资源 5-2）**

汽车每行驶 50 000 km 时应对节温器进行检查。方法是：将拆下的节温器放在盛有冷水的容器中，然后加热，如图 5-3 所示。记录节温器开始工作的温度以及阀门全开时的温度，并与标准值比较，以此判断节温器的性能是否正常。若不符合规定，应更换节温器。

资源 5-2　节温器的检查

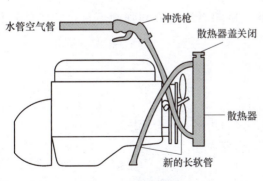

图 5-2　冲洗散热器

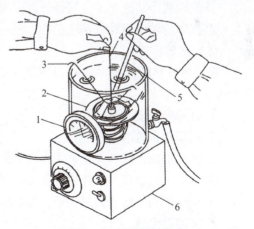

图 5-3　节温器的检查
1—温度计；2—节温器；3—金属挂钩；
4—牵线；5—搅棒；6—加热器

### 5. 风扇皮带的检查

① 风扇皮带经过长期使用后，会出现磨损、裂纹、老化等现象。检查时，调松风扇皮带，用手翻动观察，若发现皮带两侧磨损严重、有裂纹和老化现象，应予以更换。

② 风扇皮带张紧力的检查与调整。

风扇皮带（简称V形带）张紧力应保持适当。皮带过松易打滑，使水泵和发电机的转速降低，影响冷却液的循环和发电机的工作，并加速皮带的磨损。风扇皮带上沾有油垢，也会引起皮带的打滑。但皮带过紧又会使水泵轴承、发电机轴承和风扇皮带的磨损加快。通常把发电机支架做成可移动的，以便靠移动发电机来调整皮带的张紧力。对于轿车发动机风扇皮带张紧力的调整，是通过扳动装在枢轴上的惰轮或其构架上的部件来进行的。例如切诺基发动机风扇皮带张紧力的调整，是通过扳动枢轴上的发电机或动力转向泵来实现的。

图5-4所示为EQ1092型汽车发动机风扇皮带张紧力的检查与调整示意图，即用拇指施加约98 N的力于风扇V形带的中央，V形带的挠度应为10~15 mm为合适。否则，应调整发动机的固定螺栓，以调整V形带的张紧度，使之达到规定值。

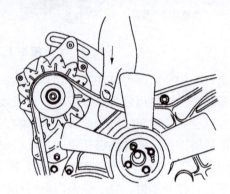

图5-4 检查风扇皮带张紧力

### （二）分析发动机冷却系统典型故障原因

#### 1. 冷却液充足但发动机过热的故障诊断

（1）故障现象

① 发动机冷却液充足，但行驶过程中发动机无力，冷却液温度超过规定值。

② 汽车行驶中发动机温度正常，但一停车冷却液立即沸腾。

（2）故障原因

发动机过热的原因一般有以下几个方面：冷却系统的冷却强度不足；发动机散热量过小。

① 百叶窗开度不足。

② 风扇皮带打滑。

③ 散热器出水胶管老化吸瘪或内壁脱层堵塞。

④ 冷却风扇装反、扇叶角度变小或新换的风扇规格不符合要求。

⑤ 电动风扇不转或转速过低，硅油风扇离合器损坏。

⑥ 节温器失效。

⑦ 水套内水垢过多，或分水管堵塞，分水不畅。

⑧ 散热器内芯管堵塞或散热片倾倒过多。

⑨ 水泵损坏。

⑩ 气缸垫烧穿，使相邻两缸串通，或气缸体、气缸盖出现裂缝，使高温高压气体进入冷却系统。

⑪ 点火时间过迟。

⑫ 混合气过稀或过浓。

⑬ 燃烧室积炭过多。

⑭ 车辆长时间大负荷工作。

（3）故障诊断与排除

① 检查百叶窗开度是否充足。若百叶窗开度不足，应检查连杆机构运动是否灵活或调整是否恰当。

② 若百叶窗开度充足，则应检查风扇转速是否太低。若风扇转速太低，则应检查风扇皮带是否过松、是否有油污、是否磨损过甚而引起打滑；检查硅油风扇离合器是否工作良好；检查电控风扇的热敏开关、直流电机、控制电路是否工作良好。

③ 若风扇转速正常，则应检查风扇的风量。其方法是：在风扇转动状态下，将一张薄纸放在散热器前面，若纸被牢牢地吸住，说明风量足够。否则应检查风扇叶片方向是否装反、风扇叶片角度是否正确、集风罩是否损坏等。

④ 若风量充足，用手触试散热器和发动机的温度。若散热器温度低而发动机温度高，说明冷却液循环不良。

⑤ 逐渐提高发动机的转速，观察散热器出水胶管是否被吸瘪。若胶管被吸瘪，则说明散热器堵塞严重，应予以清洗。

⑥ 若散热器出水管良好，则应拆下散热器的进水管，提高发动机转速，冷却液应排出有力，否则说明水泵或节温器有故障。拆下节温器时，若排水量明显增多，则应进一步检查节温器；若排水量不变，则应进一步检查水泵的工作性能、气缸体内的水垢是否过多等。

⑦ 若散热器进水管冷却液排出有力，则应检查散热器各部分温度是否均匀。如果散热器冷热极不均匀，则应检查散热器芯管是否堵塞。

⑧ 若以上检查正常，冷却液温度过高的同时，发动机动力明显下降，则应检查点火时间是否准确，混合气是否过稀或过浓，进、排气门间隙是否过大，燃烧室内积炭是否过多等。

⑨ 对于长期未清洗水垢的发动机，应检查水套内水垢是否过多。检查方法是：将冷却液全部放出，再加满冷却液并计量注入的容积。若比规定值明显减少，则减少的容积即为水垢所占容积。

⑩ 若发动机及冷却液温度正常，而冷却液温度表指示冷却液温度过高，则应检查冷却液温度表、传感器及控制电路是否正常。

当冷却液充足时，发动机过热的故障诊断流程如图5-5所示。

**2. 冷却液不足发动机过热的故障诊断**

（1）故障现象

发动机冷却系统冷却液变少，或在运行中冷却液消耗异常，使发动机过热。

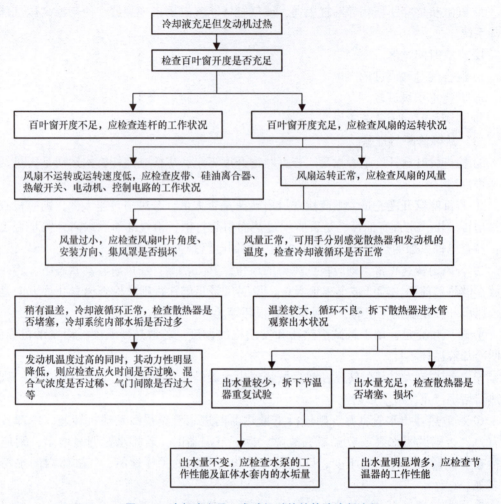

图 5-5 冷却液充足，发动机过热的故障诊断流程

(2) 故障原因

① 冷却系统水套或散热器积垢过多或堵塞。
② 散热器盖的进、排气阀失效。
③ 寒冷季节，停车时冷却液未放净而导致结冰。
④ 散热器漏水。
⑤ 水泵水封密封不良。
⑥ 冷却系统其他部位漏水。
⑦ 气缸垫烧蚀。
⑧ 进气道破裂漏水。

(3) 故障诊断与排除

首先检查冷却系统的冷却液容量。若冷却液液位正常，则应考虑冷却系统内的水垢是否过多。

① 冷却液液位过低，应检查冷却系统是否有漏水部位。若有渗漏部位，应紧固或更换有关部件。

② 加足冷却液，起动发动机，观察散热盖的密封状况。若散热器盖四周有冷却液溢出，应检查散热器盖的工作状况。

③ 若冷却系统外部无漏水部位，则应检查冷却系统有无内漏现象。

④ 拆下风扇皮带，使水泵停止转动，起动发动机并以低速运转，在散热器加注口处观察是否有气泡出现；检查排气管处的发动机尾气是否呈水气状；检查发动机是否有工作不良的气缸；拆下工作不良缸的火花塞，检查火花塞电极处是否有水珠。若有上述现象存在，则应检查发动机的气缸垫是否损坏、水套与气缸间是否相通。

⑤ 拔出油尺，检查是否有水，同时检查冷却液中是否有油珠出现。若机油中掺入水分，且冷却液中有油珠出现，则应检查气缸垫是否损坏。

⑥ 寒冷季节，应注意检查散热器、冷却系统水套是否结冰。

### 3. 发动机突然过热的故障诊断

（1）故障现象

① 汽车行驶中，水温表指针很快指示到最高温度位置。

② 发动机冷起动后，冷却液温度迅速升高并产生沸腾现象，加足冷却液后转为正常。

（2）故障原因

① 风扇皮带断裂或发动机固定支点松动移位。

② 节温器主阀门脱落。

③ 水泵轴与叶轮松脱。

④ 冷却系统严重漏水。

⑤ 气缸垫损坏，水套与气缸相通，高压气体进入水箱。

⑥ 风扇离合器失灵。

（3）故障诊断与排除

当汽车在行驶中发动机突然过热，且冷却液沸腾时，应使发动机怠速运转散热 5 min，待冷却液温度下降后，再补加冷却液。若发动机自行熄火，则应立即用起动机带动发动机运转，以防高温时活塞黏缸。

① 汽车在行驶途中，温度突然过高，可同时观察电流表或充电指示灯的状态。若电流表同时指示不充电或充电指示灯常亮，说明水泵皮带断裂，使发动机和水泵同时不工作，应进行更换。

② 停车后检查冷却风扇转动是否正常。若为硅油离合器或电磁离合器，应检查离合器是否损坏；若为电控风扇，应检查热敏开关、风扇电动机及其控制电路是否正常。

③ 将发动机熄火，用手触摸发动机和散热器，若感觉发动机温度高，而散热器温度低，则说明水泵轴与叶轮松脱或节温器失效，应予以更换；若感觉发动机与散热器温差不大，则应检查冷却液是否泄漏严重，查找漏水部位，并予以修复。

④ 在汽车行驶途中，发动机温度升高，同时排气管有"突突"声，且发动机动力明显不足，可停车检查排气管及散热器、火花塞等。若排气管冒白烟且排出水珠，散热器口向外溢水或冒气泡，且呈沸腾状态，某些气缸火花塞电极处有水珠，则说明气缸垫烧穿或气缸盖破裂，应予以更换。

⑤ 若冷车起动后温度迅速升高，冷却液沸腾，则可用手触散热器出水胶管，若感觉凉

而硬，则说明放水不彻底或冷却液凝点过高而发生冻结。

## 二、任务实施

### 项目 1　冷却系统维护

**1. 项目说明**

车辆行驶 7 000 km（或 6 个月）进行首次维护或每行驶 15 000 km（或 12 个月）时，均应检查并调整 V 形带的松紧度；检查发动机散热器及各管道有无漏水现象、散热器有无异物堵塞；检查膨胀箱的液面高度是否符合要求，并进行必要的补充。常规维护时还应检查冷却液的防冻能力，并对防冻液的成分进行必要的调整。

**2. 技术要求与标准**

（1）学员需在 45 min 内完成此项目。
（2）冷却系统的技术标准见表 5–2。

表 5–2　冷却系统的技术标准

| 维护项目 | 技术标准 | 检测结果 |
| --- | --- | --- |
| 冷却系统的一般检查 | 检查水泵外壳有无裂纹和漏水现象；检查冷却风扇皮带的张紧度；检查节温器的工作情况；清洗气缸水套和水箱内的积垢 | |
| 冷却液的添加 | 如果液位低于"MIN"标记，应先排除泄漏并排气，然后添加至接近"MAX"标记处 | |
| 冷却系统的清洗 | 若散热器的水垢过多，可使用水箱清洗剂按操作工艺清洗 | |

**3. 设备器材**

① 东风雪铁龙或上海大众轿车一辆。
② 博世 KT600 汽车故障诊断仪一台。
③ 汽车专用冷却液检测仪器一只。
④ 冷却液适量。
⑤ 常用工具一套。
⑥ 吸油棉纱、油盘等。

**4. 作业准备**

① 爱丽舍轿车准备。　　　　　　　　　　☐ 任务完成
② 举升器准备。　　　　　　　　　　　　☐ 任务完成
③ 检测仪器准备。　　　　　　　　　　　☐ 任务完成

④ 常用工具准备。　　　　　　　　　☐ 任务完成

⑤ 记录单准备。　　　　　　　　　　☐ 任务完成

### 5. 操作步骤

(1) 冷却系统的一般检查（资源 5-3）

① 起动发动机前，要检查冷却系统是否加足冷却液。

② 运转发动机，在发动机冷车、热车、急速、中速和高速等状态下，以目视的方法检查。

　　a. 检查冷却系统各零件有无泄漏和损坏。要特别注意检查散热器盖、气缸体上的水堵，以及车厢内的散热器芯处有无漏水。

资源 5-3　冷却系统检查

　　b. 检查各软管有无裂缝或损坏。

　　c. 检查各接头夹箍有无松动。

③ 拔出发动机的机油尺，检查机油中有无冷却液，以确定冷却系统有无内部泄漏。

④ 检查电动冷却风扇是否工作正常。当温度到达发动机正常工作温度后，电动冷却风扇应运转，否则存在故障，应及时排除。

⑤ 检查散热器是否工作正常。检查散热器的散热片是否倾倒过多，如是，需扶正；检查散热器的水垢是否过多，如是，需清除。

⑥ 按期润滑水泵轴承。

⑦ 检查和调整 V 形带张紧度。用拇指按下水泵与发动机之间的 V 形带，用拇指施加约98 N的力于风扇 V 形带的中央，V 形带的挠度为 10~15 mm 为合适。不符合要求时，应松开发动机张紧臂紧定螺栓、发动机固定螺栓及 V 形带张紧螺母的紧定螺钉，转动 V 形带张紧螺母进行调整。符合要求后，将各螺栓重新拧紧。

资源 5-4　检查冷却液

(2) 检查冷却液（资源 5-4）

① 液面检查。在发动机停止工作 10 min 后或水温显示低于 100 ℃后开始检查；检查并确认冷却液膨胀罐或水箱中的冷却液液位在 "MAX" 与 "MIN" 标记之间（图 5-6）（资源 5-5）；如果液位低于 "MIN" 标记，应先排除泄漏并排气，然后添加至接近 "MAX" 标记处；清洁并擦拭干净。

资源 5-5　膨胀水箱实图

② 检测冷却液冰点。用专用冷却液检测仪检测，如图 5-7 所示。

图 5-6　膨胀水箱

图 5-7　冰点检测仪

a. 调试检测仪基准。滴几滴蒸馏水在棱镜上,然后向着光观察,调好基准,如图5-8所示。(资源5-6)

资源5-6 冰点测试仪视图

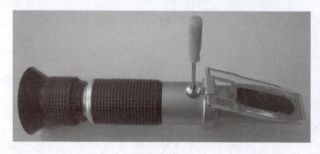
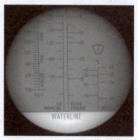

图5-8 调试冰点检测仪

b. 检测冷却液的冰点:将待测液体用吸管滴于棱镜表面,合上盖板轻轻按压,将折射计对向明亮处,旋转目镜使视场内刻度线清晰,读出明暗分界线在标示板相应标尺上的数值即可,如图5-9所示。

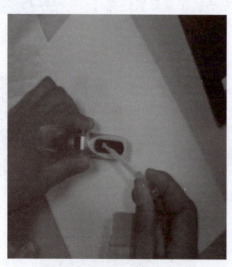

图5-9 检测冷却液的冰点

c. 冷却液左边刻度线为丙二醇,右边刻度线为乙二醇,检查时观测右边刻度线,如图5-10所示。测试完毕,用绒布擦净棱镜表面和盖板,清洗吸管,将仪器放还于包装盒内。(资源5-7)

冷却液检查注意事项:使用专用仪器检测是否使用推荐的冷却液,如检查不合格应按规定更换。

资源5-7 汽车防冻液冰点测试

③ 冷却液质量的检查。散热器盖及散热器的充液器孔周围不应有太多的铁锈和水垢，冷却液中不应有机油。检查时用手蘸着散热器中的冷却液，如图 5-11 所示，以检查冷却液中的含油量和水垢量。若冷却液太脏，应更换冷却液。

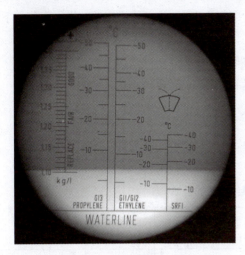

图 5-10　冰点检测仪度数

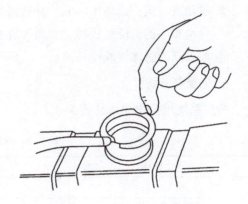

图 5-11　检查冷却液的质量

(3) 冷却系统的冬季维护

冬季，汽车长期不用，放置时间长，应将冷却液放尽或加凝点较低的冷却液，以免结冰使气缸、气缸盖冻裂。

(4) 发动机"开锅"时的处理方法

不要立即打开水箱盖，以免烫伤。为防止活塞咬死变形，应使发动机怠速运转，待发动机温度正常时再加冷却液，同时查明发动机"开锅"原因并排除。

(5) 冷却液的添加与排放

冷却系统存在漏水现象时，应对松动部位进行重新紧固，必要时更换相应机件。散热器有异物堵塞时，应及时清除干净。冷却系统的液面应位于膨胀箱液面"MAX"（最高）与"MIN"（最低）标记之间，低于"MIN"（最低）标记时，应及时添加冷却液，其具体操作方法如下。

① 将暖气开关拨至"Warm"（热）位置。

② 打开膨胀箱盖，向内添加冷却液，直至液面达到"MAX"（最高）标记处。拧紧膨胀箱盖，起动发动机，使冷却液温度逐渐升高，温度升高到风扇开始转动发动机。

③ 再次检查液面高度，如有下降，再将其添加至膨胀箱上的"MAX"（最高）标记处。

若发现冷却液的防冻能力明显下降，应更换冷却液，其操作步骤如下。

a. 将暖气开关拨至"Warm"（热）位置，使暖气阀全开。

b. 打开膨胀箱盖。

c. 松开水泵进液口软管的夹箍，放出全部冷却液并予以收集。

d. 接好水泵进液口软管。

e. 将合成成分的冷却液自膨胀水箱口加注到冷却系统中，以下操作工艺与添加冷却液相同，最终使液面达到"MAX"（最高）标记处。

（6）冷却系统的清洗

检查发现散热器的水垢过多，发动机过热，可使用水箱清洗剂清洗水箱，操作工艺如下。

① 将水箱清洗剂直接倒入水箱中。

② 起动发动机，运转 10 min，并适当提高转速。

③ 将水箱中的清洗剂放掉，并加入清水运行 10 min 后再放掉。

④ 加入新的防冻液或冷却液。

**6. 记录与分析**

冷却系统维护作业表见表 5-3。

表 5-3　冷却系统维护作业表

| 学生姓名 | | 发动机型号 | |
|---|---|---|---|
| 项　　目 | 作业记录 | 项目实施情况 | 备　注 |
| 冷却液位的检查 | | | |
| 冷却液浓度的检查 | | | |
| 冷却液的更换 | | | |
| 冷却风扇皮带张紧力的检查 | | | |
| 水泵的维护 | | | |
| 风扇离合器的检查 | | | |
| 节温器的检查 | | | |
| 散热器（盖）的检查 | | | |
| 冷却系统的清洗 | | | |
| 处理意见 | | | |

## 项目 2　发动机过热检修

**1. 项目说明**

雪铁龙轿车发动机冷却系统的主要故障是发动机过热。主要有以下现象：

① 冷却液量符合标准，且不漏水，但运行过程中水温上升快，容易"开锅"。

② 发动机运行中冷却液消耗过快。

③ 发动机运行中突然过热，发动机动力明显不足。

因此，应按技术标准对发动机冷却系统进行检修，找出故障原因并排除，以恢复发动机的技术状况。

**2. 技术要求与标准**

① 学员要在 30 min 内完成此项目。

② 发动机冷却系统检修技术标准见表 5-4。

表 5-4  发动机冷却系统检修技术标准

| 检修项目 | 技术标准 | 实测值 |
|---|---|---|
| 散热器 | 检查外表是否污物过多而影响散热 | |
| 散热器盖 | 进、排气阀是否失效 | |
| 水泵密封情况 | 不漏水 | |
| 节温器 | 正常 | |
| 冷却风扇 | 正常 | |
| 风扇皮带松紧度 | 正常 | |

**3. 设备器材**

① 东风雪铁龙或上汽大众轿车一辆。
② 博世 KT600 汽车故障诊断仪一台。
③ 汽车专用冷却液浓度检测仪器一只。
④ 冷却液适量。
⑤ 常用工具一套。
⑥ 吸油棉纱、油盘等。

**4. 作业准备**

① 爱丽舍轿车准备。　　　　　　　　　　□ 任务完成
② 举升器准备。　　　　　　　　　　　　□ 任务完成
③ 检测仪器准备。　　　　　　　　　　　□ 任务完成
④ 常用工具准备。　　　　　　　　　　　□ 任务完成
⑤ 记录单准备。　　　　　　　　　　　　□ 任务完成

**5. 操作步骤**

（1）发动机过热可能的原因
① 散热器外表污物过多影响散热，出水管被吸瘪或管子内部脱层堵塞水管。
② 散热器漏水或散热器盖进、排气阀失效。
③ 风扇皮带松弛或打滑，风扇叶片变形、角度不当。
④ 水泵密封不良，气缸体有裂纹，进、出水管漏水。
⑤ 水泵轴或叶轮松脱。
⑥ 节温器损坏，冷却水不能大循环。
⑦ 气缸衬垫被冲坏，高压气体窜入气缸体水套。
⑧ 气缸体水套或散热器水垢太多，造成局部堵塞。

（2）诊断与排除
发动机过热故障诊断与排除流程如图 5-12 所示。
维修操作要点：
① 外观检查。冷却系统各部分有无漏水现象，若上下水管因破裂等漏水，应更换上下水管，并排除漏水。

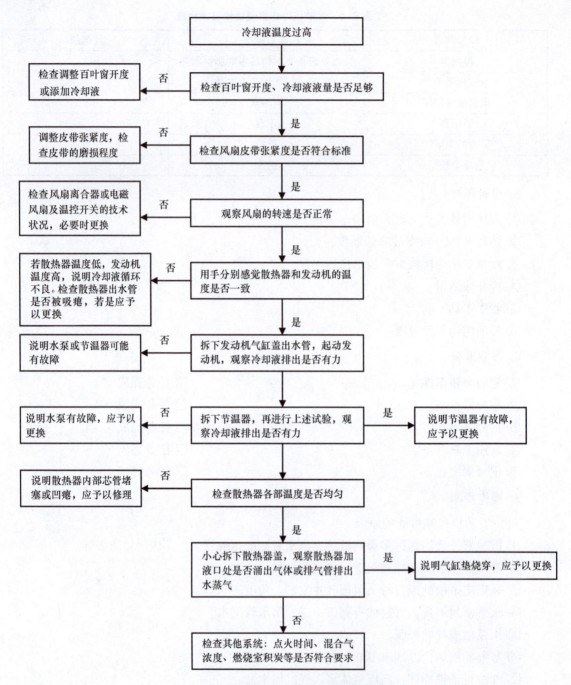

图 5-12 发动机过热故障的诊断与排除流程

② 检查散热器和气缸体水套有无堵塞现象，如外部无漏水，而冷却液的容量减少很多，则为堵塞，可能是因为散热器或水套水垢过多造成局部堵塞。根据使用情况，用清洗剂清洗水垢。

③ 若外部不漏水，而水消耗快，则是冷却系统内部有漏水，可能是因为气缸体有裂纹或气缸盖衬垫损坏漏水。拔出机油尺观察，如发现机油中有水，则可判定冷却系统内部漏水。

④ 若水从加水处飞溅，则表明散热器进水阀失效，应拆检散热器盖的进、排气阀进行

修复。

⑤ 检查冷却风扇。

a. 首先检查风扇皮带，若皮带松弛或断裂，则应重新调整或更换。

b. 对自动调整的风扇离合器，温度变化时转速应变化，若无变化，则为风扇离合器有故障，如风扇离合器损坏或失灵，应拆检修复。

⑥ 检查散热器。

a. 若散热器水温低而发动机温度高，则表明水泵故障、损坏或不工作，应修复或更换水泵。

b. 若散热器与发动机温度相差不大，则表明水泵及冷却管有严重泄漏，应拆检修复。

⑦ 检查水泵。

a. 泵壳和带轮的检修如图 5-13 所示。（资源 5-8）

检查泵壳和带轮有无损伤。泵壳裂纹可进行焊接或更换；泵壳与泵盖接合面变形大于 50 μm，应予修平。

b. 水泵轴的检修。

检查水泵轴有无弯曲、轴颈的磨损程度及轴端螺纹有无损坏。水泵轴弯曲度大于 50 μm，应冷压校正；轴颈磨损严重，应予以更换；轴承座孔由于压入、压出轴承而磨损，可用镶套的方法修复或更换。

c. 水泵叶轮的检修如图 5-14 所示。（资源 5-9）

资源 5-8　冰点测试仪度数

资源 5-9　水泵带轮图

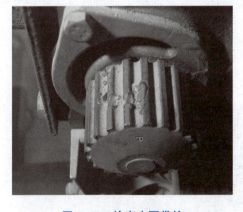
图 5-13　检查水泵带轮

图 5-14　检修水泵叶轮

检查水泵叶轮的叶片有无破损、叶轮上的轴孔与轴的配合是否松旷。检查水泵叶轮与泵壳间隙，一般应为 0.8~2.2 mm，否则应更换叶轮。叶片磨损，应焊修或更换；轴孔磨损过甚可进行镶套修复。

d. 密封装置的检测如图 5-15 所示。（资源 5-10）

资源 5-10　水泵叶轮图

图 5-15　检查水泵的密封性

若水泵泄水孔漏水，则为水封密封不严。若胶质水封磨损或变形应更换，若水封密封圈损坏可翻面使用。水泵装合后，首先用手转动带轮，泵轴转动应无卡滞现象；叶轮与泵壳应无碰擦感觉。

⑧ 检查气缸。

a. 检查气缸衬垫是否被冲坏。若气缸衬垫被冲坏漏气，则应更换气缸衬垫。

b. 检查气缸体、气缸盖有无裂纹、砂眼等缺陷，若发动机工作时漏气，则应修补或更换新件。

⑨ 当冷车发动时，发动机水温迅速升高，甚至迅速"开锅"，大多是节温器损坏，冷却水不能大循环所致，应更换节温器。

节温器的检测如图 5-16 所示。（资源 5-2）

图 5-16　检测节温器

把节温器放在盛有热水的容器中,观察节温器随着水温变化时主、副阀门的变化。当水温低于 85 ℃时,主阀门应该关闭,而副阀门完全打开;当水温高于 85 ℃时,主阀门逐渐开启,副阀门逐渐关闭。

经上述检查各部分均正常,若发动机仍然发热,则应考虑是发动机其他系统的故障,如点火时间过迟、混合气过浓或过稀、机油牌号不对或油量太少、排气门间隙过大等。

**6. 记录与分析**

发动机过热检修作业表见表 5-5。

表 5-5 发动机过热检修作业表

| 学生姓名 |  | 发动机型号 |  |
|---|---|---|---|
| 项　　目 | 作业记录 | 项目实施情况 | 备　　注 |
| 检查冷却系统各部分有无漏水 |  |  |  |
| 检查散热器和气缸体水套有无堵塞 |  |  |  |
| 检查散热器盖进、排气阀 |  |  |  |
| 检查冷却风扇 |  |  |  |
| 检查水泵 |  |  |  |
| 检查气缸垫、气缸体裂纹 |  |  |  |
| 检查节温器 |  |  |  |
| 其他 |  |  |  |
| 处理意见 |  |  |  |

## 三、故障案例

### 案例 1　风扇控制器故障,引起散热器风扇常转

**1. 涉及车型**

东风雪铁龙轿车。

**2. 故障现象**

散热器风扇有时候转个不停。

**3. 故障分析**

散热器风扇开始检查一切正常,后来在关上发动机机舱盖时出现风扇常转,拔下双温开关插头、空调压力开关插头,风扇还是常转,说明风扇控制器有时常接触,从而总是有电供给散热器。更换散热器控制器后故障排除。

## 案例 2　节温器失效，引起发动机水温偏高

**1. 涉及车型**

东风雪铁龙轿车。

**2. 故障现象**

汽车在行驶中水温偏高。

**3. 故障排除**

停车检查时发现散热器溢罐盖的出口冒出大量的高温冷却液；熄火后罐内冷却液逐渐减少，最后低于标准水位线。当加足冷却液起动发动机后，从盖口中又看到冷却液不断从进水管中流进溢罐内，即使盖拧紧仍会溢出。

**4. 故障分析**

从故障现象分析，发现散热器仅左边进水口处很烫，而其他部位温度明显偏低，可见冷却系统只是进行小循环。经检查，问题出在节温器（失效），更换新件之后故障排除。

## 案例 3　气缸垫冲坏，造成发动机冷却液消耗过多

**1. 涉及车型**

东风雪铁龙轿车。

**2. 故障现象**

该车每隔两三天就需向储液罐加 1 L 左右的冷却液，且正常行驶时水温高于常值。

**3. 故障诊断与排除**

东风雪铁龙爱丽舍轿车采用了闭式冷却系统。该车需经常加冷却液，说明冷却系统已明显存在故障。仔细检查冷却液的水泵、节温器、水管接头等处，无冷却液渗漏痕迹。散热器盖的密封情况良好，散热器盖的开启压力也正常。打开散热器盖观察：在一般情况下，气缸垫被冲坏会有气泡从散热器口冒出，但该车没有，只是冷却液有轻微变质。放净冷却系统内的冷却液并冲洗干净，在冷却系统内加水，车辆运行一天后发现水变成锈色。清洗冷却系统后，又加上清水试验一天，清水又变成锈色，可断定气缸垫被冲坏。拆下气缸垫，发现 2 缸与水套间有轻微的窜气痕迹。更换气缸垫后故障排除。

## 案例 4　冷却液不足，引起发动机损坏

**1. 涉及车型**

东风雪铁龙轿车。

**2. 故障现象**

该车由于缺少冷却液，造成连杆轴承烧坏。更换连杆轴承，发动机工作正常，但同时发现冷却液又消耗过多。

**3. 故障诊断与排除**

检查水泵、散热器、膨胀箱、暖风管、水管等，无渗漏处。再拔出机油尺检查，发现机油内有水。该车上次故障是由于冷却液不足，造成冷却液温度过高，损坏发动机，维修时只更换了损坏的连杆轴承。拆下气缸盖，发现气缸垫烧坏。更换气缸垫后，故障排除。

### 案例 5　汽车运行中发动机突然"开锅"

**1. 涉及车型**

东风雪铁龙轿车。

**2. 故障现象**

汽车运行中发动机突然"开锅"。

**3. 故障诊断与排除**

发动机工作平稳，动力性良好，机油、排气也无异常现象，排除了气缸垫被冲坏的可能。打开空调开关，散热器主风扇不转，用手扳动风扇，感觉电动机发卡。拔下通往电动风扇的插座，直接用导线与蓄电池连接，电动风扇仍不工作。换上新的电动风扇，打开空调开关，电动风扇工作正常。但起动发动机后，冷却液温度仍上升很快，行驶不到 2 km，发动机仍然"开锅"，且温控开关不能接通风扇工作。触摸上、下水管，上水管不太热，下水管却烫手。分析认为，节温器损坏，不能正常开启，隔断了发动机水套与上水管、散热器之间的通路，冷却系统不能正常进行大循环。温控开关装于节温器之后，始终达不到工作的温度，故不能接通电动风扇。拆下节温器，放入热水中检验，发现节温器不能开启。更换新件后试车，故障排除。

## 四、拓展学习（资源 5-11、资源 5-12）

资源 5-11　水泵密封圈图

资源 5-12　发动机突然过热故障的诊断与排除

# 学习任务六
## 润滑系统检修

 **工作情境描述**

某车辆发动机发动后,机油压力过低,指示灯常亮。车主已将车开到 4S 店,请你详细计划检查工作过程和步骤,完成维修作业,并建立文档。

 **学习目标**

通过本任务的学习,应能:
1. 认识润滑系统典型的故障及原因。
2. 掌握润滑系统典型部件的检修方法。
3. 正确进行润滑系统的日常维护。
4. 掌握润滑系统常见故障的检修方法。

 **一、知识准备**

润滑系统对保证发动机的工作起着重要的作用。润滑系统技术状况变差,将导致机件磨损加剧,甚至引起发动机拉缸、抱轴等致命故障,使发动机丧失工作能力。润滑系统技术状况变化的主要标志是主油道压力过低和润滑油变质。

### (一)润滑系统主要部件检修

**1. 机油泵检修**

(1)齿轮式机油泵检修(资源 6-1)

资源 6-1 齿轮式机油泵检修

① 检查机油泵是否工作正常。

a. 将机油集滤器浸在机油中,顺时针转动机油泵轴,这时应从机油泵出油口处流出机油。

b. 用手指堵住机油泵出油口，再转动机油泵轴，这时泵轴应难以转动，如图 6-1 所示。否则，应对机油泵进行全面检查、修理或更换。

② 限压阀的检查。

a. 检查限压阀柱塞表面及阀孔表面是否有擦痕或其他锈蚀、斑痕等损伤。若有，应予以更换。

b. 在限压阀柱塞上涂抹一层机油，以柱塞靠自重能平顺落入阀体内，且无明显松感为正常，否则应更换限压阀柱塞或机油泵壳体（阀体）。

c. 检查减压阀弹簧是否有断裂、弯曲、疲劳失效等情况。若有，则应予以更换。

③ 泵体及齿轮的检查。

a. 泵体及泵盖应无裂纹、变形、漏油、机械损伤、严重锈蚀等情况。若有，则应予以更换。

b. 检查油泵齿轮是否有裂纹、齿面剥落、严重磨损、机械损伤等。若有，则应予以修复或更换。

④ 工作间隙的检测。

a. 主、从动齿轮与泵腔内壁间隙的检测如图 6-2 所示。在齿轮上选一与啮合齿相对的齿，用塞尺测量齿顶与泵壳间的间隙。然后转动齿轮，用相同的方法测量其他齿顶与泵壳间的间隙，若径向间隙超出 0.3 mm，应成对更换齿轮或更换机油泵总成。

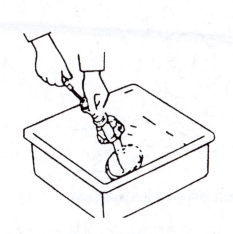

图 6-1 检查机油泵

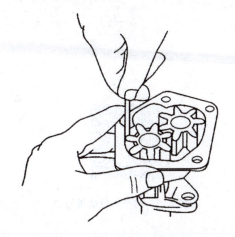

图 6-2 主、从动齿轮与泵腔内壁间隙的检测

b. 主、从动齿轮啮合间隙的检测。将塞尺插入啮合齿间隙，如图 6-3 所示，测量相邻 120°三点齿侧，标准间隙为 0.05 mm，使用极限为 0.20 mm，若此间隙超出使用极限，则应成对更换机油泵齿轮。

c. 机油泵盖与齿轮端面间隙的检测。如图 6-4 所示，在泵体上沿两齿轮中心连线方向放一金属直尺或刀口尺，然后用塞尺测量齿轮端面与金属直尺或刀口尺之间的间隙，取最大值，其标准值为 0.05 mm，使用极限为 0.15 mm，若不符，可以通过增减泵盖与泵体之间的垫片进行调整。若超出使用极限，则应成对更换齿轮或更换机油泵总成。

⑤ 从动轴与衬套孔配合间隙的检测。用千分尺和内径百分表分别测量机油泵从动轴直径及其衬套孔径，并计算其配合间隙。若配合间隙超过允许极限值，则应更换衬套。

⑥ 机油泵盖的检测。泵盖如有磨损或翘曲，凹陷超过 0.05 mm，应以车削、研磨等方

法进行修复。

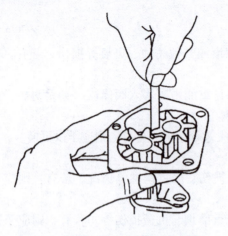

图6-3 检测机油泵齿轮啮合齿间隙

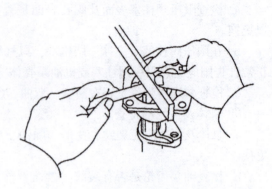

图6-4 检测机油泵齿轮端面间隙

（2）转子式机油泵检修（资源6-2）

① 检查外转子与机油泵体间的间隙：如图6-5所示，用塞尺测量外转子与机油泵体间的间隙。若间隙超过使用限度，则应更换机油泵。

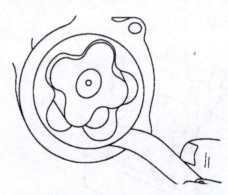

资源6-2 转子式机油泵检修

图6-5 检测外转子与机油泵体间的间隙

② 检查内、外转子的啮合间隙：如图6-6所示，用塞尺测量内、外转子进入啮合时，内转子齿顶与外转子之间的啮合间隙。若间隙超过使用限度，则应更换机油泵。

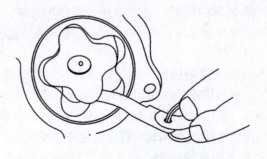

图6-6 检测内、外转子的啮合间隙

③ 检查转子的端面间隙：如图6-7所示，用塞尺和直尺按图示方法测量内、外转子端

面与直尺之间的间隙。若间隙超过使用限度，则可将泵体置于平板上修磨端面。若间隙过大，则应更换机油泵。

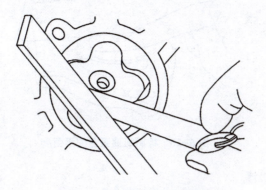

图 6-7　检测转子的端面间隙

④ 检查外转子厚度和外径：如图 6-8 所示，用外径千分尺测量外转子的厚度和外径，其测量结果不应小于使用限度，否则应更换机油泵。

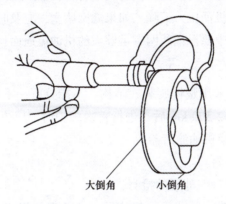

大倒角　　小倒角

图 6-8　检测外转子的厚度和外径

⑤ 检查内转子的厚度：如图 6-9 所示，用外径千分尺测量内转子的厚度，其测量结果不应小于使用限度，否则应更换机油泵。

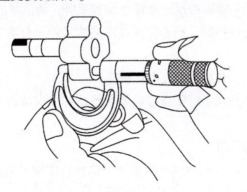

图 6-9　检测内转子的厚度

⑥ 检查机油泵盖的平面度：如图 6-10 所示，用塞尺和直尺测量机油泵盖的平面度，若超过使用限度（一般为 0.05 mm），应在平板上修磨。若变形过大，应更换机油泵。

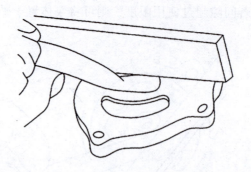

图 6-10　检测机油泵盖的平面度

**2. 机油集滤器的检修**

机油集滤器的主要损伤是滤网堵塞。若滤网轻微堵塞，机油不经过过滤直接通过中心孔进入油管，会加速机油泵和滤清器的损坏；若滤网严重堵塞，会造成供油不足甚至不供油。维修时应注意检查机油集滤器的状况，检查吸油管与机油泵连接处的衬垫，若有损伤必须更换，否则会因漏气而导致机油压力下降。如果滤网堵塞，应及时清洁或更换滤网。对于中间没有圆孔的滤网，在使用中要保证滤网有足够大的机油流通面积。

**3. 机油滤清器的检修**

发动机的机油滤清器采用整体旋装式结构，不能分解，不做维护和修理，只能定期更换。一般新车行驶 1 500~2 500 km 后，进行首次维护时，应更换机油和机油滤清器，以后每行驶 10 000 km 都需更换机油滤清器。

（1）机油粗滤器的检测

① 纸质滤芯可拆式机油粗滤器的检测。

在使用中，对纸质滤芯可拆式机油粗滤器，一般需按规定里程（根据车型查看保养手册）进行维护，主要包括更换滤芯和清洁外壳、端盖及油孔。

② 塑料锯末滤芯可拆式机油粗滤器的检测。

a. 在正常使用中，一般需按规定里程（保养手册）清洁滤清器外壳或更换滤芯。

b. 一般旁通阀不允许拆卸，但若发现滤芯堵塞后指示灯不闪亮，应拆下旁通阀检查其触点。

c. 检查滤芯密封圈，若有损伤应更换新件。

d. 清洁滤芯，若达到规定行驶里程需要更换滤芯，应将新滤芯在清洁的润滑油中浸泡 4 h 以上。

（2）机油细滤器的检测

一般汽车每行驶 6 000~8 000 km 应清洗一次机油细滤器的转子，清除转子盖内壁的沉积物，并疏通喷嘴。

① 清洗各零件。一般维护时，为避免损坏转子罩，应使用竹片、木条和塑料板擦除转子内壁杂质，然后清洗。清除喷嘴中的油污可使用 $\phi 0.48$ mm 以下的细铜丝，切勿使用钢丝。

② 检查转子盖密封圈、滤清器盖是否良好，若有损坏应予以更换。

### 4. 机油压力的检测（资源6-3）

在发动机工作时，其润滑系统内必须保持正常的机油压力。机油压力过高或过低都会对发动机造成危害。因此，在检修发动机时，经常对润滑系统的机油压力进行检测，以确定机油压力是否正常。发动机上一般设有专门的机油压力测量孔，或利用发动机气缸体上的机油压力开关螺孔。

资源6-3　机油压力检测

机油压力的检测方法如下：

① 拔下机油压力传感器的线束插头，拆下机油压力传感器。

② 将机油压力表接头拧入安装机油压力传感器的螺纹孔内，并拧紧接头，如图6-11所示。

③ 将机油压力表放置在不会接触到发动机旋转部件及高温部件的地方。

④ 起动发动机，检查机油压力表接头处有无漏油，如有漏油，应熄火后重新拧紧接头。

⑤ 运转发动机使之达到正常的工作温度，分别在急速和2 000 r/min时检查油压表的读数，并与标准压力值进行比较。

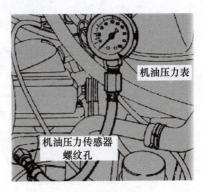

图6-11　检测机油压力

一般发动机的机油压力应保持在200~500 kPa范围内，急速时最低的机油压力应不小于150 kPa，高速时最高油压应不大于600 kPa。

### 5. 发动机润滑油道的清洗

发动机大修时，需对发动机各润滑油道进行疏通清洗，以清除油垢、杂物。可用吸油枪吸油冲洗，然后用压缩空气吹净。若污垢严重，则可用通条进行疏通、冲洗，再用压缩空气吹净，要保持各油道畅通，保证各机件润滑良好。

## （二）分析润滑系统典型故障原因

### 1. 机油压力过低

（1）现象

发动机在正常温度和转速下运转时，仪表盘上机油压力警报灯闪烁，机油警报蜂鸣。

（2）原因

机油压力过低的原因如图6-12所示。

① 油量不足或机油黏度太低；集滤器滤网堵塞，使机油泵吸油量不足。

② 机油粗滤器堵塞且旁通阀打不开，机油无法进入主油道。

③ 机油泵齿轮磨损、泵盖磨损或泵盖衬垫太厚，使供油压力过低，或机油泵外壳裂缝漏油，机油泵轴与连接键销断裂。

④ 油底壳中的机油吸油管螺母未拧紧或发生裂纹而漏气，使机油泵工作时吸入空气导致机油压力不足。

⑤ 机油滤清器上的回油阀开启压力调整过低，导致回油过多，使整个润滑系统的机油压力偏低。

⑥ 内、外管路或放油螺塞处漏油；曲轴主轴承、连杆轴承或凸轮轴轴承间隙过大。

⑦ 机油限压阀调整不当、关闭不严或其弹簧折断。

⑧ 燃油泵膜片破裂使燃油漏入油池或燃烧室内未燃的气体漏入油池，使机油的黏度下降。

⑨ 气缸垫或气缸体损坏，使冷却液漏入油底壳，将机油稀释。

⑩ 机油压力表或其传感器连接导线断路或接触不良。

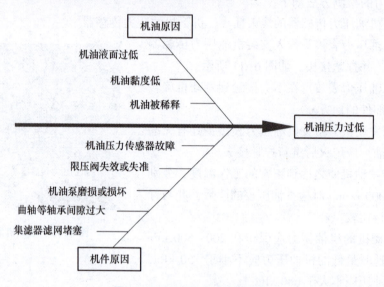

图 6-12　机油压力过低的原因

（3）诊断与排除

机油压力过低故障诊断与排除流程如图 6-13 所示。

① 拔出油尺，检查机油油量及品质。

若机油液面低于"MIN"或"L"线，说明机油油量不足，应及时添加；若机油颜色无变化，而黏度降低，且有燃油味，说明机油中渗进了燃油；若机油呈乳浊状并有泡沫，说明机油中渗入了水分，应查明漏水部位并修复，再更换机油。

② 检查机油压力表和传感器的工作状况，并检查压力表、传感器的连线是否松脱。

若连接良好，则应将传感器端导线拆下，并将之搭铁，接通点火开关，观察机油压力表的状态。

若机油压力表的指针急速上升，说明机油压力表良好；若机油压力表指针不动，则应根据仪表的控制电路进行检查。

在仪表指示正常的条件下，检查传感器工作是否良好。测量传感器的电阻值，其值应符合要求。

若上述检查正常，则应拧松油压传感器，起动发动机，观察从连接螺纹孔处机油流出的情况。若机油流出有力，则应进一步检查机油压力的示值是否准确；若机油流出无力，则应检查润滑系统工作部件的工作状况。

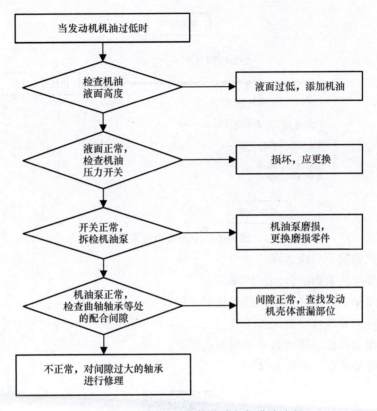

图 6-13 机油压力过低故障诊断与排除流程

③ 检查限压阀状况。若机油限压阀安装在发动机气缸体的外部，可停熄发动机，拆卸并检查限压阀状况。检查限压阀的调整弹簧是否太软、折断或调整不适；检查限压阀柱塞磨损是否过甚、钢球密封是否不严。

④ 检查机油滤清器的滤芯是否堵塞、旁通阀是否卡滞或堵塞。

拆下油底壳，检查机油集滤器滤网是否过脏，机油泵限压阀状况，各连接管路是否漏油，机油泵的工作性能是否良好等。

⑤ 检查轴承间隙。若发动机已接近或超过大修间隔里程，则应检查曲轴主轴承、连杆轴承、凸轮轴轴承间隙是否过大；检查其他压力润滑部位的配合间隙是否过大等。

**2. 机油压力过高**

（1）现象

① 接通点火开关，机油压力表立即产生压力指示。

② 发动机在正常温度和转速下运转时，仪表盘上机油压力表读数高于规定值；机油警报蜂鸣。

③ 发动机在运转过程中，机油压力突然升高。

④ 检查机油压力超过 0.4 MPa；机油警报灯闪亮且蜂鸣器响。

（2）原因

机油压力过高原因如图 6-14 所示。

① 机油黏度过大。

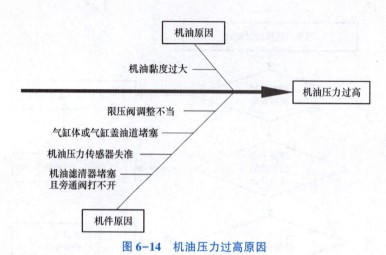

图 6-14 机油压力过高原因

② 限压阀调整不当或卡滞。
③ 通往各摩擦表面的分油道内堵塞。
④ 曲轴主轴承、连杆轴承或凸轮轴轴承间隙过小。
⑤ 机油压力表或传感器工作不良。
⑥ 机油粗滤器滤芯堵塞且旁通阀开启困难。

（3）诊断与排除（资源6-4）

资源 6-4　机油压力过高诊断排除

机油压力过高故障诊断与排除流程如图 6-15 所示。

① 检查机油压力传感器上的导线是否搭铁。发动机在运转过程中，机油压力突然升高，但无其他异常现象，应首先检查机油压力传感器上的导线是否搭铁。接通点火开关，但不起动发动机，观察机油压力表指针是否升至最大值。若压力表指针升至最大值，则故障由导线搭铁引起；若指示为零，则应检查机油滤芯是否堵塞、限压阀柱塞或钢球是否卡死、限压阀弹簧是否过硬等。

② 检查机油压力表的指针是否为零。在发动机运转过程中，机油压力表指示始终偏高，则应接通点火开关，检查机油压力表的指针是否为零。若指针不在零位，则应拆下机油压力传感器上的导线，再检查机油压力表的指示状态。若压力表仍有指示，说明压力表工作不良；若指示为零，则表明压力传感器有故障。

③ 检查机油的黏度是否过大。若机油黏度过大，则应更换规定牌号和规格的机油。

④ 检查机油压力限压阀是否调整不当或不能开启。

⑤ 检查机油滤清器及主油道。若过高的机油压力冲坏机油滤清器的密封垫，而机油压力表的读数却较低，则为机油粗滤器的滤芯堵塞且旁通阀开启困难或气缸体上的油道堵塞，应首先清洗或更换机油滤清器滤芯，清洗旁通阀、限压阀及气缸体上的油道。若故障不能排

除，则应调整限压阀。

⑥ 检查轴承间隙。若发动机曲轴主轴承、连杆轴承或凸轮轴轴承间隙过小，也会引起机油压力偏高。

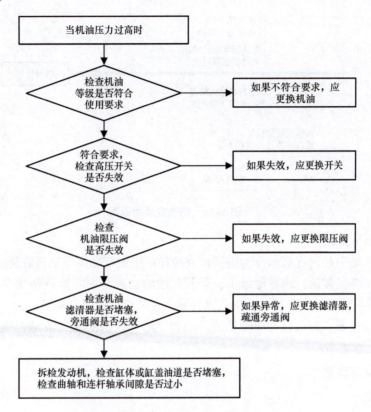

图 6-15　机油压力过高故障诊断与排除流程

**3. 机油变质**

（1）现象

① 颜色发生明显变化，失去黏性。

② 含有水分，机油乳化，呈乳浊状且有泡沫。

（2）原因

机油变质的原因如图 6-16 所示。

① 机油使用时间过长，在高温和氧化作用下加快了机油氧化和机油炭化，使机油逐渐变质。

② 活塞和气缸间隙变大，活塞环漏气，燃油下泄量大，稀释机油。

③ 气缸垫密封不严或气缸体有裂纹、砂眼等造成冷却液漏入曲轴箱，使润滑油和冷却液搅拌后乳化。

④ 曲轴箱通风不良，机油中混杂有燃油，使机油变质。

⑤ 机油滤清器堵塞，机油未经过滤而直接通过旁通阀，润滑短路，造成机油内杂质过多。

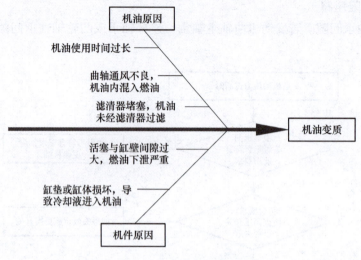

图 6-16 机油变质的原因

(3) 诊断与排除

① 检查机油中是否含有水分,进而检查冷却系统如气缸体等是否有裂缝。

② 取机油样品数滴,滴在滤纸上,若其扩散的油迹为中心黑色杂质多,则说明机油内杂质多,变质;用手捻取样机油,失去黏性感,说明机油内混有燃油。

③ 若机油变质,则应检查曲轴箱通风是否良好、活塞的漏气量是否很大、滤清器是否失效及油道是否堵塞。

**4. 机油消耗异常**

(1) 现象

发动机在正常情况下,消耗的机油与燃油比为 0.5% ~ 1%,若机油的消耗量大于 1%,则机油油耗过多。

① 机油消耗量超过规定值。

② 排气管冒蓝烟,机油加注口脉动冒烟。

③ 积炭增多。

(2) 原因

① 活塞与气缸间间隙过大。

② 活塞环弹力不足或磨损过大。

③ 扭曲活塞环装反。

④ 活塞环抱死或活塞环端隙对口。

⑤ 气门杆油封损坏。

⑥ 进气门导管与气门杆间隙过大。

⑦ 曲轴箱通风不良。

⑧ 正时齿轮室、曲轴前、后油封、凸轮轴后端油堵等密封不严。

⑨ 油底壳或气门室盖密封不严漏油;润滑系统各零部件外漏。

⑩ 空气压缩机的活塞与气缸壁间隙过大;空气压缩机曲轴的前、后端盖漏油。

（3）诊断与排除

机油消耗异常故障诊断与排除的流程如图 6-17 所示。

① 首先检查发动机及空气压缩机的外表是否有漏油痕迹。

a. 检查发动机油底壳周围是否有漏油痕迹，若有漏油痕迹，说明油底壳固定螺栓松动或衬垫损坏，应紧固或更换。

b. 检查发动机曲轴的前、后端是否有漏油痕迹，若有漏油痕迹，应检查曲轴的前、后油封是否损坏，曲轴皮带轮与油封接触面磨损是否严重，后轴盖的回油孔是否被堵塞等。

c. 检查发动机气门室盖垫处是否有漏油痕迹，若有漏油痕迹，应检查气门室盖螺栓是否松动、密封衬垫是否损坏等。

d. 检查润滑系统的其他部件是否有漏油痕迹，若有漏油痕迹，则应先紧固其固定螺栓，再检查其密封垫是否损坏。

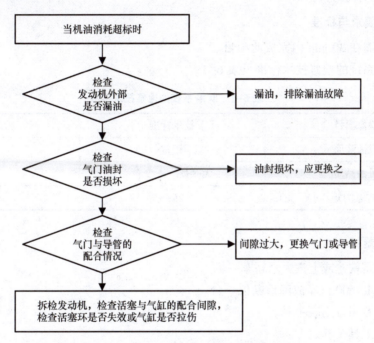

图 6-17 机油消耗异常故障诊断与排除的流程

② 在上述检查过程中，若发现发动机多处有机油渗出，但又找不出明显的漏油处，则检查曲轴箱的通风装置，清理曲轴箱通风管道中流量控制阀处的积炭和结胶。

③ 若发动机外部无漏油痕迹，则应使发动机正常运转，检查排气管排出的废气颜色和机油加注口处是否有废气排出。

a. 若排气管冒蓝烟，同时机油加注口也向外冒蓝烟，则为活塞、活塞环与气缸壁磨损过大，活塞环的端隙、背隙和边隙过大，多个活塞环的端隙对口，扭曲环装反等，使机油窜入燃烧室燃烧造成。

b. 若排气管冒蓝烟，机油加注口不冒烟，而气门室罩向外窜烟，则应检查气门导管处的气门油封是否损坏、气门导管与气门杆的间隙是否过大等。

④ 安装有机油散热器的发动机上，若在冷却系统中发现有机油，则应检查散热器的散

热管是否脱焊、腐蚀或破裂。

## 二、任务实施

### 项目1　润滑系统维护

**1. 项目说明**

汽车行驶一定里程，汽油机润滑系统就会出现润滑油变质、润滑油消耗、管路漏油、机油滤清器堵塞、机油压力不足等故障现象，从而使发动机磨损加剧，导致发动机功率下降，燃料消耗明显增加，发动机排放变差，因此应按技术标准对发动机润滑系统进行维护，以恢复发动机的技术状况。

**2. 技术要求与标准**

① 学员需在 30 min 内完成此项目。
② 润滑系统的检修技术标准见表 6-1。

表 6-1　润滑系统的检修技术标准

| 检修项目 | 技术标准 | 检测结果 |
| --- | --- | --- |
| 机油液面 | 正常 | |
| 机油品质 | 无杂质、不变色 | |
| 机油滤清器拧紧力矩/（N·m） | 25±5 | |

**3. 设备器材**

① 东风雪铁龙或上汽大众轿车一辆。
② 博世 KT600 汽车故障诊断仪一台。
③ 汽车专用万用表一只。
④ 常用工具一套。
⑤ 吸油棉纱、油盘等。

**4. 作业准备**

① 爱丽舍轿车准备。　　　　　　　　　　□ 任务完成
② 举升器准备。　　　　　　　　　　　　□ 任务完成
③ 检测仪器准备。　　　　　　　　　　　□ 任务完成
④ 常用工具准备。　　　　　　　　　　　□ 任务完成
⑤ 记录单准备。　　　　　　　　　　　　□ 任务完成

**5. 操作步骤**

（1）维护操作要领

操作要领做到："一指、二边、三到"。

"一指"。在维护操作的每一个步骤中，如发现有问题应通过服务顾问向用户指出，并

在派工单上注明。

"二边"。要边检查边记录。

"三到"。目视检查的部位要做到眼到、手到和嘴到。

(2) 机油油量的检查（资源6-5）

① 将车辆停放在平坦的地面上，如图6-18所示。

② 发动机起动前或熄火后等待10~15 min，以使机油回到油底壳。

③ 拔出油位指示器（机油标尺）。

资源6-5 机油检查方法

④ 用洁净软布将油位指示器擦拭干净，并将它完全插回到油底壳，如图6-19所示。

⑤ 再次拔出机油标尺，并察看上面显示的油位，如图6-20所示。超过上限Ⓐ与下限Ⓑ标记1/2处为合格，否则应在排除泄漏后再添加到接近上限标记处。

⑥ 获取读数后，将油位指示器完全插回到油底壳。

⑦ 必要时添加机油，使机油液面在标尺上超过上限Ⓐ与下限Ⓑ标记1/2处，如图6-21所示。不要加注过量的发动机机油，否则可能导致发动机损坏。添加机油时，一定要添加相同牌号的机油，以免引起机油变质。若无同一牌号的机油，则应全部更换。

图6-18 车辆停平

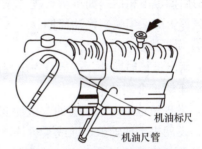

图6-19 机油标尺插到油底壳

图6-20 查看机油液面位置

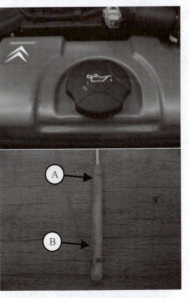

图6-21 机油液面刻度线

学习任务六 润滑系统检修

183

⑧ 清洁擦拭干净。

（3）机油品质的检查

① 起动发动机，待达到正常工作温度后停机。

② 拔出机油标尺，将机油标尺上的机油滴在色纸上（最好是滤纸），放置一定的时间后观察油滴的扩散情况及油斑中心的颜色，如图 6-22 所示。

　　a. 若油滴的核心部分呈深灰色、褐色且透明，则属正常，机油可继续使用。

　　b. 若油滴呈乳液状且油滴的扩散范围较大，外围颜色较浅，说明机油中掺入了燃油或冷却液，则机油已不能继续使用，应更换。

　　c. 若油斑上积聚较多金属微粒或黑色沉淀物，则说明机油已老化变质，应更换。

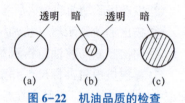

图 6-22　机油品质的检查

(a) 正常；(b) 半老化；(c) 老化

（4）机油的更换（资源 6-6）

发动机机油使用一段时间后，会逐渐失去润滑性能，必须及时更换。

机油更换周期一般为 5 000~12 000 km，但车辆运行条件不同，换油的周期也不相同。如车辆行驶在灰尘多的道路上、寒冷季节、潮湿地区等，应适当缩短换油周期。

资源 6-6　更换机油和滤清器

① 须更换机油的情况。

除超出运行周期外，在运行中出现以下情况时，也必须更换机油。

　　a. 车辆走合期结束。

　　b. 发现机油中有水或燃油，机油变质或机油黏度过小。

　　c. 发动机出现轴承烧蚀或某机件严重磨损，机油中有大量金属屑时。

② 更换发动机机油和机油滤清器。

　　a. 车辆停放在水平地面 10 min 以上，检查机油液位应超过机油标尺上、下限标记 1/2 处，如液位过低应先查明原因。

　　b. 拧下油底壳上的放油螺塞，趁热放出机油并用专用的容器收集发动机内的旧机油，如图 6-23 所示。

图 6-23　拧下放油螺塞放出机油

　　c. 排空机油，至呈滴状流出且≤1 滴/s。

　　d. 更换放油螺塞密封圈，螺塞用手完全拧入后拧紧。

　　e. 更换机油滤清器或滤芯。

清洁和擦拭机油滤清器与支座相接合的工作面，润滑机油滤清器新换的油封，装配新的机油滤清器，拧紧力矩为 25 N·m±5 N·m。

清洁和擦拭机油滤清器与滤清器支座相接的工作面；将滤芯从机油滤清器壳上拆下并清洁；将新的滤芯和机油滤清器壳上的柱塞管接在一起；更换新的机油滤清器密封圈并润滑；重新装上机油滤清器壳（拧紧力矩 25 N·m），如图 6-24 所示。

f. 加注标准量的机油，或接近机油标尺上限处，如图 6-25 所示。

g. 起动发动机并运行 1 min 以上，同时检查有无机油泄漏。

h. 停机后检查油位，将其添加到接近机油标尺上限处。

i. 清洁并擦拭干净。

图 6-24　机油滤清器壳拧紧

图 6-25　加注机油

③ 注意事项如下。

a. 必须更换放油螺塞密封圈。

b. 使用车辆生产厂家推荐的机油。

c. 先拆机油滤清器以利于机油排空。

d. 要排除滤清器座内的残存机油。

e. 使用机油滤清器专用工具（两种）。

f. 按规定拧紧力矩扭紧。

**6. 记录与分析**

润滑系统维护作业表见表 6-2。

表 6-2　润滑系统维护作业表

| 学生姓名 | | 班级、学号 | | 发动机型号 | |
|---|---|---|---|---|---|
| 项　　目 | | 作业记录 | | 项目实施情况 | 备　注 |
| 维护保养里程或时间 | | | | | |
| 仪表故障灯 | | | | | |
| 机油油量的检查 | | | | | |
| 机油品质的检查 | | | | | |
| 机油是否更换 | | | | | |

续表

| 学生姓名 | | 班级、学号 | | 发动机型号 | | |
|---|---|---|---|---|---|---|
| 项目 | | 作业记录 | | 项目实施情况 | | 备注 |
| 选用机油的牌号 | | | | | | |
| 滤清器座内是否清洁 | | | | | | |
| 滤芯是否更换 | | | | | | |
| 机油滤清器壳紧固力矩/（N·m） | | | | | | |
| 加注机油量/L | | | | | | |
| 文明操作及安全生产 | | | | | | |
| 处理意见 | | | | | | |

## 项目 2　润滑系统机油压力过低检修

### 1. 项目说明

某排量为 1.6 L 的轿车，行驶里程为 110 000 km，发动机起动后，机油报警灯常亮。请按照技术标准对发动机润滑系统进行检修，以恢复发动机的技术状况。

### 2. 技术要求与标准

① 学员需在 30 min 内完成此项目。
② 润滑系统机油压力过低的检修技术标准见表 6-3。

表 6-3　润滑系统机油压力过低的检修技术标准

| 检修项目 | 技术标准 | 检测结果 |
|---|---|---|
| 仪表机油灯 | 发动机工作后不常亮 | |
| 机油压力/MPa | 0.2~0.5 | |
| 机油泵齿隙/mm | ≤0.1 | |

### 3. 设备器材

① 东风雪铁龙或上汽大众轿车一辆。
② 博世 KT600 汽车故障诊断仪一台。
③ 汽车专用万用表一只。
④ 常用工具一套。
⑤ 吸油棉纱、油盘等。

### 4. 作业准备

① 爱丽舍轿车准备。　　　　　　　　　　□任务完成
② 举升器准备。　　　　　　　　　　　　□任务完成
③ 检测仪器准备。　　　　　　　　　　　□任务完成

④ 常用工具准备。　　　　　　　　　□ 任务完成
⑤ 记录单准备。　　　　　　　　　　□ 任务完成

**5. 操作步骤**

① 打开点火开关，检查机油灯，如图 6-26 所示。
② 发动机怠速运转，机油灯常亮，需要检修润滑系统，如图 6-27 所示。

图 6-26　机油灯检查　　　　　　　　图 6-27　怠速时机油灯常亮

③ 检查机油液面是否正常，若不正常则应添加至规定值。
④ 观察机油的黏度是否正常，若不正常则应予以更换。
⑤ 检查机油压力是否真正过低。

起动发动机，使其运转至正常工作温度，在发动机的机油主油管道上接上一只油压表，在不同的运转工况下检查机油压力是否正常。

当发动机处于怠速工况时，机油压力应为 123~128 kPa；在汽车行驶时，机油压力一般应保持在 200~5 100 kPa；发动机温度较高而转速较低时，油压应不低于 200 kPa；发动机温度较低而转速较高时，油压应不高于 500 kPa。（精确的油压规定值可参考各型号汽车的维修说明书。）

若判断机油压力正常，则应检查机油压力传感器或机油压力过低报警传感器的技术状况是否正常以及线路的连接是否正常。

若判断机油压力真正过低，则放掉发动机润滑油，拆下油底壳，检查机油集滤器是否堵塞，检查机油泵及限压阀技术状况以及各进出油管、油道及油堵是否漏油。

a. 齿轮式机油泵的检查。

（a）检查机油泵齿轮：若齿轮轮齿上有毛刺，则可用油石磨光；若轮齿上有缺陷，则应更换齿轮。

（b）检查机油泵齿轮的端面间隙：如图 6-28 所示，用直尺和塞尺检查齿轮端面到泵盖端面的距离。若间隙过小，可将泵体置于平板上修磨；若间隙过大，应更换齿轮或机油泵。

（c）检查齿轮的啮合间隙：如图 6-29 所示，用厚薄规测量齿轮的啮合间隙，同时在相邻 120°三点上进行测量，其啮合间隙相差不应超过 0.1 mm。若啮合间隙超过使用限度，应更换主、从动齿轮。

（d）检查齿轮与机油泵体间的径向间隙：如图 6-30 所示，用塞尺测量主、从动齿轮与机油泵体间的径向间隙。若间隙超过使用限度，应更换齿轮或机油泵。

拆修机油泵时，应将限压阀及弹簧取出，认真检查。如果限压阀与阀座由于磨损而失去密封性，对于带球面或锥面的柱阀，可在阀与阀座上涂气门砂研磨，恢复其密封性。若是钢

球,可用钢球冲击阀座,并更换新钢球,使其密封。

当限压阀弹簧弹力略为不足时,一般可通过调整螺栓进行调整,必要时也可在弹簧下加垫片。若弹簧过软或折断,则应更换新弹簧。

图 6-28　检测机油泵齿轮的端面间隙

图 6-29　检测齿轮的啮合间隙

图 6-30　检测齿轮与机油泵体间的径向间隙

b. 机油泵性能试验。机油泵装复后应进行试验,确认性能良好后再装车。

(a) 简易试验法。将机油泵和集滤器装复后,一同放入清洁的机油池中,用螺丝刀按顺时针方向转动机油泵轴,应有机油从出油孔中排出,如用拇指堵住出油孔,继续转动机油泵时,应感到有压力。

机油泵各间隙的使用限度见表 6-4。

表 6-4　机油泵各间隙的使用限度　　　　　　　　　　　　　　　　　　　mm

| 结构类型 | 使用限度 | | | |
| --- | --- | --- | --- | --- |
| | 泵体间隙 | 转子或齿轮啮合间隙 | 端面间隙 | 泵轴间隙 |
| 外齿轮式 | 0.20 | 0.25 | 0.15 | 0.15 |
| 内齿轮式 | 0.20 | 0.20 | 0.20 | 0.15 |

(b) 试验台试验法。将机油泵装复后应在试验台上试验。例如 CA6102 型发动机机油泵的转速在 1 800 r/min 时,泵油量应为 67.5 L/min,机油压力约为 600 kPa。EQ6100-1 型发动机机油泵的转速在 1 000 r/min 时,泵压力约为 147 kPa。

可以通过增减限压阀螺塞下面的调整垫片或限压阀弹簧座处的垫片来调整机油泵压力。

⑥检查主轴承、连杆轴承、凸轮轴轴承是否磨损严重。(参见学习任务一　曲轴飞轮组检修)

## 6. 记录与分析

机油压力过低检修作业表见表 6-5。

表 6-5　机油压力过低检修作业表

| 学生姓名 | | 班级、学号 | | 发动机型号 | |
|---|---|---|---|---|---|
| 项目 | | 作业记录 | | 项目实施情况 | 备注 |
| 维护保养里程或时间 | | | | | |
| 仪表故障灯的检查 | | | | | |
| 机油油量的检查 | | | | | |
| 机油黏度的检查 | | | | | |
| 机油是否更换 | | | | | |
| 机油压力的检测 | | | | | |
| 机油压力传感器及线路的检查 | | | | | |
| 油路是否堵塞或漏油的检查 | | | | | |
| 检查机油泵间隙值 | 齿轮检查 | | | | |
| | 端面间隙 | | | | |
| | 啮合间隙 | | | | |
| | 径向间隙 | | | | |
| | 泵轴间隙 | | | | |
| 文明操作及安全生产 | | | | | |
| 处理意见 | | | | | |

## 三、故障案例

### 案例 1　汽车仪表损坏，造成机油报警灯亮

**1. 涉及车型**

东风雪铁龙爱丽舍轿车。

**2. 故障现象**

一辆行驶里程为 120 000 km 的东风雪铁龙爱丽舍轿车，冷车时水温灯一直闪亮，怠速时不亮，加速时水温报警。如果打开全车灯光，开空调加速，机油报警灯亮。

**3. 故障诊断与排除**

首先检查相关搭铁，良好。再检查发电机发电量，也正常。再直接检查到达仪表的电压，发现电压在用电器增加时有一点变化，但这点变化应是正常的。所以最后确认为仪表里的稳压器出现了故障。因此，更换稳压器，故障排除。

## 案例2  发动机机油泵滤网堵塞，造成机油报警灯常亮

**1. 涉及车型**

东风雪铁龙爱丽舍轿车。

**2. 故障现象**

一辆行驶里程为 80 000 km 的东风雪铁龙爱丽舍轿车，机油灯常亮。

**3. 故障诊断与排除**

针对此故障，首先检查机油量，拔下机油标尺检查机油，在规定范围内。于是拆下机油压力开关，将其拧到机油压力检测仪（V.A.G1342）上，再将检测仪拧到机油滤清支架上的机油压力开关位置，检测仪的棕色导线接地，用辅助线（V.A.G1594）将二极管试灯（V.A.G1527B）接到蓄电池正极和机油压力开关上，发光二极管不亮，说明机油压力开关没故障。起动发动机，使机油温度达到 80 ℃（散热器风扇运转过一次时），把发动机加速到 2 000 r/mir，此时从机油压力检测仪上读出的机油压力为 1.8 bar（1 bar=$10^5$ Pa），比标准值（2.7~4.5 bar）明显偏低。

显然引起机油灯亮的直接原因是机油压力不足。于是拆下发动机油底壳检查机油泵，当拆下油底壳后，发现机油泵的滤网上有较多密封胶粘在上面。问题就在此，即滤网堵塞而引起泵油量不足。经询问车主，原来此车在别的修理厂修过油底壳，当时维修工在安装时可能涂了太多的密封胶，导致部分密封胶落入油底壳而堵塞大部分滤网。清洗干净机油泵滤网，装回发动机油底壳，加好机油，起动发动机，机油灯熄灭，故障排除。

## 案例3  机油滤清器故障，引起发动机机油报警灯常亮

**1. 涉及车型**

发动机排量为 2.5 L 的奥迪 A6 轿车。

**2. 故障现象**

一辆行驶里程为 50 000 km 的 2012 款奥迪 A6L 轿车，搭载 CLX 发动机，匹配 0AW 型自动变速器，该车机油报警灯常亮。

**3. 故障诊断**

维修人员用故障诊断仪 V.A.S5052 检测到发动机控制单元中有故障码 P164D——用于机油压力减小的机油压力开关失效。使用专用工具 V.A.S1342 测量机油压力，怠速时压力为60 kPa，明显低于正常的 120 kPa。根据机油泵的工作原理进行逐步排查，在检查机油滤清器座时，发现限压阀和固定片之间松动。

**4. 故障排除**

更换机油滤清器，故障排除。

**5. 故障分析**

此类故障通常是因为使用非原厂机油滤清器或不正当操作引起的。例如有的副厂机油滤清器与原厂零件相比长度偏短，很可能会出现滤芯被吸瘪的现象。这也会引起油压故障，甚

至还会导致机油与滤清器之间产生干涉异响。

## 案例4　发动机烧机油，排气管冒蓝烟

**1. 涉及车型**

东风雪铁龙爱丽舍轿车。

**2. 故障现象**

一辆东风雪铁龙爱丽舍汽车在保养后机油无故缺失，并且排气管冒蓝烟。

**3. 车辆维修记录**

车辆在14 600 km时去维修站做了保养，在2010年元旦假日服务时该车又到维修站检查，发现机油已下降至机油标尺的最底线，此时该车行驶里程为19 000 km，出于谨慎服务站为该车加注了1.5 L机油，并做详细记录。车辆在20 000 km时来站做常规换油保养时发现机油有缺失，维修站提醒客户注意机油油位，在车辆行驶至22 500 km时车主发现机油严重缺失。

**4. 故障诊断**

① 检查气缸盖，发现进气歧管内气门杆上有机油附着，拆下气缸盖燃烧室，发现燃烧室有机油燃烧痕迹。

② 从气缸盖上拆下气门，发现进、排气门杆上有麻点。

③ 更换进、排气门和气门导管油封后，故障排除。

**5. 故障分析**

该故障是由于气门杆上有麻点，造成气门杆与气门油封之间密封不严，以致机油从气门杆上渗入燃烧室，产生机油无故缺失、排气管冒蓝烟的现象。

## 案例5　机油泵技术状况变差，造成机油压力过低报警灯常亮

**1. 涉及车型**

东风雪铁龙爱丽舍轿车。

**2. 故障现象**

机油压力过低报警灯常亮。

**3. 故障分析**

发动机机油压力过低、报警灯经常报警的原因主要有以下几个方面：一是润滑油质量差，黏度过低或被燃油稀释；二是发动机温度过高，机油受高温影响，黏度过低；三是机油集滤器堵塞；四是机油泵技术状况变差，泵油能力降低；五是限压阀密封不好，弹簧弹力过小或失效；六是发动机其他技术状况的影响，如轴瓦配合间隙过大而造成机油泄漏过多等。

**4. 故障诊断**

为了找到故障原因，首先检查机油质量，发现黏度正常、质量良好、油面高度正常。起

动发动机试车，在冷态低速工作时，油压报警灯即发亮，冷却液升温后，发动机到中等转速以上时，油压报警灯才熄灭。机油滤清器更换不久，于是换上在其他车上工作良好的油压过低报警开关进行试验，故障依旧没有消除，这表明机油压力过低报警系统工作正常。

在以上检查均正常的情况下，继续检查机油泵。先打开油底壳，目测机油泵、机油集滤器和各油管等都没有发现异常，于是将其分解进行更进一步的检查。

① 将限压阀分解，检查限压阀柱塞无卡阻现象，弹簧弹力正常，可以断定其工作可靠，于是将其装复。

② 用厚薄规测量内转子齿顶与外转子内廓面的间隙，标准值为不大于 0.15 mm，最大极限为 0.25 mm，但实测值为 0.30 mm，超过了规定范围。

③ 用厚薄规测量外转子与泵体的间隙，标准值为 0.10~0.16 mm，实测值为 0.30 mm，也超过了规定的极限值。

④ 用厚薄规测量转子端面与泵体端面的间隙，即轴向间隙，其标准值应为 0.03~0.09 mm，但实测值为 0.22 mm，也超过了极限值。

上述②、③、④三项的检测结果表明：该车机油压力过低的原因是机油泵经过长期使用后，其技术状况变差。按照规定更换机油泵的内转子和外转子，修磨机油泵壳端面后即可恢复其良好的技术状况。该车因配件问题，更换了新的机油泵部件，故障排除。

## 四、拓展学习（资源6-7）

资源 6-7　拓展学习

# 学习任务七
## 汽油机电控点火系统检修

### 工作情境描述

某辆行驶里程为 50 000 km 的轿车，起动机正常运转，发动机无法起动，检查发动机无高压火花。请你完成汽油机电控点火系统的检修。

### 学习目标

通过本任务学习，应能：
1. 诊断汽油机电控点火系统高压无火故障，并分析故障原因。
2. 确定合适的诊断程序。
3. 运用检测和诊断设备获取汽油机电控点火系统数据信息，判断高压无火故障。
4. 参阅维修手册，制定汽油机电控点火系统高压无火故障的维修作业。

## 一、知识准备

### （一）汽油机电控点火系统检修概述

**1. 汽油机电控点火系统检修注意事项**

① 在发动机起动和运转时，不要用手触摸点火线圈和高压导线、分电器等，以免被高压电电击。

② 在高压试火时，应用绝缘橡胶夹夹住高压导线，不要直接用手接触高压导线，否则易造成电击。

③ 用逐缸断火法来检验各缸的工作情况时，应先将断火缸高压导线端搭铁，即用短路法而不是用开路法断火，否则会产生次级高电压而烧坏电路。

④ 点火正时对发动机工作正常与否影响很大，因此，发动机工作不良或发动机拆修后，不要忽视对点火正时的检查。

⑤ 在检查点火信号发生器（曲轴位置传感器）时，应注意以下几点：对磁感应式点火信号发生器，在打开分电器盖时，注意不要让垫片、螺钉之类的金属掉入其中，检查导磁转子与定子之间气隙时，要用无磁性塞规，并注意不要硬塞强拉；对于光电式点火信号发生器（传感器），不要轻易打开分电器盖，在确定需要打开检查时，要防止尘土进入其内。

⑥ 当采用蓄电池模拟点火信号检查电子点火器时，测量动作要快，蓄电池连接的持续

时间一般不要超过 5 s。

⑦ 拆卸或安装电路部件之前，应先关闭点火开关或拆下蓄电池的负极搭铁线。

⑧ 在车上进行电焊作业时，应先拆去蓄电池的搭铁线和电子控制单元的连接器。

⑨ 使用快速充电设备对蓄电池充电时，必须从汽车上拆下蓄电池上的"+""-"接线柱电缆。

⑩ 清洗发动机时，必须关闭点火开关。

**2. 汽油机电控点火系统故障特征**

（1）点火系统高压无火故障特征

① 接通点火开关，起动机能带动发动机曲轴运转，点火系统无高压火。

② 低压电路故障原因。

a. 曲轴位置传感器连接电路断路或短路。

b. 曲轴位置传感器工作性能不良。

c. 点火控制模块性能失效或连接线束松脱、断路或短路。

d. 点火线圈的初级绕组断路。

③ 高压电路故障原因。

a. 点火线圈的次级绕组断路。

b. 高压线断路。

c. 火花塞工作不良。

（2）点火系统高压火花弱故障特征

① 发动机起动困难，跳火试验高压火花弱，急速不稳，排气冒黑烟，加速性及中高速性较差等。

② 高压火花弱故障原因。

a. 点火器、点火线圈不良。

b. 高压导线电阻过大。

c. 火花塞漏电或积炭。

d. 点火系统供电电压不足或搭铁不良等。

（3）点火正时失准故障特征

① 发动机不易起动，急速不稳；发动机动力不足，水温偏高；发动机易爆易燃等。

② 点火正时失准故障原因。

a. 初始点火提前角调整不当。

b. 点火基准传感器和曲轴位置与发动机转速传感器工作不良或安装位置不正确。

（4）点火性能随工况变化故障特征

① 低速工作正常，高速时失速；温度低时正常，温度高时不正常；刚起动时正常，工作一段时间后出现故障等。

② 点火性能随工况变化的故障原因。

a. 点火基准传感器和曲轴位置与发动机转速传感器等安装松动。

b. 电路连接器件接触不良。

c. 点火器热稳定性差。

d. 点火线局部损坏或被击穿。

e. 高压线电阻过大等。

**3. 汽油机电控点火系统故障诊断基本程序**

（1）向车主调查

向用户询问故障发生的时间、征兆、条件、过程，是否已检修过，以及检修过的部位等。

（2）外部检查

系统各部件是否齐全，线路连接器及配线是否有松动、脱接，电线有无接错。

（3）起动机转速正常

按常见故障的诊断方法来诊断是低压电路故障、高压电路故障还是点火正时失准。电控点火系统故障诊断基本程序如图7-1所示。

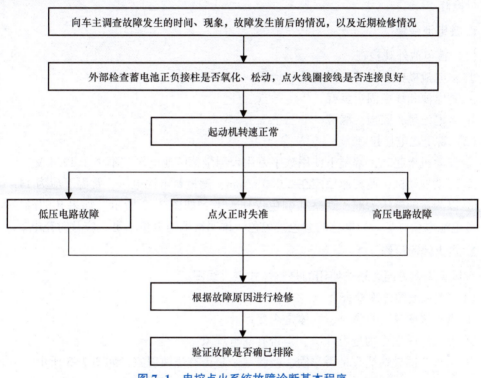

图 7-1 电控点火系统故障诊断基本程序

**4. 电控点火系统元件故障诊断**

不同元件或其电路发生故障时，会产生不同的故障现象。电控点火系统主要元件故障与发动机故障现象之间的对应关系见表7-1。

表 7-1 电控点火系统主要元件故障与发动机故障现象之间的对应关系

| 序号 | 元件名称 | 发动机故障现象 |
| --- | --- | --- |
| 1 | ECU | 发动机不能起动，发动机性能失常 |
| 2 | 发动机转速和曲轴位置传感器 | 发动机不能起动、加速不良、怠速不稳、间歇性熄火 |
| 3 | 点火线圈 | 发动机不能起动、无高压火花、次级电压过低 |
| 4 | 点火控制器 | 发动机不能起动、无高压火花、次级电压过低、怠速不良 |
| 5 | 点火信号发生器 | 发动机不能起动，发动机工作不稳、怠速不稳、易熄火 |
| 6 | 点火正时失准 | 发动机抖动、爆燃、怠速不稳、发动机动力不足 |

### （二）汽油机电控点火系统主要部件检修

汽油机电控点火系统一般由四部分组成：一是向点火系统提供所需电能的电源（蓄电池、发电机）和接通或断开电源电路的点火开关；二是处理信号并发出工作指令，从而完成对点火提前角、通电时间和爆震控制的电控单元（ECU）；三是监测发动机运行状况，为ECU提供点火提前角依据的各类传感器（凸轮轴位置传感器、发动机转速与曲轴位置传感器、爆震传感器、节气门位置传感器、冷却水温度传感器）；四是执行ECU指令的执行器（点火线圈、火花塞）。

汽油机电控点火系统检修主要是以东风雪铁龙爱丽舍轿车为例，对主要部件及其控制电路进行检修。

**1. 蓄电池检修**

（1）蓄电池外观检查

① 蓄电池极柱应清洁，无锈蚀和烧损。

② 蓄电池和线束固定良好。

③ 蓄电池是否破损、漏液。

（2）蓄电池电压检查

① 发动机未起动，常温下使用数字万用表测量蓄电池电压应不小于 12.4 V。

② 起动发动机，使转速稳定在 2 000 r/min，测量蓄电池电压，常温下应为 14~14.8 V。

③ 以测量的电压为准，观察孔颜色仅作参考，如图 7-2 所示。如果孔的颜色是绿色，说明蓄电池电量充足；如果孔的颜色是黑色，说明蓄电池电量不足，应及时充电。

**2. 点火线圈检修**

东风雪铁龙爱丽舍轿车使用的是整体式点火线圈。

（1）点火线圈外观检查

① 点火线圈是否有裂纹、壳体是否变形。

② 点火线圈填充物是否外溢、是否有漏电现象。

③ 点火线圈导线插头是否牢固、接线端子是否有烧蚀现象，如图 7-3 所示。

观察孔的颜色在没有测量手段时作参考

图 7-2　初步检查蓄电池电压

图 7-3　点火线圈外观检查

（2）点火线圈供电电压的检查

点火开关置"OFF"，拆下点火线圈插接器；点火开关置"ON"，由蓄电池—发动机舱保险丝盒—点火开关—座舱保险丝盒—多功能双继电器—点火线圈4#端子的供电电压应为12 V，否则应检查保险丝、继电器或者相关线路。

（3）点火线圈绝缘性能的检查

用万用表电阻挡测量点火线圈任一接线柱与壳体之间的电阻值，阻值应为∞；否则说明点火线圈绝缘不良，应更换该点火线圈。

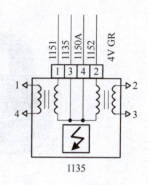

图7-4　点火线圈电路图

（4）点火线圈电阻的检查

① 初级绕组。1#—4#、2#—4#端子间电阻标准值为0.60~0.90 Ω，1#—2#端子间的电阻是它的2倍，如图7-4所示。

② 次级绕组。电阻标准值为21 kΩ。

（5）点火线圈插接器的检查

点火线圈插接器3#端子是接收来自电控单元ECU的信号线。

（6）点火线圈的检查

利用汽车故障诊断仪对点火线圈进行检查。

① 读数据流，如图7-5所示。

② 检查点火线圈工作情况，如图7-6所示，若工作不正常，则点火线圈显示"缺火"，应检修或更换。

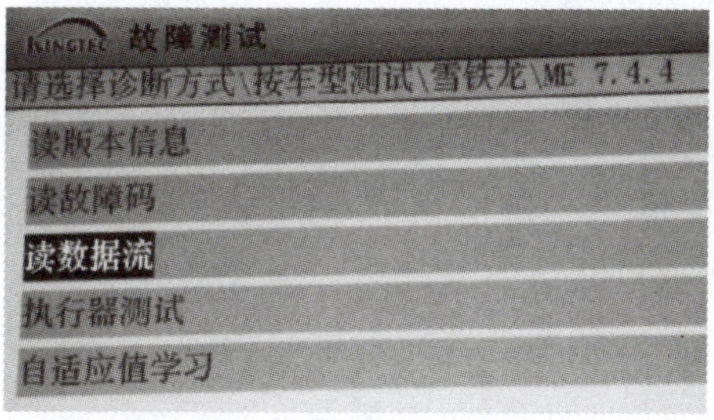

图7-5　读数据流 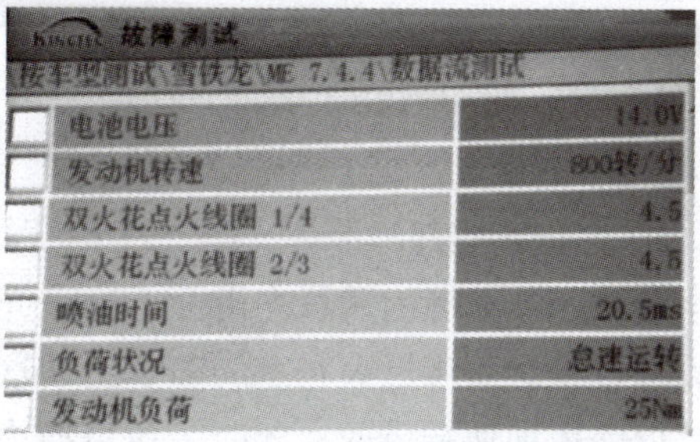　　　　　图7-6　检查点火线圈工作情况

### 3. 火花塞检修

（1）火花塞外观检查

如果火花塞工作正常，则各个火花塞外观应该是一样的。若某个气缸的火花塞外观与其他气缸的不一样，则表明该缸的火花塞的相关系统可能存在问题。火花塞外观检查应包括以下几方面。

① 火花塞积炭。如图7-7所示，这种情况一般是混合气过浓或火花塞不能点火所引起的。只要将火花塞的电极进行清理，恢复原来的间隙，就可以继续使用。若发动机长时间怠速或低速运行造成积炭，建议更换热值高一些的火花塞。

② 火花塞油污。润滑油可能通过已经磨损的气门导管或者气门导管油封进入发动机燃烧室，造成火花塞尖端被过多的润滑油浸透。当发现火花塞出现油污后（图7-8），应更换新的火花塞。

③ 火花塞电极烧蚀。火花塞电极烧蚀（图7-9）一般是由发动机温度过高所引起的，其特点是电极熔化或者电极端部被削减变形。出现烧蚀时，应更换新的火花塞。

图7-7　火花塞积炭

图7-8　火花塞油污

(a)

(b)

图7-9　火花塞电极烧蚀
(a)中心电极烧蚀；(b)侧电极烧蚀

④ 火花塞裙部绝缘体光亮。火花塞裙部绝缘体光亮是指燃烧室内的积炭在火花塞绝缘体上形成一层光亮的黄色光滑面。当该光滑面达到足够高的温度时，会成为导电体，从而使电流通过积炭而流过火花塞间隙。出现这种现象一般是在低速或者怠速行驶一段时间后猛踩节气门踏板加速造成的。此时，应更换火花塞。

（2）火花塞的点火电压检查

① 如图7-10所示，用示波器测试次级电路的波形，波形中的最高线是火花塞的点火电压。火花塞的点火电压直接影响到发动机的工作状况，点火电压的高低与火花塞或次级电路的状况、发动机温度、可燃混合气状况及气缸压缩压力等很多因素有关。在测试和检查火花塞的点火电压时，要求以下两点。

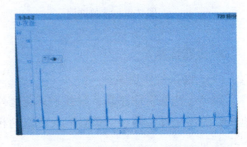
图7-10　火花塞点火电压

a. 点火电压的大小应该在7~13 kV。（点火高压波形参考资源7-1）

b. 各个气缸火花塞的点火电压之间的差值不超过3 kV。

② 如果一个或者多个气缸的点火电压不一致，偏低或者偏高，可参考表7-2找出可能的原因和修理方法。

资源7-1　点火高压波形

表 7-2　点火电压不正常故障的原因和修理方法

| 故障现象 | 可能原因 | 修理方法 |
| --- | --- | --- |
| 各缸点火电压相同但高于正常值 | 点火正时延迟 | 保持正确的点火正时 |
| | 混合气过稀 | 检查进气歧管是否有泄漏 |
| | 点火线圈导线的电阻值高 | 更换点火线圈导线 |
| 各缸点火电压相同但低于正常值 | 混合气过浓 | 检查空气滤清器是否堵塞 |
| | 点火线圈或导线裂纹引起电弧 | 更换点火线圈或导线 |
| | 点火线圈输出电压低 | 更换点火线圈 |
| | 发动机气缸压缩压力低 | 确定原因并修复 |
| 个别缸的点火电压高 | 火花塞导线的电阻大 | 更换火花塞导线 |
| | 进气歧管有泄漏 | 修理泄漏 |
| | 火花塞间隙过大 | 调整间隙或更换火花塞 |
| | 火花塞接线柱腐蚀 | 更换火花塞 |
| 个别缸的点火电压低 | 火花塞导线破裂 | 更换火花塞导线 |
| | 火花塞脏污或间隙过小 | 清洁、调整或更换 |
| | 发动机气缸压缩压力低 | 确定原因并修复 |

(3) 火花塞间隙检查

① 火花塞电极间隙一般为 0.8~1.3 mm。

② 火花塞电极间隙 "$a$" 如图 7-11 所示。

**4. 点火正时的检查**

(1) 利用点火正时仪检测点火提前角

① 检测点火正时仪。

a. 点火正时仪如图 7-12 所示。

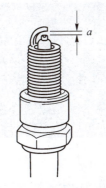

图 7-11　火花塞电极间隙

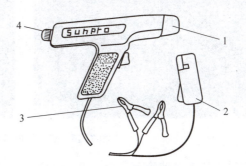

图 7-12　点火正时仪

1—正时仪；2—点火脉冲传感器；
3—电源夹；4—电位器旋钮

b. 发动机综合测试仪上的正时仪如图7-13所示。

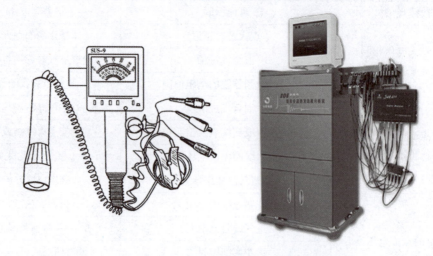

图7-13 发动机综合测试仪上的正时仪

② 利用点火正时仪测量点火提前角的示意图如图7-14所示。

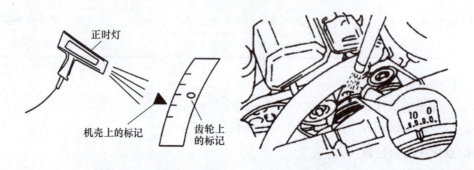

图7-14 测量点火提前角示意图

③ 点火正时仪的使用方法如图7-15所示。

图7-15 点火正时仪的使用方法

a. 擦拭飞轮或曲轴传动带盘上第1缸压缩终了上止点标记，用粉笔或油漆将标记描白。
b. 接上正时仪（灯）电源，再将传感器夹持在第1缸高压导线或信号线上。
c. 使发动机在怠速下稳定运转，打开正时灯，并对准飞轮壳或机体前端面上的固定指针标记。

d. 调正时灯电位器，使飞轮或曲轴传动带盘上的标记逐渐与固定指针对齐，此时表头的读数即为发动机怠速运转时的点火提前角。

e. 采用同样的方法可分别测出不同工况时的点火提前角。

f. 若测出的点火提前角符合规定，说明初始点火提前角正确。不同类型的发动机有不同的点火提前角。

（2）利用汽车故障诊断仪读取点火提前角

① 读取东风雪铁龙发动机点火提前角，如图7-16所示。

图7-16　读取东风雪铁龙发动机点火提前角

② 上汽大众 Passat1.8T 发动机，输入组号03，读取点火提前角，如图7-17所示。

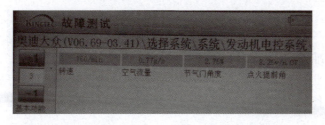

图7-17　读取 passat1.8T 发动机点火提前角

（3）点火提前角大小对发动机的影响

① 点火提前角过小，导致发动机发热，功率下降，排气管放炮、冒黑烟等。

② 点火提前角过大，导致发动机爆震和运转不平稳，加速运动部件及轴承的损坏。

## 二、任务实施

### 项目1　汽油机电控点火系统维护

**1. 项目说明**

汽车行驶一定里程后，汽油机电控点火系统会出现高压无火、高压火花弱、点火正时失准等故障现象，从而使发动机起动困难或不易起动，加速不良，燃料消耗明显增加。因此，应按技术标准对汽油机电控点火系统进行维护，以恢复发动机的技术状况。

**2. 技术要求与标准**

① 学员需在 30 min 内完成此项目。

② 汽油机电控点火系统的检修技术标准见表7-3。

表 7-3　汽油机电控点火系统的检修技术标准

| 检修项目 | 技术标准 | 检测结果 |
| --- | --- | --- |
| 蓄电池电压/V | 大于 12.4 | |
| 怠速时点火提前角/（°） | 4 | |
| 点火线圈 | 无缺火 | |

**3. 设备器材**

① 东风雪铁龙（配备 EP8 发动机）或上汽大众（配备 Passat 1.8T 发动机）轿车一辆。
② 博世 KT600 汽车故障诊断仪一台。
③ 汽车专用万用表一只。
④ 常用工具一套。
⑤ 棉纱、气压吹枪等。

**4. 作业准备**

① 爱丽舍轿车准备。　　　　　　　　　　　□ 任务完成
② 举升器准备。　　　　　　　　　　　　　□ 任务完成
③ 检测仪器准备。　　　　　　　　　　　　□ 任务完成
④ 常用工具准备。　　　　　　　　　　　　□ 任务完成
⑤ 记录单准备。　　　　　　　　　　　　　□ 任务完成

**5. 操作步骤**

（1）常规检查与维护

① 操作要领做到："一指""二边""三到"。

"一指"：维护操作中，如发现有问题，应通过服务顾问向用户指出，并在派工单上注明。

"二边"：要边检查边记录。

"三到"：目视检查的部位要做到眼到、手到、嘴到。

② 点火开关置"ON"，起动发动机，检查发动机是否能正常运转，同时检查仪表上故障灯是否常亮。若故障灯常亮，则使用汽车故障诊断仪读取故障码，并按照故障码的信息对点火系统进行检修，如图 7-18 所示。

图 7-18　读取故障码

③ 选择"读取动态数据流"菜单，如图 7-19 所示。

图 7-19　选择菜单"读取动态数据流"

读取数据流，输入组号 15、16，读取断火率，检查点火线圈是否有断火，如果有断火，且数值从 0~500 不断上升，则说明有断火；如果是 0，则为正常。断火率如图 7-20 所示（资源 7-2）。

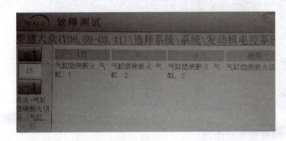 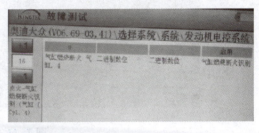

图 7-20　读取点火线圈断火率

④ 用压缩空气吹净点火系统部件上的灰尘，如图 7-21 所示。

资源 7-2　点火线圈断火率　　　　图 7-21　吹净点火系统部件上的灰尘

（2）蓄电池维护

① 蓄电池外观检查，如图 7-22 所示。

a. 蓄电池极柱应清洁无锈蚀、烧损，否则应清理；

b. 蓄电池和线束固定良好；

c. 蓄电池应无破损、漏液。

图 7-22 蓄电池外观检查

② 蓄电池电压检查,如图 7-23 所示。

图 7-23 检查蓄电池电压

a. 发动机未起动,常温下使用数字万用表测量蓄电池电压应不小于 12.4V,否则应充电或更换性能良好、规格相同的蓄电池。

b. 起动机运转时,蓄电池的电压大于 10.5V。起动发动机,使其转速稳定在 2 000r/min,测量蓄电池电压,常温下应为 14~14.8V。

(3) 点火线圈维护

① 点火线圈外观检查,如图 7-24 和图 7-25 所示。

a. 点火线圈是否有裂纹,壳体是否变形。

b. 点火线圈填充物是否外溢,是否有漏电现象。

c. 点火线圈导线插头是否牢固,接线端子是否有烧蚀现象,若有,应更换。

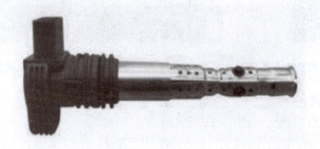

图 7-24 点火线圈外观检查(一)

d. 经常检查、清洁、紧固线路接头,避免其短路或搭铁;防止点火线圈受热或受潮;

点火线圈上的水分只能用布擦干，绝不能用火烘烤，否则会损坏点火线圈。

图 7-25　点火线圈外观检查（二）

② 检查点火线圈绝缘性能，如图 7-26 所示。用万用表电阻挡测量点火线圈任一接线柱与壳体之间的电阻值，阻值应为 ∞。若有阻值，说明点火线圈绝缘不良，应更换该点火线圈。

 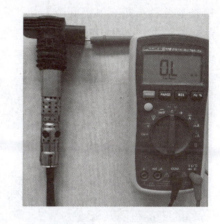

图 7-26　检查点火线圈绝缘性能

（4）火花塞维护

① 检查火花塞是否有积炭、油污和烧蚀，如图 7-27 所示。

图 7-27　检查火花塞

② 火花塞油污可用专用清洗剂或汽油清洗；若有烧蚀，应更换。严禁用火烧的方法来清除火花塞电极及裙部的积炭和油污，这种看似有效的方法其实是十分有害的，因为用火烧时，温度难以控制，很容易将裙部绝缘体烧裂，造成火花塞漏电，而且火烧后产生的细小裂纹往往不易被发现，给排除故障带来了很大的麻烦。

③ 清除火花塞积炭，如图 7-28 所示。

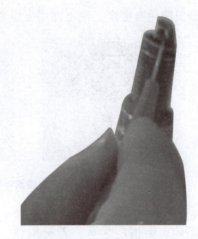

图 7-28 清除火花塞积炭

④ 检查与调整火花塞电极间隙。

a. 发动机的火花塞电极间隙为 0.8~1.2 mm。

b. 火花塞电极间隙的检查与调整如图 7-29 所示,各缸火花塞间隙应基本保持一致。

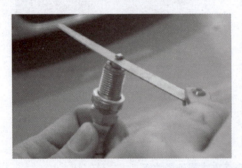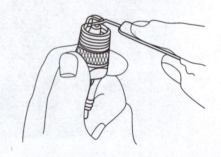

图 7-29 火花塞电极间隙的检查与调整

⑤ 火花塞的更换。

a. 主要看火花塞的制造材料,镍的理论寿命为 20 000 km,铂金的理论寿命为 50 000 km,铱金的理论寿命为 80 000~100 000 km。

b. 火花塞烧蚀、损伤、裙部绝缘体光亮等都要更换新件。更换时,应使用专用工具拆装,拧紧力矩应符合规定值,如图 7-30 所示。

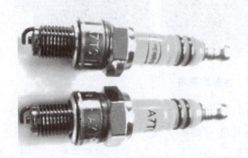

图 7-30 火花塞的更换

**6. 记录与分析**

汽油机电控点火系统维护作业表见表 7-4。

表 7-4　汽油机电控点火系统维护作业表

| 学生姓名 | | 发动机型号 | |
|---|---|---|---|
| 项　　目 | 作业记录 | 项目实施情况 | 备　　注 |
| 维护保养里程或时间 | | | |
| 仪表故障灯检查 | | | |
| 读取故障码及其内容 | | | |
| 读取数据流，检查点火提前角 | | | |
| 读取数据流，检查点火线圈 | | | |
| 蓄电池外观检查 | | | |
| 蓄电池电压检查 | | | |
| 点火线圈外观检查 | | | |
| 点火线圈绝缘性能检查 | | | |
| 火花塞外观检查 | | | |
| 火花塞电极间隙检查 | | | |
| 处理意见 | | | |

## 项目 2　点火系统高压无火检修

**1. 项目说明**

一辆轿车，用起动机带动发动机旋转，转动轻快但不能起动。检修时用高压线连接火花塞，使其侧电极接地，接通点火开关，转动曲轴，外部观察火花塞放电情况，无高压火花。请完成汽油机电控点火系统高压无火故障的检修。

**2. 技术要求与标准**

① 学员需在 30 min 内完成此项目。

② 点火系统高压无火检修技术标准见表 7-5。

表 7-5　点火系统高压无火检修技术标准

| 检修项目 | 技术标准 | 实测值 |
|---|---|---|
| 电控系统故障码 | 无 | |
| 蓄电池电压/V | 大于 12.4 | |
| 点火线圈供电电压/V | 大于 12 | |
| 点火线圈外观检查 | 无裂纹、无损坏 | |
| 发动机转速与曲轴位置传感器 2#-3# 端子电阻值/Ω | 860×（1±10%） | |

**3. 设备器材**

① 东风雪铁龙（配备 EP8 发动机）或上汽大众（配备 Passat 1.8T 发动机）轿车一辆。
② 博世 KT600 汽车故障诊断仪一台。
③ 汽车专用万用表一只。
④ 常用工具一套。
⑤ 棉纱、油盘、气压吹枪等。

**4. 作业准备**

① 爱丽舍轿车准备。　　　　　　　　　　　□ 任务完成
② 举升器准备。　　　　　　　　　　　　　□ 任务完成
③ 检测仪器准备。　　　　　　　　　　　　□ 任务完成
④ 常用工具准备。　　　　　　　　　　　　□ 任务完成
⑤ 记录单准备。　　　　　　　　　　　　　□ 任务完成

**5. 操作步骤**

(1) 检查蓄电池电压

万用表校零，检查蓄电池电压应不小于 12.4V，如图 7-31 所示。

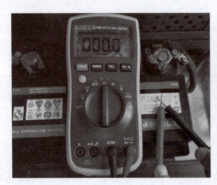

图 7-31　万用表校零及检查蓄电池电压

(2) 读取故障

利用汽车故障诊断仪，可读取点火系统中曲轴位置与发动机转速传感器和点火线圈的故障，然后按故障的提示进行检修，如图 7-32 所示。

图 7-32　读取故障

(3) 发动机转速与曲轴位置传感器检修

① 点火开关置"OFF"挡，拆下传感器的接线。用万用表的电阻挡，可测得搭铁线 $1^\#$ 端子电阻值小于 1，$2^\#$ 和 $3^\#$ 端子之间的电阻值应在 860×（1+10%）Ω。起动发动机，使用万用表的交流电压挡，可测得 $2^\#$ 和 $3^\#$ 端子之间的交变电压信号，应大于 0.15V。发动机转速与曲轴位置传感器电路及电阻如图 7-33 所示。

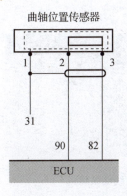 

图 7-33 发动机转速与曲轴位置传感器电路及电阻

② 利用示波器,测量 2# 和 3# 端子之间的波形,如图 7-34 所示。

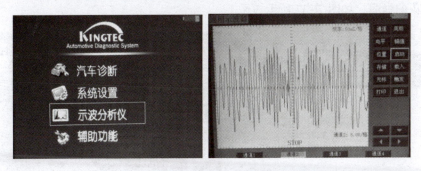

图 7-34 曲轴位置与发动机转速传感器波形

(4) 点火线圈检修

① 点火线圈电路如图 7-35 所示。

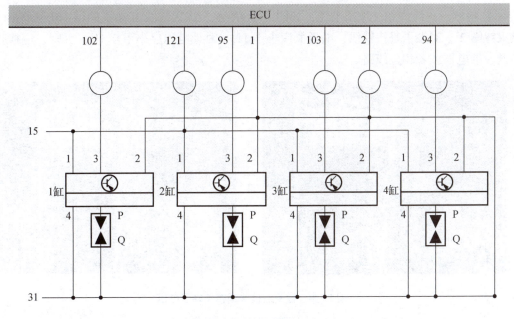

图 7-35 点火线圈电路

② 读取点火线圈故障码，如图7-36所示。

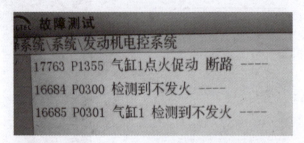

图7-36 读取点火线圈故障码

③ 点火线圈高压试火。点火开关置"OFF"，拆下点火线圈，把火花塞跳火仪安装在点火线圈上，使跳火仪搭铁，恢复线路的连接。起动发动机，观察电火花的工作状况，如有无火花及火花的强弱。如图7-37所示。

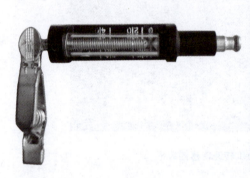 

图7-37 高压试火

④ 检测点火线圈相关端子电压，如图7-38所示。点火线圈$1^#$端子的供电电压应为+B，点火线圈$2^#$、$4^#$端子是搭铁线，电阻值应小于$1Ω$，对地电压应小于$0.1V$；否则，应检查保险丝、继电器或者相关线路。

 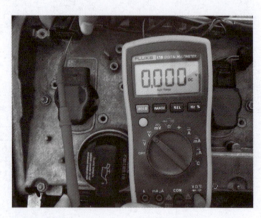

图7-38 检测点火线圈相关端子电压

⑤ 检测点火线圈$3^#$端子的波形，如图7-39所示（资源7-3）。

资源 7-3　检测点火线圈 3 号端子的波形

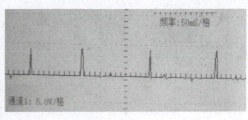

图 7-39　检测点火线圈 3# 端子的波形

**6. 记录与分析**

点火系统高压无火检修作业表见表 7-6。

表 7-6　点火系统高压无火检修作业表

| 学生姓名 | | 发动机型号 | | |
|---|---|---|---|---|
| 项　目 | 作业记录 | 项目实施情况 | | 备注 |
| 蓄电池电压 | | | | |
| 读取故障码及其内容 | | | | |
| 发动机转速与曲轴位置传感器 2#-3# 端子的电阻值 | | | | |
| 发动机转速与曲轴位置传感器数据线 | | | | |
| 点火线圈 1# 端子的供电电压 | | | | |
| 点火线圈 2#、4# 端子的对地电压 | | | | |
| 点火线圈 3# 端子的波形 | | | | |
| 分析与处理 | | | | |

上汽大众帕萨特 1.8T 轿车单独点火系统电路、上汽大众帕萨特 1.8T 轿车发动机系统电路（资源 7-4）和东风雪铁龙爱丽舍 TU5/J94 发动机系统电路分别如图 7-40~图 7-42 所示。

资源 7-4　上汽大众帕萨特 18T 轿车发动机系统电路

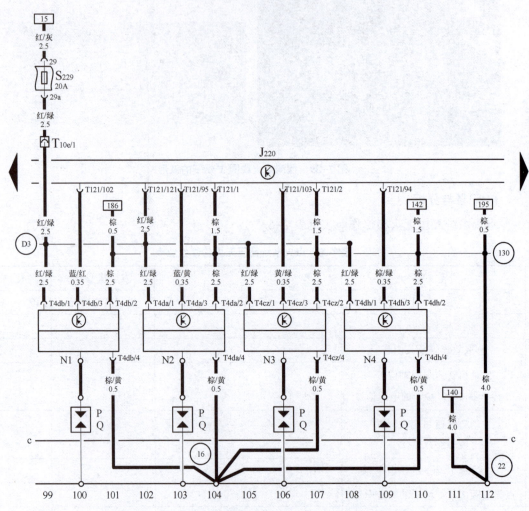

图 7-40　上汽大众帕萨特 1.8T 轿车单独点火系统电路

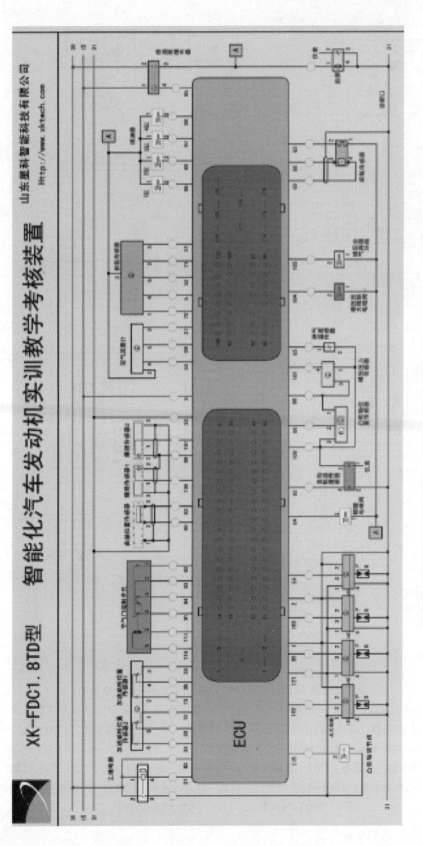

图7-41 上汽大众帕萨特1.8T轿车发动机系统电路

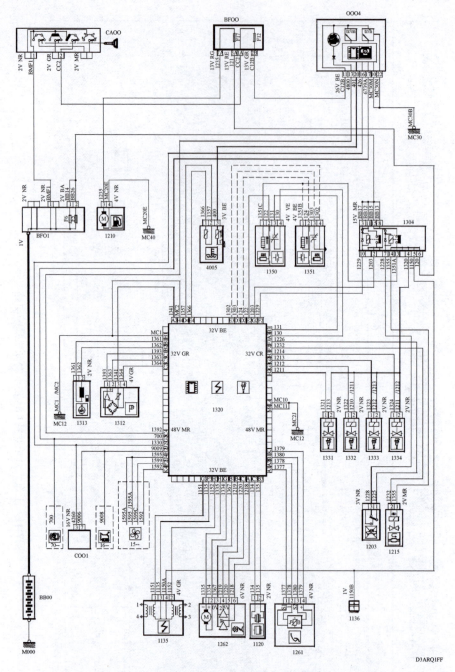

图 7-42 东风雪铁龙爱丽舍 TU5/JP4 发动机系统电路图

BB00—蓄电池；BF01—发动机舱保险丝盒；CA00—点火开关；BF00—座舱保险丝盒；
1304—多功能双继电器；1210—燃油泵；1135—点火线圈；1136—点火线圈电容；1320—电控单元 ECU；
MC12—电控单元搭铁线；4005—冷却液温度传感器；1350，1352—上氧和下氧传感器；
1312—进气压力与温度传感器；1313—曲轴位置与发动机转速传感器；1331，1332，1333，1334—喷油器；
C001—故障诊断座；1262—电子节气门；1120—爆震传感器；1261—油门踏板位置传感器；
1203—惯性开关；1215—活性碳罐电磁阀

## 三、故障案例

### 案例1　东风雪铁龙C5点火开关故障的处理

**1. 涉及车型**

东风雪铁龙C5车辆。

**2. 故障现象**

用点火开关正常起动车辆后，偶尔出现下列情况。
① 松开点火开关时，起动机仍工作几秒后才停止工作。
② 四门玻璃升降器不工作。
③ CD收放机不能工作。
④ 鼓风机、压缩机都不工作。

**3. 读取故障**

无故障记录。

**4. 故障诊断**

点火开关内部有卡滞，导致正常起动车辆后，极少部分车辆偶尔出现点火开关不能从起动位置（D位置）回到运用位置（M位置）。

**5. 解决措施**

更换点火开关锁芯。

**6. 涉及备件**

备件名称：点火开关锁芯。
备件号：4162EA。

### 案例2　点火系统故障引起的熄火的处理

**1. 涉及车型**

装备排量为2.0 L和2.3 L发动机的东风雪铁龙C5车辆。

**2. 故障现象**

冷车起动发动机出现抖动或者熄火。

**3. 读取故障**

使用汽车故障诊断仪读取动力总成系统和变速箱系统是否有相关故障，如果有，要求读取相关数据流。

**4. 处理方法**

（1）检查/更换点火线圈
如果有故障码P0350、P0351、P0352、P0353，则更换点火线圈。
（2）检查/更换火花塞
若火花塞有积炭、油污、烧蚀和陶瓷缺损等，则应更换。火花塞电极间隙值应该在0.90 mm±0.05 mm范围内，拧紧力矩应该达到27.5 N·m±2.5 N·m。
（3）检查/更换转速传感器
如果有故障码P0336、P0339、P0341或P1622、P1627，则应直接更换转速传感器。

## 案例3 点火线圈故障引起怠速不稳

**1. 涉及车型**

一汽大众2016款1.8 T迈腾轿车。

**2. 故障现象**

正常起动发动机，怠速抖动；EPC灯亮，废气排放故障指示灯闪烁。行驶里程35 600 km。

**3. 故障诊断**

（1）读取故障

用大众SDT929汽车故障诊断仪读取的故障信息见表7-7。

表7-7 大众SDT929汽车故障诊断仪读取的故障信息

| 故障代码 | 定义 | 是否始终记忆 | 与故障是否相关 |
| --- | --- | --- | --- |
| 00852 | 气缸4：点火促动，功能失效 | 是 | 是 |
| 00768 | 检测到不发火（静态） | 是 | 是 |
| 00772 | 气缸4：检测到不发火（静态） | 是 | 是 |

（2）分析测试结果

由故障码可知，气缸4点火线圈N292不工作，造成J623检测到气缸4无点火。

（3）分析故障原因

基于相关故障代码的诊断信息，分析可能的故障原因，点火系统电路如图7-43所示。

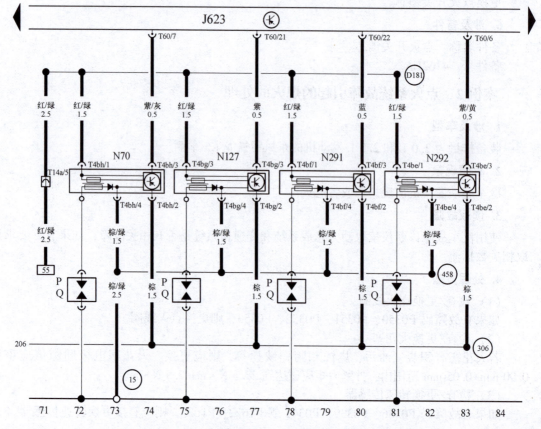

图7-43 一汽大众2016款1.8 T迈腾轿车单独点火系统电路

① 气缸 4 点火线圈 N292 供电及搭铁线路故障。
② 发动机控制单元 J623 到 N292 线路故障。
③ 气缸 4 点火线圈 N292 本身故障。
④ 发动机控制单元 J623 局部故障。

（4）故障维修

基于以上分析，首先拆下插接器，检查 N292 供电及搭铁线路是否正常，见表 7-8。

表 7-8　检查 N292 供电及搭铁线路是否正常

| 测试对象 | N292 供电及搭铁线路 | | | |
|---|---|---|---|---|
| 测试条件 | 打开点火开关 | | 使用设备 | 万用表（直流电压挡） |
| 电路电压、数据流等测试结果，不用者不填 | | | | |
| 测试参数 | N292/1# 与 2# | N292/1# 与 4# | | |
| 标准描述 | +B | +B | | |
| 测试结果 | 11.94 V | 11.94 V | | |
| 是否正常 | 正常 | 正常 | | |
| 测试结果说明，N292 供电及搭铁线路正常 | | | | |

（5）检测点火线圈 N292/3# 线是否正常

发动机怠速运行过程中，用示波器 HUS-802 测 N292/3# 线输出波形，如图 7-44 所示。

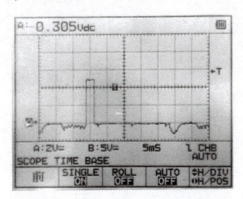

图 7-44　点火线圈 N292/3# 线输出波形

N292/3# 线输出波形正常，说明该线路也正常。

诊断结论：点火线圈 N292 相关线路均正常，下一步检测 N292 本身是否有故障。

（6）测量 N292 初级绕组的电阻，判断其性能

测量 N292/1#-3# 端子之间初级绕组的电阻，阻值为 ∞，正常为 0.38 kΩ，说明点火线圈 N292 本身损坏。

（7）诊断结论

更换新的点火线圈，恢复相关电路的连接，清除故障码，重新起动发动机，怠速正常，故障排除。

**4. 故障机理**

由于气缸 4 点火线圈 N292 初级绕组损坏，使点火线圈不能产生正常的次级电压，故无法点燃 4 缸压缩后的可燃混合气，引起 4 缸不工作，导致发动机怠速不稳。

### ❋ 四、拓展学习（资源 7-5）

资源 7-5　拓展学习

# 参 考 文 献

[1] 冯益增. 汽车发动机检修[M]. 北京：北京理工大学出版社，2015.
[2] 冯益增. 汽车发动机检修[M]. 沈阳：东北大学出版社，2011.
[3] 王福忠. 汽车发动机构造与检修[M]. 北京：电子工业出版社，2009.
[4] 陈峰，步渊. 东风雪铁龙爱丽舍轿车维修手册[M]. 北京：人民交通出版社，2003.
[5] 孙海波. 汽车发动机检修[M]. 北京：人民邮电出版社，2009.
[6] 王正健. 发动机构造与维修[M]. 西安：西安电子大学出版社，2007.
[7] 仇雅莉，钱锦武. 汽车发动机构造与维修[M]. 北京：机械工业出版社，2008.
[8] 张广辉，张宏坤. 汽车故障诊断技术[M]. 北京：高等教育出版社，2005.
[9] 冯晋祥. 汽车构造[M]. 北京：人民交通出版社，2007.
[10] 王福忠. 汽车维护与故障排除[M]. 北京：中国劳动社会保障出版社，2004.
[11] 孟庆双. 汽车发动机新结构[M]. 北京：高等教育出版社，2006.
[12] 李东江，张大成. 国产轿车电控发动机检修手册[M]. 北京：高等教育出版社，2003.
[13] 汤定国. 汽车发动机构造与维修[M]. 北京：人民交通出版社，2006.
[14] 魏建秋. 汽车发动机检修图解[M]. 北京：金盾出版社，2006.
[15] 孙余凯，等. 新型汽车电子电器元器件的检测与维修[M]. 北京：人民邮电出版社，2003.
[16] 崔振民. 汽车发动机维修实训[M]. 北京：人民交通出版社，2002.

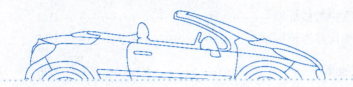

# 目 录
## CONTENTS

**学习评价一 曲柄连杆机构检修** ·············································· 001
 一、理论部分 ························································ 001
 二、技能部分 ························································ 004
  项目1 活塞敲缸响检修考核标准 ································ 004
  项目2 连杆轴承响检修考核标准 ································ 005

**学习评价二 配气机构检修** ·················································· 006
 一、理论部分 ························································ 006
 二、技能部分 ························································ 008
  项目1 配气机构维护考核标准 ·································· 008
  项目2 气门异响考核标准 ······································ 009
  项目3 正时皮带的检查与更换考核标准 ·························· 010

**学习评价三 汽油机燃料供给系统检修** ········································ 011
 一、理论部分 ························································ 011
 二、技能部分 ························································ 014
  项目1 汽油机燃料供给系统维护考核标准 ························ 014
  项目2 发动机起动困难检修考核标准 ···························· 015
  项目3 发动机怠速不良检修考核标准 ···························· 016
  项目4 发动机加速不良检修考核标准 ···························· 017

**学习评价四 进、排气系统及排气净化装置检修** ································ 018
 一、理论部分 ························································ 018
 二、技能部分 ························································ 020
  项目1 进气系统维护考核标准 ·································· 020
  项目2 排气系统维护考核标准 ·································· 021

**学习评价五 冷却系统检修** ·················································· 022
 一、理论部分 ························································ 022
 二、技能部分 ························································ 024

  项目1 冷却系统维护考核标准 …………………………………… 024
  项目2 发动机过热检修考核标准 ………………………………… 025

## 学习评价六 润滑系统检修 ……………………………………………… 026

 一、理论部分 ……………………………………………………………… 026
 二、技能部分 ……………………………………………………………… 030
  项目1 润滑系统维护考核标准 …………………………………… 030
  项目2 润滑系统机油压力过低检修考核标准 ………………………… 031

## 学习评价七 汽油机电控点火系统检修 ………………………………… 032

 一、理论部分 ……………………………………………………………… 032
 二、技能部分 ……………………………………………………………… 034
  项目1 汽油机电控点火系统维护考核标准 …………………………… 034
  项目2 点火系统高压无火检修考核标准 ……………………………… 035

# 学习评价一　曲柄连杆机构检修

## 一、理论部分

**1. 填空题**

（1）活塞的选配原则是：_____，_____。

（2）对活塞环的要求是：_____，_____，_____，_____。

（3）对活塞环漏光度的要求是：_____，_____，_____。

（4）校正连杆的变形时，应先校正_____，后校正_____。

（5）气缸的正常磨损是：在轴线上呈_____，最大磨损部位在_____，在横断面上呈_____，磨损最大部位随结构和使用条件而异，一般是_____磨损大。

（6）曲轴轴承径向间隙的常用检验方法有_____、_____和_____。

（7）曲轴的轴向间隙是指_____与_____之间的间隙。检查时，可用_____顶在曲轴的_____上，再用撬棒将曲轴前后撬动，观察表针摆动的数值。

（8）检验气门与座圈密封性的方法有_____、_____、_____和_____。

（9）活塞销与销座及连杆小头的配合有_____及_____两种形式。

（10）活塞在工作中的变形规律是_____和_____。

（11）内切口扭曲环通常装在第_____环槽上，切口方向朝_____。

（12）曲柄连杆机构常见的异响有_____、_____、_____和_____等。

（13）安装曲轴上的止推垫片时，应将涂有_____的一面朝向_____。

（14）检查曲轴的弯曲，常以_____为基准，检查_____的_____来衡量。

（15）测量气缸的磨损时，一般检查_____、_____与_____三个位置的最大和最小直径差。

**2. 选择题**

（1）曲轴上的平衡重一般设在（　　）。
A. 曲轴前端　　　　B. 曲轴后端　　　　C. 曲柄上

（2）曲轴后端的回油螺纹的旋向应该是（　　）。
A. 与曲轴转动方向相同　　　　B. 与曲轴转动方向相反

（3）曲轴轴向定位点采用的是（　　）。
A. 一点定位　　　　B. 二点定位　　　　C. 三点定位

（4）中小型发动机常用的曲轴箱大多为（　　）。

A. 一般式 B. 龙门式 C. 隧道式 D. 直列式

(5) 干式气缸套特点是（　　）。

A. 不易漏气 B. 散热效果好

C. 其外表面不直接与冷却水接触 D. 不易漏水

(6) 发动机的曲柄旋转半径为 57.5 mm，则其活塞行程为（　　）。

A. 57.5 mm B. 115 mm C. 230 mm D. 575 mm

(7) 气缸的磨损在圆周方向上形成不规则的椭圆，其长轴在（　　）。

A. 和曲轴垂直的方向上 B. 和曲轴平行的方向上

C. 和曲轴成 45°角的方向上 D. 和曲轴成 60°角的方向上

(8) 柴油机活塞由于受力较大，裙部（　　）。

A. 开有膨胀槽 B. 开有"Π"形槽 C. 开有"T"形槽 D. 不开槽

(9) 活塞广泛采用的材料是（　　）。

A. 铸铁 B. 铝合金 C. 低碳钢 D. 低碳合金钢

(10) 湿式缸套上平面比缸体上平面（　　）。

A. 高 B. 低

C. 一样高 D. 依具体车型而定，有的高有的低

**3. 判断题**

(1) 气缸正常磨损的规律是：上大下小；横大纵小；进气门侧大，排气门侧小；两端气缸大，中间缸小。（　　）

(2) 为提高气缸的表面粗糙度要求，气缸珩磨后最好进行抛光。（　　）

(3) 气缸盖的裂纹多发生在气门过渡处，其原因是使用不当。（　　）

(4) 汽油机常用干式缸套，而柴油机常用湿式缸套。（　　）

(5) 连杆轴承装配过紧会导致活塞敲缸。（　　）

(6) 连杆弯曲会导致发动机温度升高后活塞敲缸。（　　）

(7) 曲轴主轴承响的原因之一，可能是润滑不良致使轴承合金烧毁或脱落。（　　）

(8) 多缸发动机的曲轴均采用全支承。（　　）

(9) 对于四冲程发动机，无论其是几缸，其做功间隔均为 180°曲轴转角。（　　）

(10) 多缸发动机曲轴曲柄上均设置有平衡重块。（　　）

(11) 活塞环的开口间隙一般以第一道环最小。（　　）

(12) 当飞轮上的点火正时记号与飞轮壳上的正时记号刻线对准时，第一缸活塞无疑正好处于压缩行程上止点位置。（　　）

(13) 气环的密封原理除了自身的弹力外，主要还是靠少量高压气体作用在环背产生的背压而起作用。（　　）

(14) 在 CA6102 发动机曲轴前端和第四道主轴承上设有曲轴轴向定位装置。（　　）

(15) 全支承式曲轴的主轴颈数小于或等于连杆轴颈数。（　　）

(16) 活塞在气缸内做匀速运动。（　　）

(17) 活塞径向呈椭圆形，椭圆的长轴与活塞销轴线同向。（　　）

(18) 活塞环的开口位置应置于活塞销方向且各环间应交错 120°或 180°。（　　）

(19) 装配活塞环时，通常有字的一面朝上，先装油环，后装压缩环。（　　）

(20) 用塑料量丝测量轴承间隙前，应先在轴承表面涂上一层机油。（　　）

**4. 简答题**

（1）什么是修理尺寸法？

（2）如何测量气缸的圆度和圆柱度？确定气缸体大修的技术条件是什么？

（3）怎样检测和校正连杆变形？

（4）怎样测量曲轴的径向圆跳动量？

（5）如何对曲轴弯曲变形进行检测？

（6）如何检查活塞与气缸的配合间隙？

（7）如何检测活塞环间隙？

（8）如何诊断活塞敲缸响故障？

（9）活塞销的连接有几种？各有什么特点？

（10）试述气缸压力测量的方法。

## 二、技能部分

### 项目1 活塞敲缸响检修考核标准

| 基本信息 | 姓 名 | | 学号 | | 班级 | | 组别 | |
|---|---|---|---|---|---|---|---|---|
| | 规定时间 | 20 min | 完成时间 | | 考核日期 | | 总评成绩 | |
| | 序号 | 步骤 | | 完成情况 | | 标准分 | 评分 |
| | | | | 完成 | 未完成 | | |
| 任务工单 | 1 | 考核准备：<br>材料：<br>工具：<br>设备： | | | | 5 | |
| | 2 | 检测气缸压力 | | | | 5 | |
| | 3 | 检测活塞与气缸的配合间隙 | | | | 5 | |
| | 4 | 测量气缸圆度、圆柱度误差 | | | | 15 | |
| | 5 | 检测曲轴弯曲扭转变形量 | | | | 15 | |
| | 6 | 测量连杆弯曲变形 | | | | 15 | |
| | 7 | 测量活塞环侧隙、背隙 | | | | 5 | |
| | 8 | 测量方法 | | | | 5 | |
| | 9 | 清洁及整理 | | | | 5 | |
| 安全 | | | | | | 5 | |
| 5S | | | | | | 5 | |
| 团队协作 | | | | | | 5 | |
| 沟通表达 | | | | | | 5 | |
| 工单填写 | | | | | | 5 | |

## 项目2 连杆轴承响检修考核标准

| 基本信息 | 姓 名 | | 学号 | | 班级 | | 组别 | |
|---|---|---|---|---|---|---|---|---|
| | 规定时间 | 30 min | 完成时间 | | 考核日期 | | 总评成绩 | |
| 任务工单 | 序号 | 步骤 | | 完成情况 | | 标准分 | 评分 | |
| | | | | 完成 | 未完成 | | | |
| | 1 | 考核准备：<br>材料：<br>工具：<br>设备： | | | | 10 | | |
| | 2 | 检查机油压力 | | | | 10 | | |
| | 3 | 检查连杆轴承盖及螺栓 | | | | 10 | | |
| | 4 | 检查连杆轴颈圆度及圆柱度误差 | | | | 15 | | |
| | 5 | 检查连杆轴颈与轴承径向间隙 | | | | 15 | | |
| | 6 | 轴承外观检查 | | | | 10 | | |
| | 7 | 清洁及整理 | | | | 5 | | |
| 安全 | | | | | | 5 | | |
| 5S | | | | | | 5 | | |
| 团队协作 | | | | | | 5 | | |
| 沟通表达 | | | | | | 5 | | |
| 工单填写 | | | | | | 5 | | |

# 学习评价二 配气机构检修

## 一、理论部分

**1. 判断题**

(1) 气门的常见耗损：气门杆部及尾端的磨损、气门工作锥面磨损与烧蚀和气门杆的弯曲变形等。（   ）

(2) 气门头圆柱面的厚度小于 1.0 mm 时，应予以换新。（   ）

(3) 气门座的磨损主要是磨料磨损和由于冲击载荷造成的硬化层脱落，以及由于高温燃气所导致的腐蚀和烧蚀。（   ）

(4) 气门座的磨损，使得密封带变宽，气门与气门座关闭不严，气缸密封性降低。（   ）

**2. 选择题**

(1) 气门的密封性检验方法有（   ）。
A. 画线法　　　　　　　　　B. 拍击法
C. 涂轴承蓝或红丹　　　　　D. 渗油法

(2) 影响配气机构技术状况变化的因素有（   ）。
A. 气门关闭不严　　　　　　B. 配气机构异响
C. 配气相位失准　　　　　　D. 正时齿轮磨损

(3) 若气门与气门座圈的接触环带太靠近气门杆，应选择（   ）的铰刀修正。
A. 75°　　　　B. 45°　　　　C. 15°　　　　D. 60°

(4) 气门与气门座圈的密封带应该在（   ）。
A. 气门工作锥面的中部　　　B. 气门工作锥面的中间靠里
C. 气门工作锥面的中间靠外　D. 气门工作锥面的中间靠上

**3. 问答题**

(1) 气门的检验项目有哪些？如何进行检验？

（2）如何进行气门的研磨？

（3）如何更换气门油封？更换时应注意什么？

（4）如何检查凸轮轴的轴向间隙和弯曲变形？

（5）如何检测凸轮的磨损？

（6）如何检测凸轮轴轴颈及轴承的磨损？

（7）如何检修正时皮带传动装置？

（8）如何更换正时皮带？

## 二、技能部分

### 项目1　配气机构维护考核标准

| 基本信息 | 姓　名 | | 学号 | | 班级 | | 组别 | |
|---|---|---|---|---|---|---|---|---|
| | 规定时间 | | 完成时间 | | 考核日期 | | 总评成绩 | |
| 任务工单 | 序号 | 步　骤 | | 完成情况 | | 标准分 | 评分 | |
| | | | 完成 | 未完成 | | | | |
| | 1 | 考核准备：<br>材料：<br>工具：<br>设备： | | | | 10 | | |
| | 2 | 找出1、4缸，均处在上止点位置 | | | | 6 | | |
| | 3 | 确定1或4缸处于压缩上止点位置 | | | | 10 | | |
| | 4 | 检查、调整气门间隙（8个气门） | | | | 16 | | |
| | 5 | 摇转曲轴，1、4缸均处在上止点位置 | | | | 6 | | |
| | 6 | 确定1或4缸处于压缩上止点位置 | | | | 10 | | |
| | 7 | 检查、调整气门间隙（8个气门） | | | | 16 | | |
| 安全 | | | | | | 5 | | |
| 5S | | | | | | 5 | | |
| 团队协作 | | | | | | 5 | | |
| 沟通表达 | | | | | | 5 | | |
| 工单填写 | | | | | | 6 | | |

## 项目2 气门异响考核标准

<table>
<tr><td rowspan="2">基本信息</td><td>姓 名</td><td></td><td>学号</td><td></td><td>班级</td><td></td><td>组别</td><td></td></tr>
<tr><td>规定时间</td><td></td><td>完成时间</td><td></td><td>考核日期</td><td></td><td>总评成绩</td><td></td></tr>
<tr><td rowspan="6">任务工单</td><td colspan="2">序号</td><td colspan="2">步 骤</td><td colspan="2">完成情况</td><td>标准分</td><td>评分</td></tr>
<tr><td colspan="2"></td><td colspan="2"></td><td>完 成</td><td>未完成</td><td></td><td></td></tr>
<tr><td colspan="2">1</td><td colspan="2">考核准备：<br>材料：<br>工具：<br>设备：</td><td></td><td></td><td>10</td><td></td></tr>
<tr><td colspan="2">2</td><td colspan="2">测量气门弹簧垂直度 $a$（mm）</td><td></td><td></td><td>16</td><td></td></tr>
<tr><td colspan="2">3</td><td colspan="2">测量气门弹簧自由长度（mm）</td><td></td><td></td><td>16</td><td></td></tr>
<tr><td colspan="2">4</td><td colspan="2">检测气门弹簧弹力 $F_1$ 和弹簧高度 $H_1$</td><td></td><td></td><td>16</td><td></td></tr>
<tr><td colspan="2">5</td><td colspan="2">检测气门弹簧弹力 $F_2$ 和弹簧高度 $H_2$</td><td></td><td></td><td>16</td><td></td></tr>
<tr><td colspan="4">安全</td><td colspan="2"></td><td>5</td><td></td></tr>
<tr><td colspan="4">5S</td><td colspan="2"></td><td>5</td><td></td></tr>
<tr><td colspan="4">团队协作</td><td colspan="2"></td><td>5</td><td></td></tr>
<tr><td colspan="4">沟通表达</td><td colspan="2"></td><td>5</td><td></td></tr>
<tr><td colspan="4">工单填写</td><td colspan="2"></td><td>6</td><td></td></tr>
</table>

## 项目3 正时皮带的检查与更换考核标准

| 基本信息 | 姓名 | | 学号 | | 班级 | | 组别 | |
|---|---|---|---|---|---|---|---|---|
| | 规定时间 | | 完成时间 | | 考核日期 | | 总评成绩 | |
| 任务工单 | 序号 | 步骤 | 完成情况 | | 标准分 | 评分 | | |
| | | | 完成 | 未完成 | | | | |
| | 1 | 考核准备：<br>材料：<br>工具：<br>设备： | | | 10 | | | |
| | 2 | 正确使用工具、量具 | | | 5 | | | |
| | 3 | 正时皮带磨损检验 | | | 10 | | | |
| | 4 | 正时皮带拆卸方法及步骤 | | | 20 | | | |
| | 5 | 正时皮带安装方法及步骤 | | | 10 | | | |
| | 6 | 正时皮带过度张紧方法 | | | 10 | | | |
| | 7 | 正时皮带正常张紧方法 | | | 10 | | | |
| 安全 | | | | | 5 | | | |
| 5S | | | | | 5 | | | |
| 团队协作 | | | | | 5 | | | |
| 沟通表达 | | | | | 5 | | | |
| 工单填写 | | | | | 5 | | | |

# 学习评价三　汽油机燃料供给系统检修

## 一、理论部分

**1. 填空题**

（1）高电阻型喷油器电磁线圈的电阻一般为_____Ω，低电阻型喷油器电磁线圈的电阻一般只有_____Ω。

（2）故障征兆的模拟试验方法主要有_____、_____、_____、_____。

（3）燃油压力调节器安装在_____上，也有的安装在_____上。

（4）电磁感应式发动机转速与曲轴位置传感器的电阻值一般为_____Ω，东风雪铁龙爱丽舍发动机转速与曲轴位置传感器的电阻值为_____Ω。

（5）爆震传感器 $1^{\#}$ 和 $2^{\#}$ 端子之间的电阻为_____。

（6）氧传感器向电控单元输入的电压为_____V。

（7）燃油供给系统常出现燃油箱无油、_____不工作、_____过低、喷油器不工作、喷油控制系统故障等故障。

（8）燃油压力过低时，需要检修_____、_____、_____、_____等零部件。

（9）发动机怠速不良时，进气系统需要检修_____、_____、_____等零部件。

（10）三元催化剂的_____易造成排气管堵塞，使发动机加速不良、行驶无力。

**2. 选择题**

（1）利用汽车故障诊断仪可以强制驱动（　　）工作。
A. 电动燃油泵　　　B. 喷油器　　　C. 活性碳罐电磁阀

（2）空气流量计故障可能引起发动机（　　）。
A. 起动困难与性能失常　　　B. 怠速不稳或者加速时回火
C. 油耗大

（3）冷却液温度传感器故障可能引起发动机（　　）。
A. 起动困难与性能不良　　　B. 怠速不稳
C. 易熄火

（4）怠速控制阀故障可能引起发动机（　　）。
A. 起动困难　　　B. 怠速不稳　　　C. 加速不良

（5）喷油器故障可能引起发动机（　　）。
A. 起动困难　　　B. 工作不良　　　C. 怠速不稳、易熄火

(6) 通过油泵继电器向热膜式空气流量计输入的电压是（　　）V。
A. 12　　　　　　B. 9　　　　　　C. 5

(7) ECU 向进气管绝对压力传感器输入的电压是（　　）V。
A. 12　　　　　　B. 9　　　　　　C. 5

(8) 汽车急加速时，线性节气门位置传感器向 ECU 输入的电压为（　　）V。
A. 0.5~4.5　　　　B. 0.5~1.5　　　　C. 0~5

(9) 检查燃油压力时，拔下燃油压力调节器上的真空软管，用手堵住进气管一侧，油压表指示的压力应（　　）。
A. 上升 50 kPa　　B. 下降 50 kPa　　C. 不变

(10) 电动燃油泵直流电动机线圈的电阻值应为（　　）Ω。
A. 5~8　　　　　　B. 8~10　　　　　C. 2~3

(11) 在燃油泵运转而喷油器不工作的条件下，若喷油器泄漏，将造成混合气（　　）。
A. 过稀　　　　　　B. 过浓　　　　　C. 过稀或过浓

(12)（　　）在进行清洗、更换或者更换 ECU 后要进行初始化。
A. 加速踏板位置传感器　　　　　　B. 电子节气门
C. 喷油器

### 3. 判断题

(1) 在起动电控汽油发动机（包括冷车的）时，可以踩下加速踏板。（　　）
(2) 当仪表盘上的燃油警告灯点亮时，应尽快加油。（　　）
(3) 不能在发动机运转时拔下任何传感器的插头。（　　）
(4) 只要仪表盘上的故障警告灯亮，就说明发动机控制系统一定出现故障。（　　）
(5) 电控燃油喷射系统对燃油的清洁度要求很高，必须使用无铅汽油，且定期更换燃油滤清器。（　　）
(6) 在清洗汽车发动机时，不允许用水冲洗 ECU 和传感器。（　　）
(7) 蓄电池搭铁极性切不可接错，必须负极搭铁。（　　）
(8) 空气流量传感器以前的进气系统零件、管件的松脱或开裂均将引起发动机工作失调。（　　）
(9) 在拆卸油管时，为防止大量汽油漏出，要进行油管卸压。（　　）
(10) 往喷油器上安装 O 形密封圈时，应小心，不要损坏。安装前，可以用汽油、润滑油、齿轮油或制动液等来润滑。（　　）
(11) 在清洗或更换节气门体后，以及在更换发动机或者 ECU 后，许多车都要对节气门体进行基本设置。（　　）
(12) 电动燃油泵 12 V 的供电电压是从点火开关直接输入的。（　　）
(13) 电磁感应式发动机转速与曲轴位置传感器工作时，需要 ECU 向其提供 5 V 电压。（　　）
(14) 冷却液温度传感器的电阻随冷却液温度的升高而降低。（　　）
(15) 冷却液温度传感器工作时，需要 ECU 向其提供 5 V 电压。（　　）
(16) 所有轿车的进气压力传感器和进气温度传感器都是做成一体的。（　　）
(17) 霍尔式加速踏板位置传感器向 ECU 提供两个位置信号 S1 和 S2。（　　）
(18) 三元催化转换器常用铂（Pt）、钯（Pd）、铑（Rh）等贵金属作为主催化剂，但

Pd 易受 Pb（铅）的侵蚀，而 Rh 易受热劣化。　　　　　　　　　　　　（　　）

**4. 简答题**

（1）简述汽油机燃料供给系统维护项目。

（2）简述电子节气门初始化的操作步骤。

（3）简述发动机起动困难的检修项目。

（4）简述发动机怠速不良的检修项目。

（5）简述发动机加速不良的检修项目。

## 二、技能部分

### 项目1 汽油机燃料供给系统维护考核标准

<table>
<tr><td rowspan="2">基本信息</td><td colspan="2">姓名</td><td colspan="2">学号</td><td colspan="2">班级</td><td colspan="2">组别</td></tr>
<tr><td colspan="2">规定时间</td><td colspan="2">20 min</td><td colspan="2">完成时间</td><td>考核日期</td><td>总评成绩</td></tr>
</table>

| | 序号 | 步骤 | 完成情况 | | 标准分 | 评分 |
|---|---|---|---|---|---|---|
| | | | 完成 | 未完成 | | |
| 任务工单 | 1 | 考核准备：<br>材料：<br>工具：<br>设备： | | | 10 | |
| | 2 | 发动机及燃料供给系统的清洁 | | | 5 | |
| | 3 | 发动机静态下仪表灯的检查 | | | 5 | |
| | 4 | 燃油管路泄压 | | | 5 | |
| | 5 | 燃油滤清器的更换 | | | 10 | |
| | 6 | 蓄电池的维护 | | | 5 | |
| | 7 | 燃料供给系统线束接头、管路及发动机各工况的检查 | | | 10 | |
| | 8 | 发动机工作状态下各仪表灯的检查 | | | 5 | |
| | 9 | 利用汽车故障诊断仪读取故障码与数据流 | | | 15 | |
| | 10 | 保养初始化 | | | 5 | |
| 安全 | | | | | 5 | |
| 5S | | | | | 5 | |
| 团队协作 | | | | | 5 | |
| 沟通表达 | | | | | 5 | |
| 工单填写 | | | | | 5 | |

## 项目2  发动机起动困难检修考核标准

| 基本信息 | 姓名 | | 学号 | | 班级 | | 组别 | |
|---|---|---|---|---|---|---|---|---|
| | 规定时间 | 30 min | 完成时间 | | 考核日期 | | 总评成绩 | |

| | 序号 | 步骤 | 完成情况 | | 标准分 | 评分 |
|---|---|---|---|---|---|---|
| | | | 完成 | 未完成 | | |
| 任务工单 | 1 | 考核准备：<br>材料：<br>工具：<br>设备： | | | 10 | |
| | 2 | 发动机及燃料供给系统的清洁 | | | 5 | |
| | 3 | 读取故障码 | | | 5 | |
| | 4 | 读取数据流 | | | 5 | |
| | 5 | 空气供给系统的检修 | | | 10 | |
| | 6 | 加速踏板位置传感器与电子节气门的检查 | | | 5 | |
| | 7 | 燃油供给系统的检修 | | | 10 | |
| | 8 | 电控系统的检修 | | | 10 | |
| | 9 | 气缸压力的检查 | | | 10 | |
| | 10 | 分析与处理 | | | 5 | |
| 安全 | | | | | 5 | |
| 5S | | | | | 5 | |
| 团队协作 | | | | | 5 | |
| 沟通表达 | | | | | 5 | |
| 工单填写 | | | | | 5 | |

## 项目 3 发动机怠速不良检修考核标准

<table>
<tr><td rowspan="2">基本信息</td><td colspan="2">姓 名</td><td colspan="2">学号</td><td colspan="2">班级</td><td colspan="2">组别</td><td></td></tr>
<tr><td colspan="2">规定时间</td><td colspan="2">30 min</td><td colspan="2">完成时间</td><td colspan="2">考核日期</td><td colspan="2">总评成绩</td><td></td></tr>
<tr><td rowspan="12">任务工单</td><td rowspan="2">序号</td><td rowspan="2" colspan="3">步骤</td><td colspan="2">完成情况</td><td rowspan="2">标准分</td><td rowspan="2">评分</td></tr>
<tr><td>完成</td><td>未完成</td></tr>
<tr><td>1</td><td colspan="3">考核准备：<br>材料：<br>工具：<br>设备：</td><td></td><td></td><td>10</td><td></td></tr>
<tr><td>2</td><td colspan="3">发动机及燃料供给系统的清洁</td><td></td><td></td><td>5</td><td></td></tr>
<tr><td>3</td><td colspan="3">进气系统的检查</td><td></td><td></td><td>5</td><td></td></tr>
<tr><td>4</td><td colspan="3">进气压力与温度传感器的检查</td><td></td><td></td><td>5</td><td></td></tr>
<tr><td>5</td><td colspan="3">清洗电子节气门体，并进行初始化操作</td><td></td><td></td><td>10</td><td></td></tr>
<tr><td>6</td><td colspan="3">燃油滤清器、燃油管的检修</td><td></td><td></td><td>5</td><td></td></tr>
<tr><td>7</td><td colspan="3">电动燃油泵、喷油器的检修</td><td></td><td></td><td>15</td><td></td></tr>
<tr><td>8</td><td colspan="3">气缸压力的检查</td><td></td><td></td><td>5</td><td></td></tr>
<tr><td>9</td><td colspan="3">火花塞的检查与调整</td><td></td><td></td><td>10</td><td></td></tr>
<tr><td>10</td><td colspan="3">分析与处理</td><td></td><td></td><td>5</td><td></td></tr>
<tr><td colspan="2">安全</td><td colspan="3"></td><td></td><td></td><td>5</td><td></td></tr>
<tr><td colspan="2">5S</td><td colspan="3"></td><td></td><td></td><td>5</td><td></td></tr>
<tr><td colspan="2">团队协作</td><td colspan="3"></td><td></td><td></td><td>5</td><td></td></tr>
<tr><td colspan="2">沟通表达</td><td colspan="3"></td><td></td><td></td><td>5</td><td></td></tr>
<tr><td colspan="2">工单填写</td><td colspan="3"></td><td></td><td></td><td>5</td><td></td></tr>
</table>

## 项目4 发动机加速不良检修考核标准

| 基本信息 | 姓名 | | 学号 | | 班级 | | 组别 | |
|---|---|---|---|---|---|---|---|---|
| | 规定时间 | 30 min | 完成时间 | | 考核日期 | | 总评成绩 | |

| | 序号 | 步骤 | 完成情况 | | 标准分 | 评分 |
|---|---|---|---|---|---|---|
| | | | 完成 | 未完成 | | |
| 任务工单 | 1 | 考核准备：<br>材料：<br>工具：<br>设备： | | | 10 | |
| | 2 | 发动机及燃料供给系统的清洁 | | | 5 | |
| | 3 | 进气系统的检修 | | | 5 | |
| | 4 | 读取数据流，检查点火提前角 | | | 5 | |
| | 5 | 燃油压力的检查 | | | 10 | |
| | 6 | 喷油器的检修 | | | 5 | |
| | 7 | 加速踏板位置传感器的检修及初始化操作 | | | 10 | |
| | 8 | 电子节气门的检修 | | | 10 | |
| | 9 | 排气系统的检修 | | | 10 | |
| | 10 | 分析与处理 | | | 5 | |
| 安全 | | | | | 5 | |
| 5S | | | | | 5 | |
| 团队协作 | | | | | 5 | |
| 沟通表达 | | | | | 5 | |
| 工单填写 | | | | | 5 | |

# 学习评价四　进、排气系统及排气净化装置检修

## 一、理论部分

**1. 判断题**

（1）空气滤清器使用 4 000~8 000 km 应进行除尘，通常在使用 2 000~25 000 km 时应更换滤芯和密封圈。　　　　　　　　　　　　　　　　　　　　　　　　（　　）

（2）按厂家规定的更换周期更换滤芯，如滤芯破损应及时更换，一般 5 000 km 应清洁一次滤芯，20 000 km 应更换滤芯。　　　　　　　　　　　　　　　　　　（　　）

（3）每 30 000~40 000 km 清洗一次节气门或怠速稳定阀。　　　　　　　　　（　　）

（4）一般汽车每行驶 20 000 km，应更换活性碳罐底部的进气滤芯。　　　　（　　）

（5）在常温下测量 EGR 电磁阀的电阻值，一般电阻值应为 33~39 Ω。　　　（　　）

（6）装用蜂巢形 TWC 的汽车，一般汽车每行驶 80 000 km 应更换 TWC 芯体。（　　）

（7）装用颗粒形 TWC 的汽车，当其颗粒形催化剂的重量低于规定值时，应全部更换。
　　　　　　　　　　　　　　　　　　　　　　　　　　　　　　　　　　　（　　）

（8）在发动机正常的工作温度条件下，如果两个氧传感器的信号波形变化保持同步，则说明三元催化转换器已经失效，必须进行更换。　　　　　　　　　　　　（　　）

（9）使用纸质空气滤清器能减轻气缸和活塞的磨损，延长发动机的使用寿命。（　　）

（10）达到正常工作温度后，测量氧传感器输出信号电压，在加速工况时，应为 0.75~0.90 V；而在减速工况时，则应为 0.10~0.40 V。　　　　　　　　　　　　　（　　）

**2. 选择题**

（1）涡轮增压系统出现故障可能会造成很多问题，如（　　）。
A. 发动机功率不足　　　　　　　　　B. 排气管冒蓝烟或黑烟
C. 机油消耗过大　　　　　　　　　　D. 涡轮增压器有噪声

（2）引起涡轮增压器故障的主要因素有（　　）。
A. 机油不足　　　　　　　　　　　　B. 机油中混入杂质
C. 从进气口中吸入杂质　　　　　　　D. 使用维护不当

（3）催化转换器若出现破裂、碰伤、失效或堵塞，将造成发动机（　　）。
A. 动力性下降　　　　　　　　　　　B. 燃油消耗量增大
C. 排放性能恶化　　　　　　　　　　D. 耗油量增加

（4）正常情况下三元催化转换器出气口温度应该至少比进气口高（　　）。
A. 30 ℃~100 ℃　　　　　　　　　　B. 100 ℃~150 ℃
C. 10 ℃~30 ℃　　　　　　　　　　 D. 0 ℃~10 ℃

(5) 纸质滤芯滤清效率高，灰尘的透过率仅有（　　）。
A. 0.1%~0.4%　　　B. 0.5%~1.0%　　　C. 0.01%~0.1%　　　D. 1.0%~2.0%
(6) 氧传感器的失效原因主要有（　　）。
A. 已过使用期限　　　　　　　　　B. 铅中毒、二氧化硅中毒
C. 积炭　　　　　　　　　　　　　D. 老化

**3. 问答题**

(1) 试说明曲轴箱强制通风系统的测试方法。

(2) 试说明燃油蒸发控制系统的组成与工作原理。

(3) 试说明废气再循环控制系统的检修过程。

(4) 如何更换空气滤清器滤芯？

(5) 试说明三元催化转换器的作用及检修方法。

## 二、技能部分

### 项目1 进气系统维护考核标准

| 基本信息 | 姓 名 | | 学 号 | | 班 级 | | 组 别 | | |
|---|---|---|---|---|---|---|---|---|---|
| | 规定时间 | 45 min | 完成时间 | | 考核日期 | | 总评成绩 | | |
| 任务工单 | 序号 | | 步骤 | | 完成情况 | | 标准分 | 评分 | |
| | | | | | 完成 | 未完成 | | | |
| | 1 | | 考核准备：<br>材料：<br>工具：<br>设备： | | | | 10 | | |
| | 2 | | 曲轴箱通风装置检查及清洁 | | | | 10 | | |
| | 3 | | 进气压力传感器检查及清洁 | | | | 10 | | |
| | 4 | | 空气滤清器清洁 | | | | 10 | | |
| | 5 | | 座舱空气滤清器清洁 | | | | 10 | | |
| | 6 | | 更换空气滤芯 | | | | 12 | | |
| | 7 | | 更换座舱空气滤芯 | | | | 12 | | |
| 安全 | | | | | | | 5 | | |
| 5S | | | | | | | 5 | | |
| 团队协作 | | | | | | | 5 | | |
| 沟通表达 | | | | | | | 5 | | |
| 工单填写 | | | | | | | 6 | | |

## 项目2 排气系统维护考核标准

| 基本信息 | 姓 名 | | 学号 | | 班级 | | 组别 | |
|---|---|---|---|---|---|---|---|---|
| | 规定时间 | 45 min | 完成时间 | | 考核日期 | | 总评成绩 | |

| | 序号 | 步骤 | 完成情况 | | 标准分 | 评分 |
|---|---|---|---|---|---|---|
| | | | 完成 | 未完成 | | |
| 任务工单 | 1 | 考核准备：<br>材料：<br>工具：<br>设备： | | | 10 | |
| | 2 | 曲轴箱通风系统检查 | | | 10 | |
| | 3 | 曲轴箱通风系统测试 | | | 12 | |
| | 4 | 三元催化转换器检查 | | | 10 | |
| | 5 | 三元催化转换器测试 | | | 12 | |
| | 6 | 氧传感器检测 | | | 10 | |
| | 7 | 排气管检查 | | | 10 | |
| 安全 | | | | | 5 | |
| 5S | | | | | 5 | |
| 团队协作 | | | | | 5 | |
| 沟通表达 | | | | | 5 | |
| 工单填写 | | | | | 6 | |

# 学习评价五　冷却系统检修

## 一、理论部分

**1. 填空题**

（1）检修冷却水泵时，发现壳与盖接合面变形大于_____应予修平。轴承座孔由于压入、压出轴承而磨损，可用_____的方法修复或更换。

（2）冷却系统经过长时间的使用，加用生水或质量不高的防冻液，会在冷却系统（散热器、气缸体的水套）中产生大量的水垢、铁锈和泥沙，使冷却效率降低。因此，使用普通水的冷却系统，每_____应清洗一次。其他使用防冻液的冷却系统的发动机，应在_____时，彻底清洗一次冷却系统。

（3）冷却系统的液面应位于膨胀箱液面_____与_____标记之间，低于_____标记时，应及时添加冷却液。

（4）若发动机冷却液大量消耗，则必须待发动机处于_____时，方可添加冷却液，以免损坏发动机。

（5）检查 V 形带的张紧度，用拇指按下水泵与发电机之间的 V 形带，用拇指施加约 98 N 的力于风扇 V 形带的中央，V 形带的挠度为_____较为合适。

**2. 选择题**

（1）冷却液的使用浓度（体积比）为（　　），否则会影响防冻能力。

A. 40%~60%　　　　B. 20%~40%　　　　C. 30%~50%

（2）当冷车发动时，发动机水温迅速升高，甚至迅速"开锅"，大多是（　　）损坏，冷却水不能进行大循环所致，应更换。

A. 水泵　　　　　　B. 节温器　　　　　C. 散热器

（3）检修发动机过热时，若水从加水处飞溅，则表明散热器（　　）失效，应拆检散热器盖的进、排气阀，并修复。

A. 散热片　　　　　B. 出水阀　　　　　C. 进水阀

（4）若散热器水温低而发动机温度高，则表明（　　）故障，即损坏或不工作，应修复或更换。

A. 节温器　　　　　B. 散热器盖　　　　C. 水泵

（5）发动机"开锅"时的处理方法：不要立即打开水箱盖，以免烫伤；为防止活塞咬死变形，应使发动机（　　）运转，待发动机温度正常时再加冷却液，同时查明发动机"开锅"原因并排除。

A. 高速　　　　　　B. 停止　　　　　　C. 怠速

**3. 判断题**

（1）冷却系统气缸水套或散热器积垢过多或堵塞可能造成发动机过热。（　　）

（2）若散热器水温低而发动机温度高，则表明节温器损坏或不工作，应修复或更换。（　　）

（3）当冷车发动时，发动机水温迅速升高，甚至迅速"开锅"，大多是水泵损坏，冷却水不能进行大循环所致，应更换水泵。（　　）

（4）散热器盖的进、排气阀失效可能造成发动机过热。（　　）

（5）若冷车起动后温度迅速升高，冷却液沸腾，可用手触散热器出水胶管；若感觉凉而硬，则说明放水不彻底或冷却液凝点过高而发生冻结。（　　）

**4. 简答题**

（1）如何检查、调整风扇皮带的松紧度？

（2）如何排放、加注发动机冷却液？

（3）如何维护和调整发动机冷却系统？

（4）怎样检测节温器？

（5）怎样检查冷却液的浓度？

## 二、技能部分

### 项目1 冷却系统维护考核标准

| 基本信息 | 姓名 | | 学号 | | 班级 | | 组别 | |
|---|---|---|---|---|---|---|---|---|
| | 规定时间 | 30 min | 完成时间 | | 考核日期 | | 总评成绩 | |
| 任务工单 | 序号 | 步骤 | | 完成情况 | | 标准分 | 评分 |
| | | | | 完成 | 未完成 | | |
| | 1 | 考核准备：<br>材料：<br>工具：<br>设备： | | | | 10 | |
| | 2 | 检查冷却系统各处是否漏水 | | | | 5 | |
| | 3 | 检查机油中是否有冷却液 | | | | 5 | |
| | 4 | 检查冷却液液面 | | | | 5 | |
| | 5 | 检查冷却液质量 | | | | 10 | |
| | 6 | 检查水泵轴承 | | | | 5 | |
| | 7 | 检查V形带松紧度 | | | | 5 | |
| | 8 | 冷却液的添加与排放 | | | | 10 | |
| | 9 | 冷却系统的清洗 | | | | 15 | |
| | 10 | 清洁及整理 | | | | 5 | |
| 安全 | | | | | | 5 | |
| 5S | | | | | | 5 | |
| 团队协作 | | | | | | 5 | |
| 沟通表达 | | | | | | 5 | |
| 工单填写 | | | | | | 5 | |

## 项目2 发动机过热检修考核标准

| 基本信息 | 姓名 | | 学号 | | 班级 | | 组别 | |
|---|---|---|---|---|---|---|---|---|
| | 规定时间 | 30 min | 完成时间 | | 考核日期 | | 总评成绩 | |

| | 序号 | 步骤 | 完成情况 完成 | 完成情况 未完成 | 标准分 | 评分 |
|---|---|---|---|---|---|---|
| 任务工单 | 1 | 考核准备：<br>材料：<br>工具：<br>设备： | | | 10 | |
| | 2 | 检查冷却液数量 | | | 5 | |
| | 3 | 检查风扇皮带松紧度 | | | 5 | |
| | 4 | 检查风扇转速 | | | 5 | |
| | 5 | 检查散热器 | | | 10 | |
| | 6 | 检查水泵 | | | 5 | |
| | 7 | 检查节温器 | | | 5 | |
| | 8 | 检查气缸垫 | | | 10 | |
| | 9 | 其他系统的检查 | | | 15 | |
| | 10 | 清洁及整理 | | | 5 | |
| 安全 | | | | | 5 | |
| 5S | | | | | 5 | |
| 团队协作 | | | | | 5 | |
| 沟通表达 | | | | | 5 | |
| 工单填写 | | | | | 5 | |

## 学习评价六　润滑系统检修

### 一、理论部分

**1. 填空题**

（1）发动机冒蓝烟是由_____造成的。

（2）发动机在常用转速范围内，汽油机机油压力的大致范围是_____，柴油机机油压力的大致范围是_____。

（3）发动机润滑油路中粗滤清器与主油道串联，其上设有_____阀。

（4）发动机润滑系统主要有_____、_____、_____、_____、_____等作用。

（5）现代汽车发动机多采用_____和_____相结合的综合润滑方式，以满足不同零件和部位对润滑强度的要求。

（6）解放 CA6102 型汽车发动机润滑油路中，曲轴主轴颈、_____、_____和分电器传动轴等均采用压力润滑；_____、_____、_____、_____和凸轮正时齿轮等采用飞溅润滑。

（7）根据与主油道的连接方式的不同，机油滤清器可以分为_____和_____两种。机油泵泵出的机油，85%～90%经过_____滤清后流入主油道，以润滑各零件，而10%～15%的机油量进入_____滤清后直接流回油底壳。

（8）曲轴箱的通风方式有_____和_____两种。

（9）在汽车发动机润滑系统中，转子式机油泵应检查_____间隙、_____间隙和外转子与泵壳之间的间隙。

**2. 判断题**

（1）机油变黑说明机油已经变质。　　　　　　　　　　　　　　　　　　（　　）

（2）气缸磨损过大会造成机油消耗过多。　　　　　　　　　　　　　　　（　　）

（3）粗滤器旁通阀只有在滤芯堵塞时才打开。　　　　　　　　　　　　　（　　）

（4）离心式细滤器是由齿轮来驱动的。　　　　　　　　　　　　　　　　（　　）

（5）曲轴箱通风单向阀失效会造成发动机低速时运转不稳定。　　　　　　（　　）

（6）由于机油泵不断地将机油从油底壳泵入主油道，因此汽车在行驶中要定期加机油。
　　　　　　　　　　　　　　　　　　　　　　　　　　　　　　　　　（　　）

（7）滤清器的滤清能力越强，机油的流动阻力越小。　　　　　　　　　　（　　）

（8）发动机熄火后，还能听到细滤器旋转的声音，说明细滤器有故障。　　（　　）

（9）机油细滤器能滤去机油中细小的杂质，所以经细滤器过滤后的机油直接流向润滑表面。（　）

（10）润滑油路中的机油压力不能过高，所以润滑油路中用旁通阀来限制油压。（　）

（11）由于机油粗滤器串联于主油道中，因此一旦粗滤器堵塞，主油道中机油压力便会大大下降，甚至降为零。（　）

（12）润滑油路中的油压越高越好。（　）

（13）加注润滑油时，加入量越多，越有利于发动机的润滑。（　）

（14）为既保证各润滑部位的润滑要求，又减少机油泵的功率消耗，机油泵实际供油量一般应与润滑系统需要的循环油量相等。（　）

（15）过滤式机油滤清器的滤芯可反复多次使用。（　）

**3. 选择题**

（1）新装的发动机，若曲轴主轴承间隙偏小，将会导致机油压力（　）。
　A. 过高　　　　　　B. 过低　　　　　　C. 略偏高　　　　　　D. 略偏低

（2）机油消耗异常，但无外观症状，其故障可能为（　）。
　A. 气缸—活塞配合副故障　　　　　　B. 空气压缩机故障
　C. 机油渗漏　　　　　　D. 气门杆与气门导管间隙大

（3）转子式机油细滤清器（　）。
　A. 依靠曲轴前端的皮带轮驱动运转　　　　　　B. 依靠机油压力驱动其运转
　C. 依靠蓄电池的电力驱动其运转　　　　　　D. 依靠压缩空气驱动其运转

（4）机油泵常用的形式有（　）。
　A. 齿轮式与膜片式　　　　　　B. 转子式和活塞式
　C. 转子式与齿轮式　　　　　　D. 柱塞式与膜片式

（5）学生 a 说，油底壳用薄钢板冲压而成，其与机体结合面应该加垫片和密封胶密封。学生 b 说，油底壳用铸铁材料制造而成，其与机体结合面不应该加垫片和密封胶密封。说法正确的是（　）。
　A. 只有学生 a 正确　　　　　　B. 只有学生 b 正确
　C. 学生 a 和 b 都正确　　　　　　D. 学生 a 和 b 都不正确

（6）学生 a 说，机油泵中设置安全阀的目的是防止机油压力过高。学生 b 说，机油泵中设置安全阀的目的是防止机油泵工作突然停止。说法正确的是（　）。
　A. 只有学生 a 正确　　　　　　B. 只有学生 b 正确
　C. 学生 a 和 b 都正确　　　　　　D. 学生 a 和 b 都不正确

（7）学生 a 说，机油滤清器的滤芯都是纸质的。学生 b 说，机油滤清器的滤芯有用锯末和金属的。说法正确的是（　）。
　A. 只有学生 a 正确　　　　　　B. 只有学生 b 正确
　C. 学生 a 和 b 都正确　　　　　　D. 学生 a 和 b 都不正确

（8）学生 a 说，机油黏温性是指机油黏度随温度而变化的特性。学生 b 说，机油黏度随温度变化越小越好。说法正确的是（　）。
　A. 只有学生 a 正确　　　　　　B. 只有学生 b 正确

C. 学生 a 和 b 都正确　　　　　　　　D. 学生 a 和 b 都不正确

（9）学生 a 说，汽油机与柴油机的机油可以通用。学生 b 说，汽油机与柴油机的机油不可以通用。说法正确的是（　　）。

A. 只有学生 a 正确　　　　　　　　　B. 只有学生 b 正确

C. 学生 a 和 b 都正确　　　　　　　　D. 学生 a 和 b 都不正确

（10）学生 a 说，气温高应选用高黏度的润滑油。学生 b 说，气温高应选用高号的润滑油。说法正确的是（　　）。

A. 只有学生 a 正确　　　　　　　　　B. 只有学生 b 正确

C. 学生 a 和 b 都正确　　　　　　　　D. 学生 a 和 b 都不正确

（11）机油细滤器上设置低压限制阀的作用是（　　）。

A. 机油泵出油压力高于一定值时，关闭通往细滤器的油道

B. 机油泵出油压力低于一定值时，关闭通往细滤器的油道

C. 使进入机油细滤器的机油保证较高压力

D. 使进入机油细滤器的机油保持较低压力

（12）润滑系统中旁通阀的作用是（　　）。

A. 保证主油道中的最小机油压力

B. 防止主油道过大的机油压力

C. 防止机油粗滤器滤芯损坏

D. 在机油粗滤器滤芯堵塞后仍能使机油进入主油道内

（13）上海桑塔纳轿车发动机油路中只设一个机油滤清器，该滤清器采用（　　）。

A. 全流式滤清器　　　　　　　　　　B. 分流式滤清器

C. 离心式滤清器　　　　　　　　　　D. 过滤式纸质滤芯滤清器

（14）上海桑塔纳轿车发动机油路中分别设有两个报警装置，它们的作用是（　　）。

A. 低速油压不足时同时报警

B. 低速油压过高和高速油压过高时分别报警

C. 低速油压不足和高速油压不足时分别报警

D. 高速油压不足时同时报警

（15）曲轴箱通风的目的主要是（　　）。

A. 排出水和汽油　　　　　　　　　　B. 排出漏入曲轴箱内的可燃混合气与废气

C. 冷却润滑油　　　　　　　　　　　D. 向曲轴箱供给氧气

（16）曲轴箱通风单向流量控制阀的作用是（　　）。

A. 防止怠速时混合气被吸入曲轴箱内

B. 防止高速时混合气被吸入曲轴箱内

C. 防止怠速时机油被吸入气缸

D. 防止怠速时曲轴箱内气体被吸入气缸而冲淡混合气

**4. 简答题**

（1）试分析发动机机油压力过高的原因。

（2）机油压力过低应怎样诊断处理？

（3）润滑系统的功用是什么？由哪些机件组成？

（4）试述齿轮式机油泵与转子式机油泵的构造和工作原理。

（5）发动机通常采用哪几种机油滤清器？它们应该串联还是并联？为什么？

（6）如何装复机油泵，并检验其技术状况？

（7）试述更换机油和机油滤清器的作业方法。

（8）如何排除机油消耗量过高的故障？

（9）为什么机油泵输出的机油不全部流经细滤器？

（10）限压阀与旁通阀各有什么作用？

（11）离心式细滤器的转子体是如何转动起来的？为何要设进油低压限制阀？

## 二、技能部分

### 项目1  润滑系统维护考核标准

<table>
<tr><td rowspan="2">基本信息</td><td colspan="2">姓　名</td><td colspan="2">学号</td><td colspan="2">班级</td><td colspan="2">组别</td></tr>
<tr><td>规定时间</td><td>20 min</td><td>完成时间</td><td></td><td>考核日期</td><td></td><td>总评成绩</td><td></td></tr>
<tr><td rowspan="8">任务工单</td><td rowspan="2">序号</td><td colspan="3" rowspan="2">步骤</td><td colspan="2">完成情况</td><td rowspan="2">标准分</td><td rowspan="2">评分</td></tr>
<tr><td>完成</td><td>未完成</td></tr>
<tr><td>1</td><td colspan="3">考核准备：<br>材料：<br>工具：<br>设备：</td><td></td><td></td><td>5</td><td></td></tr>
<tr><td>2</td><td colspan="3">使用工具方法正确、规范</td><td></td><td></td><td>15</td><td></td></tr>
<tr><td>3</td><td colspan="3">根据发动机型号正确选择润滑油</td><td></td><td></td><td>10</td><td></td></tr>
<tr><td>4</td><td colspan="3">发动机机油液面位置的检测</td><td></td><td></td><td>15</td><td></td></tr>
<tr><td>5</td><td colspan="3">机油压力检测</td><td></td><td></td><td>15</td><td></td></tr>
<tr><td>6</td><td colspan="3">文明操作</td><td></td><td></td><td>10</td><td></td></tr>
<tr><td>7</td><td colspan="3">清洁及整理</td><td></td><td></td><td>5</td><td></td></tr>
<tr><td colspan="5">安全</td><td></td><td></td><td>5</td><td></td></tr>
<tr><td colspan="5">5S</td><td></td><td></td><td>5</td><td></td></tr>
<tr><td colspan="5">团队协作</td><td></td><td></td><td>5</td><td></td></tr>
<tr><td colspan="5">沟通表达</td><td></td><td></td><td>5</td><td></td></tr>
<tr><td colspan="5">工单填写</td><td></td><td></td><td>5</td><td></td></tr>
</table>

## 项目 2　润滑系统机油压力过低检修考核标准

<table>
<tr><td rowspan="2">基本信息</td><td colspan="2">姓　名</td><td colspan="2">学号</td><td colspan="2">班级</td><td>组别</td><td></td></tr>
<tr><td>规定时间</td><td>30 min</td><td>完成时间</td><td></td><td>考核日期</td><td></td><td>总评成绩</td><td></td></tr>
<tr><td rowspan="9">任务工单</td><td rowspan="2">序号</td><td rowspan="2" colspan="5">步骤</td><td colspan="2">完成情况</td><td rowspan="2">标准分</td><td rowspan="2">评分</td></tr>
<tr><td>完成</td><td>未完成</td></tr>
<tr><td>1</td><td colspan="5">考核准备：<br>材料：<br>工具：<br>设备：</td><td></td><td></td><td>5</td><td></td></tr>
<tr><td>2</td><td colspan="5">使用工具方法正确、规范</td><td></td><td></td><td>10</td><td></td></tr>
<tr><td>3</td><td colspan="5">根据机油压力报警的故障现象，分析并判断故障原因</td><td></td><td></td><td>10</td><td></td></tr>
<tr><td>4</td><td colspan="5">明确故障部位（口述）</td><td></td><td></td><td>10</td><td></td></tr>
<tr><td>5</td><td colspan="5">排除机油压力过低报警的故障</td><td></td><td></td><td>15</td><td></td></tr>
<tr><td>6</td><td colspan="5">验证故障排除效果</td><td></td><td></td><td>10</td><td></td></tr>
<tr><td>7</td><td colspan="5">文明操作</td><td></td><td></td><td>10</td><td></td></tr>
<tr><td>8</td><td colspan="5">清洁及整理</td><td></td><td></td><td>5</td><td></td></tr>
<tr><td colspan="2">安全</td><td colspan="6"></td><td>5</td><td></td></tr>
<tr><td colspan="2">5S</td><td colspan="6"></td><td>5</td><td></td></tr>
<tr><td colspan="2">团队协作</td><td colspan="6"></td><td>5</td><td></td></tr>
<tr><td colspan="2">沟通表达</td><td colspan="6"></td><td>5</td><td></td></tr>
<tr><td colspan="2">工单填写</td><td colspan="6"></td><td>5</td><td></td></tr>
</table>

# 学习评价七　汽油机电控点火系统检修

## 一、理论部分

**1. 填空题**

（1）蓄电池外观检查内容包括：极柱应_____，蓄电池和线束_____、是否有无_____等。

（2）发动机未起动，常温下使用数字万用表测量蓄电池电压应不小于_____V；起动发动机，使转速稳定在 2 000 r/min，测量蓄电池电压，常温下应为_____V。

（3）整体式点火线圈外观检查内容包括：是否有_____，填充物是否_____，是否有_____现象，火花塞帽是否有_____等。

（4）东风雪铁龙爱丽舍发动机点火线圈初级绕组的电阻值是_____Ω，次级绕组的电阻值是_____kΩ。

（5）应检查火花塞是否有_____、_____和烧蚀，火花塞电极间隙为_____mm。

**2. 选择题**

（1）低压电路故障原因有（　　）。
A. 曲轴位置传感器连接电路断路或短路
B. 曲轴位置传感器工作性能不良
C. 点火线圈的初级绕组断路

（2）高压电路故障原因有（　　）。
A. 点火线圈的次级绕组断路　　　　B. 高压线断路
C. 火花塞工作不良

（3）观察蓄电池孔的颜色，如果是（　　），说明蓄电池电量不足，应及时充电。
A. 红色　　　　B. 绿色　　　　C. 黑色

（4）利用汽车故障诊断仪读取数据流，可以检查汽油机电控点火系统的（　　）是否工作正常。
A. 点火提前角　　B. 点火线圈　　C. 火花塞

（5）发动机转速与曲轴位置传感器 1# 和 2# 端子之间的电阻值应为（　　）。
A. 860×（1±10%）Ω　　　　　　B. 760×（1±10%）Ω
C. 560×（1±±10%）Ω

**3. 判断题**

（1）在发动机起动和运转时，可以用手触摸点火线圈和高压导线。　　　　（　　）

（2）拆卸或安装电路部件之前，应先关闭点火开关或拆下蓄电池的负极搭铁线。（　　）

（3）在车上进行电焊作业时，不用拆去蓄电池的搭铁线和电控单元的连接器。（　　）

(4) 使用快速充电设备对蓄电池充电时，必须从汽车上拆下蓄电池的"+""-"接线柱电缆。（　　）

(5) 发动机转速与曲轴位置传感器损坏也可以将发动机起动。（　　）

**4. 简答题**

(1) 汽油机电控点火系统有什么故障特征？

(2) 点火线圈维护时需要检查哪些项目？

(3) 为什么严禁用火烧的方法来清除火花塞电极及裙部的积炭和油污？

(4) 简述汽油机电控点火系统的维护项目。

(5) 简述点火系统高压无火时需要检修哪些零部件。

## 二、技能部分

### 项目1 汽油机电控点火系统维护考核标准

| 基本信息 | 姓名 | | 学号 | | 班级 | | 组别 | |
|---|---|---|---|---|---|---|---|---|
| | 规定时间 | 20 min | 完成时间 | | 考核日期 | | 总评成绩 | |
| 任务工单 | 序号 | 步骤 | | 完成情况 | | 标准分 | 评分 | |
| | | | | 完成 | 未完成 | | | |
| | 1 | 考核准备：<br>材料：<br>工具：<br>设备： | | | | 10 | | |
| | 2 | 发动机及点火系统的清洁 | | | | 5 | | |
| | 3 | 观察仪表故障灯，连接汽车故障诊断仪 | | | | 5 | | |
| | 4 | 读取故障码及其内容 | | | | 5 | | |
| | 5 | 读取数据流，检查点火提前角和点火线圈 | | | | 10 | | |
| | 6 | 蓄电池的外观检查 | | | | 5 | | |
| | 7 | 蓄电池电压（发动机未起动和转速为2 000 r/min时）的检查 | | | | 15 | | |
| | 8 | 点火线圈外观、绝缘性能的检查 | | | | 10 | | |
| | 9 | 火花塞外观的检查 | | | | 5 | | |
| | 10 | 火花塞电极间隙的检查与调整 | | | | 5 | | |
| 安全 | | | | | | 5 | | |
| 5S | | | | | | 5 | | |
| 团队协作 | | | | | | 5 | | |
| 沟通表达 | | | | | | 5 | | |
| 工单填写 | | | | | | 5 | | |

## 项目2 点火系统高压无火检修考核标准

| 基本信息 | 姓名 | | 学号 | | 班级 | | 组别 | |
|---|---|---|---|---|---|---|---|---|
| | 规定时间 | 30 min | 完成时间 | | 考核日期 | | 总评成绩 | |

| | 序号 | 步骤 | 完成情况 | | 标准分 | 评分 |
|---|---|---|---|---|---|---|
| | | | 完成 | 未完成 | | |
| 任务工单 | 1 | 考核准备：<br>材料：<br>工具：<br>设备： | | | 10 | |
| | 2 | 发动机及点火系统的清洁 | | | 5 | |
| | 3 | 蓄电池电压的检查 | | | 5 | |
| | 4 | 连接汽车故障诊断仪 | | | 5 | |
| | 5 | 读取故障码 | | | 5 | |
| | 6 | 曲轴位置与发动机转速传感器的检修 | | | 15 | |
| | 7 | 点火线圈1#端子的供电电压的检查 | | | 5 | |
| | 8 | 点火线圈2#、4#端子对地电压的检查 | | | 10 | |
| | 9 | 点火线圈3#端子波形的检查 | | | 10 | |
| | 10 | 分析与处理 | | | 5 | |
| 安全 | | | | | 5 | |
| 5S | | | | | 5 | |
| 团队协作 | | | | | 5 | |
| 沟通表达 | | | | | 5 | |
| 工单填写 | | | | | 5 | |